同行三人

夫婦でたどる四国霊場

西口一男

東京図書出版

同行三人《どうぎょうさんにん》——夫婦でたどる四国霊場——◇目次

デザイン原案　カバー／とびら／各パートの地図　著者
写真　カバー／本文　著者＋西口典子
（パートV「84番屋島寺本堂での読経」を除く）

序章

さあ、四国遍路へ

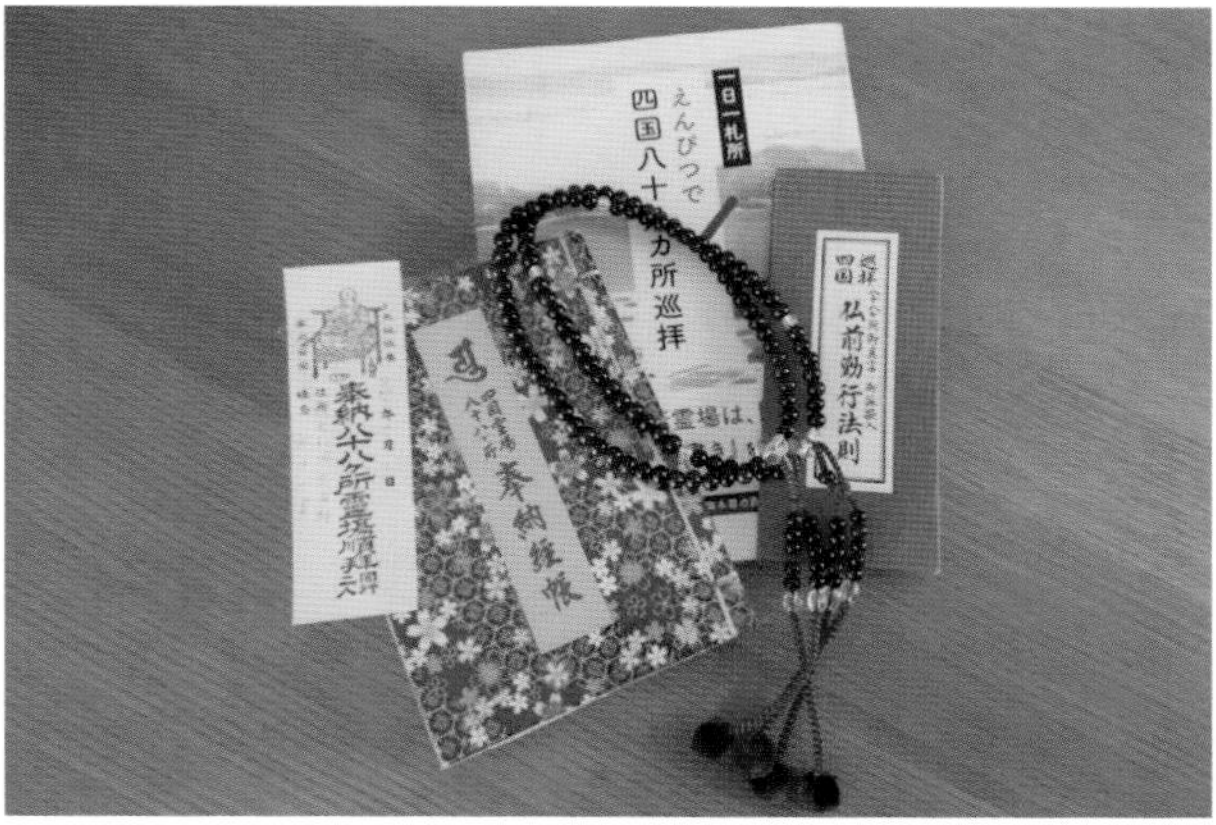

遍路に向けて（納札・納経帳・念珠・経本など）

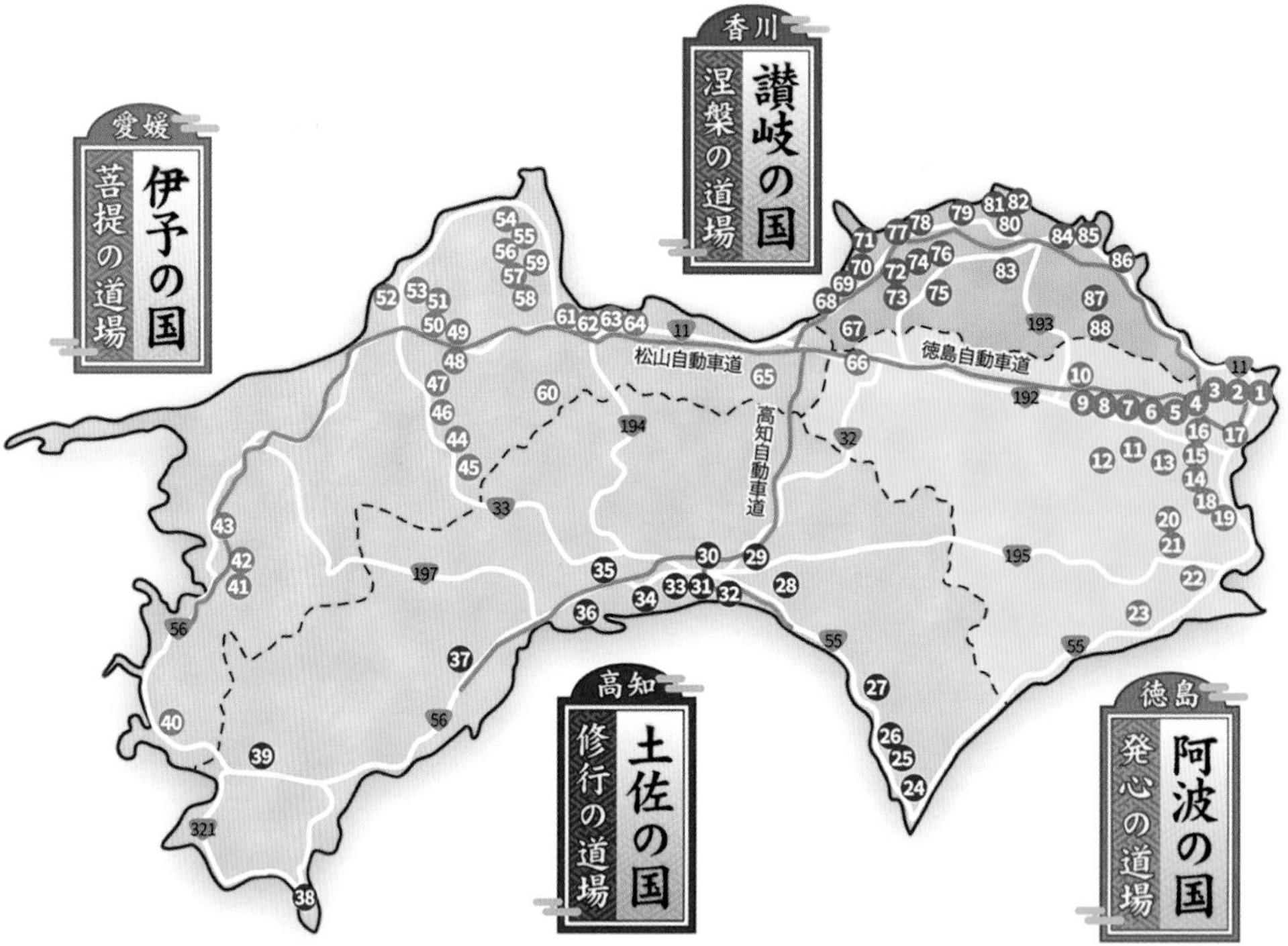

愛媛
伊予の国
菩提の道場
香川
讃岐の国
涅槃の道場
高知
土佐の国
修行の道場
徳島
阿波の国
発心の道場
松山自動車道
高知自動車道
徳島自動車道

四国八十八か所霊場

徳島県24霊場

1 霊山寺
2 極楽寺
3 金泉寺
4 大日寺
5 地蔵寺
6 安楽寺
7 十楽寺
8 熊谷寺
9 法輪寺
10 切幡寺
11 藤井寺
12 焼山寺
13 大日寺
14 常楽寺
15 国分寺
16 観音寺
17 井戸寺
18 恩山寺
19 立江寺
20 鶴林寺
21 太龍寺
22 平等寺
23 薬王寺
66 雲辺寺

高知県16霊場

24 最御崎寺
25 津照寺
26 金剛頂寺
27 神峯寺
28 大日寺
29 国分寺
30 善楽寺
31 竹林寺
32 禅師峰寺
33 雪蹊寺
34 種間寺
35 清瀧寺
36 青龍寺
37 岩本寺
38 金剛福寺
39 延光寺

愛媛県26霊場

40 観自在寺
41 龍光寺
42 佛木寺
43 明石寺
44 大寶寺
45 岩屋寺
46 浄瑠璃寺
47 八坂寺
48 西林寺
49 浄土寺
50 繁多寺
51 石手寺
52 太山寺
53 圓明寺
54 延命寺
55 南光坊
56 泰山寺
57 栄福寺
58 仙遊寺
59 国分寺
60 横峰寺
61 香園寺
62 宝寿寺
63 吉祥寺
64 前神寺
65 三角寺

香川県22霊場

67 大興寺
68 神恵院
69 観音寺
70 本山寺
71 弥谷寺
72 曼荼羅寺
73 出釈迦寺
74 甲山寺
75 善通寺
76 金倉寺
77 道隆寺
78 郷照寺
79 天皇寺
80 国分寺
81 白峯寺
82 根香寺
83 一宮寺
84 屋島寺
85 八栗寺
86 志度寺
87 長尾寺
88 大窪寺

注）66 雲辺寺は香川県の霊場とされているが、ここでは所在地の住所によった。

なぜ四国遍路に出るのか

四国八十八か所巡拝、いわゆる四国遍路に訪れる人は、年間10万人とも20万人ともいわれている。そのうち歩き遍路は、ある調査によるとコロナ禍以前の過去10年間は約2500人で推移している*ようである。新型コロナウイルスの感染者がわが国で初めて発見された2020年1月から1年余り経過した。この間、感染拡大の波は数度にわたって押し寄せ、収束の気配はうかがえない。そのため、歩き遍路も激減していることは想像に難くない。

それはさておき、歩き遍路をする人たちは、どのような思いで1200キロにも及ぶ遍路道を歩いているのだろうか。巷間伝えられているところでは、遍路は肉親や知己の霊を弔うため、転職・退職を機に今後どう生きるか、自分を見つめ直したいなどの理由が多いようだ。報道カメラマンの石川文洋は、ベトナム戦争等の取材中に落命したジャーナリストらの慰霊と戦争が再び起こらないことを願って巡礼したいと思ったと書いている（『四国八十八カ所――わたしの遍路旅』岩波新書・2－5頁）。その崇高な使命感に頭が下がるが、ただ歩きたい、チャレンジしたいという人もいるだろう。さしたる信仰心も目的意識ももたない私は、ともかく歩いてみようとの軽い気持ちで、あえて言うならば「そこに道があるから」一歩踏み出すことにしたのである。

もっとも四国遍路には以前から関心があった。歩くことが好きなので一度は体験してみたいと思っていた。手もとには10年以上も前の「四国お遍路特集」などの新聞紙面の切り抜きが残されている。だが、退職して時間ができたにもかかわらず、実際に遍路に出ることなく歳月は流れた。

２０１５年にウズベキスタンを旅行した際、ツアー客の一人が歩き遍路を何回かしていて、その記録を遍路日記として自費出版されているという話を耳にした。ただその時は、遍路そのものよりも自費出版に関心が向いて、その方にあれこれ尋ねた。私のしつこさに観念されたのか、後日、著書をご恵贈にあずかったのである。さっそく拝読したが、自分が遍路に出ることには直結はしなかった。一方で、辰濃和男『四国遍路』（岩波新書）や先にふれた石川文洋の著作などを求め、読み始めていたのである。

退職後は妻・典子さんと旅行に出かけることを大きな楽しみとしていた。だが、新型コロナウイルスの感染拡大によって、予定していた海外旅行が中止となるなど、出かける機会がめっきり減ってしまった。その後、感染防止策の徹底やコロナウイルスとの共生、つきあい方がいろいろ喧伝されるようになったこともあり、ならばと２０２１年の春からコロナ禍の間隙を縫うようにして、夫婦での「マスク遍路」に出かけることにしたのである。

＊四国経済連合会四国アライアンス地域経済研究分科会「新時代における遍路受入態勢のあり方～遍路宿泊施設の現状・課題等調査～」（２０１９年６月）８頁

遍路の準備

出発を前に、先にふれたウズベキスタンのツアーで知り合った諸井澄子さんの著書『私の遍路日記―四国八十八か所を歩く―』（そうぶん社）をはじめ、図書館で四国遍路の関連本やガイドブックを借りて、予備知識を得るとともに行程をあれこれ検討した。当初から一度に八十八か所すべてを巡拝する「通し打ち」は頭になく、阿波、土佐、伊予、讃岐の国単位で区切り打ちする「一国まいり」にしたいと考えた。なお、昔の札は木や金属でできているものが多く、それを寺の柱などに打ちつけて巡拝の証しとしたので、霊場を巡ることを「打つ」といい、霊場を「札所」と呼んだのである。

まずは3月初旬にスタートさせるべく、2月に1番霊場の霊山寺を訪れて寺と納経用品の下見をし、あらかじめ用意しておくと便利と思われる経本や納札、遍路地図などを購入した。また、一日単位の行程など具体的な計画を作成する必要があるが、参拝する寺と寺との歩行距離や宿泊地・宿を検討した。もちろん実際に歩いてみないと状況はつかめないし、どんなハプニングがあるかもしれないので、宿の予約は最小限にとどめ、現地での予約を基本とした。加えて、各霊場の下調べや諸井さんやいくつかの著書から、彼らの遍路の記録、印象、思い等をメモ書きにして取りまとめる作業を行った。

一方、これまで般若心経を知らず、読経など参拝の心得や方法にも無知であったため、『痛快！　寂聴仏教塾』（集英社インターナショナル）という書物の付録にあったＣＤやYou Tubeを参考に、般若心経を唱える「練習」を繰り返した。しかし、いざやってみると息継ぎが難しく、妻とのテンポもなかなか合わず苦労した。また、『一日一札所　えんぴつで四国八十八ヵ所巡拝』（実業之日本社）を２冊買って、この年の１月から一日一寺、各寺の御本尊真言、御宝号、御詠歌の三つのなぞり書きとその唱和を二人で始めた。

だが、何よりも四国遍路を歩き続けられる体力が必要であり、それが基本である。体力を保持するために、日常的な散歩程度のウォーキングのほか、２０２０年12月に自宅（奈良県葛城市）から大阪市の「あべのハルカス」まで、翌21年１月には近鉄大和西大寺駅（奈良市）から自宅まで二人で歩き、長距離歩行の経験を積んだ。前者は８時間45分、後者は７時間30分を要した。また、折をみて近くの二上山（５１７ｍ）にも何回か登った。

今回、コロナ禍でのお遍路となるが、この状況では旅行者や遍路に来る人も少ないのではなかろうか。それは逆に安全でもあり、ゆっくりとお遍路ができるのではないかと解釈もできる。ただ、道中は基本的にはマスクを着用しての遍路になるだろうし、何かと不自由なことがあるかもしれない。訪問先の地域の人々に歓迎されるかどうかも心配であるが、まずは行ってみるしかない。手前味噌の目からは、準備は万全とも思える。その甲斐あって順調に遍路を続けられるか、あるいは否か。不安は尽きないが、金剛杖や菅笠には「同行二人」と墨書されている。これにはお大師が常にともにあって、導いてくださるとの意味が込められている。それを信じて、まずは一歩を踏み出そうと思う。

パートⅠ

早春の阿波

2021. 3. 2～3. 10

10番切幡寺門前で
（徳島県阿波市）

パートⅠで巡拝した霊場（□は別格霊場）

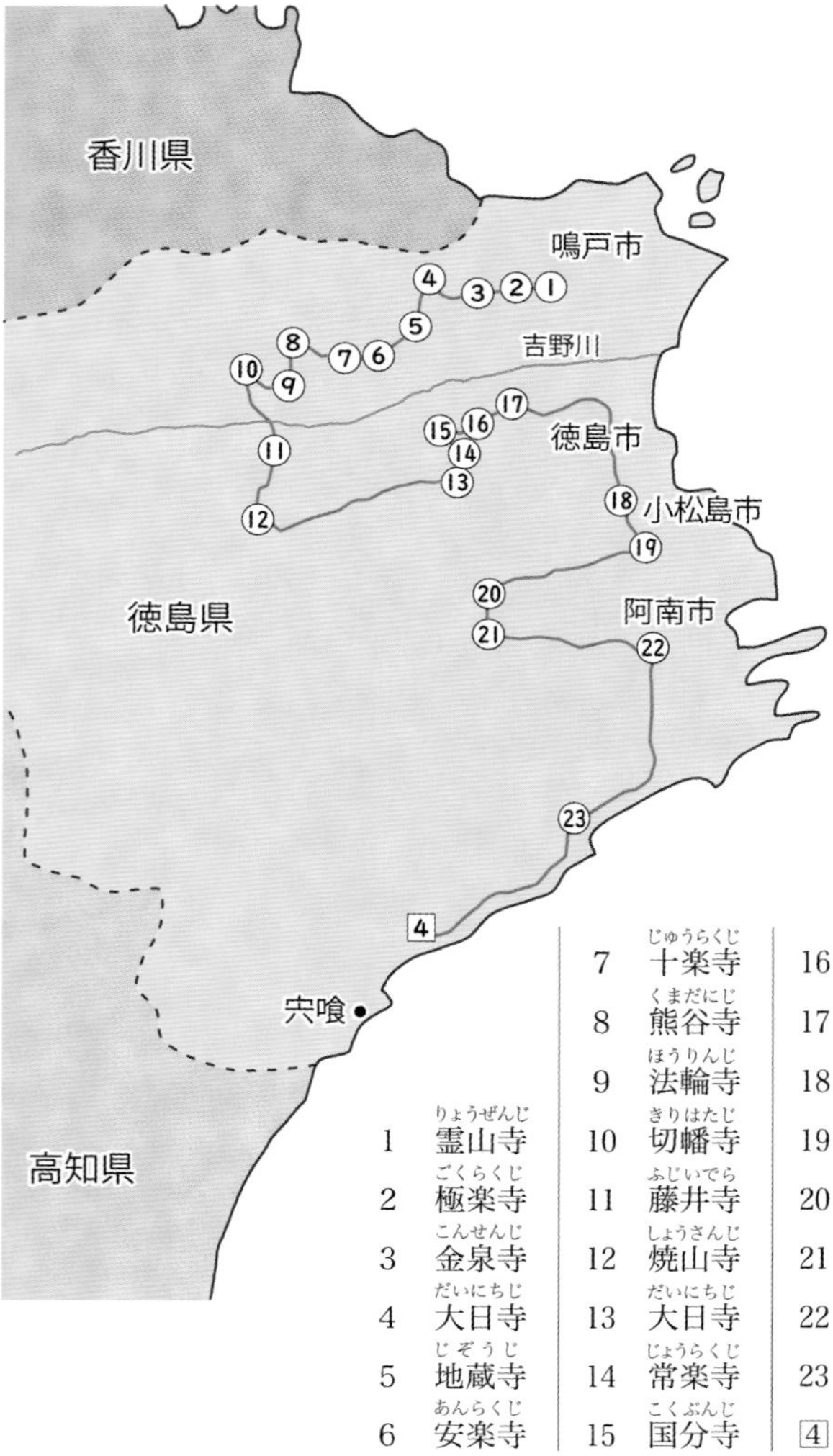

1	霊山寺《りょうぜんじ》	7	十楽寺《じゅうらくじ》	16	観音寺《かんおんじ》
2	極楽寺《ごくらくじ》	8	熊谷寺《くまだにじ》	17	井戸寺《いどじ》
3	金泉寺《こんせんじ》	9	法輪寺《ほうりんじ》	18	恩山寺《おんざんじ》
4	大日寺《だいにちじ》	10	切幡寺《きりはたじ》	19	立江寺《たつえじ》
5	地蔵寺《じぞうじ》	11	藤井寺《ふじいでら》	20	鶴林寺《かくりんじ》
6	安楽寺《あんらくじ》	12	焼山寺《しょうさんじ》	21	太龍寺《たいりゅうじ》
		13	大日寺《だいにちじ》	22	平等寺《びょうどうじ》
		14	常楽寺《じょうらくじ》	23	薬王寺《やくおうじ》
		15	国分寺《こくぶんじ》	4	鯖大使本坊《さばだいしほんぼう》

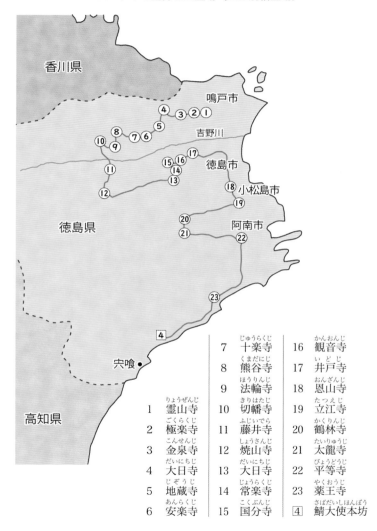

3月2日㈫（1日目）　雨のち曇り　16・8㎞（その日の歩行距離、以下同じ）*

*歩行距離は巻末に記載した参考図書の地図によったが、同じ区間でも図書によって違うことがあり、必ずしも正確でないことをお断りしておく。

それはハプニングで始まった

5時10分に家を出る。雨はまだ降っていないが、リュックにはすでに雨除けカバーをつけた。近鉄電車で大阪阿部野橋へ向かう。次の駅ではすでに傘をさした人もいる。初日から雨ということもあって、何かしら重苦しい気分がじんわりと湧き出してきた。遍路に対する不安もあるのか、5時半を過ぎてもまだ真っ暗な空さえ、そのことを象徴しているような気がした。

ＪＲ難波駅の改札を出て高速バスターミナルへ行き、運行案内板に目をやって、えっ、と思った。「6：55発　徳島行き運休」の表示。案内員の話では、風のため大鳴門橋《おおなるときょう》が通行禁止になっているとのことだ。今朝は雨風が強いと予報で聞いていたが、こんな簡単に運休になるのか。次は8時15分発だが、これも出せるかどうかわからないと言う。瀬戸大橋は通行できるので、鉄道で行くのが確実とも言う。ここで1時間以上待って、次も運休となれば無駄な時を過ごすことになる。意を決し、新大阪駅へ向かう。

新大阪駅のみどりの窓口で、「一番早い便では、徳島の坂東には何時に着くか?」と問うと、若い女性の担当者が素早く検索しプリントアウトしてくれた。

新大阪 8:04(さくら547)8:53 岡山 9:05(マリンライナー15)9:58 高松 10:10(うずしお9)11:08 板野 11:34(普)11:40 坂東

いきなりの行程変更だが、これも修行と捉えよう。よもや四国遍路で、新幹線を使って徳島へ入るとは思いもしなかった。高松で乗り換える前に、キヨスクで昼食用のおにぎり、水を買う。板野で特急を降りたが、乗り換えに25分ほどあるのでタクシーで霊山寺へ直行し、先月下見をしていた売店で菅笠、金剛杖、笈摺、輪袈裟を買って身支度を整えた。時間的には何とかなりそうである。

第1番霊山寺からスタート

第1番霊場霊山寺の仁王門で、小雨のなか、まず記念撮影をする。本堂で灯明、線香、賽銭をあげ、納札箱に納札を入れる。開経偈《かいきょうげ》、般若心経、御本尊真言、御宝号、回向文《えこうもん》を唱える。全体の行いがぎこちない。続いて大師堂でも同様に参拝する。ただし、ここでは御本尊真言は唱えない。その後、納経所（と言っても、先ほどの売店）で納経帳にご朱印をいただく。下見をしていたので、寺での移動はスムーズであった。縁結び観音や初七日から三十三回忌までの追善供養のための十三仏などは素通りした。とにかく急ぐことしか頭になかった。12時17分、霊山寺を後にして歩き始める。道先案内は『四国遍路ひとり歩き同行二人［地図編］』（以下、「遍路地図」「地図」と略す）である。妻は『Shikoku Japan 88 Route Guide』（以下、「英語版」と略記）を持っている。

2番極楽寺へは1・5㎞と近い。雨はもうやんでいた。県道12号線を西に進み、朱塗りの仁王門

1番霊山寺の仁王門（鳴門市）

をくぐり境内へ。本堂へは門を入って右折し、子授招福大師像を右に見て、その先を左に行き、階段を上っていく。長命杉を見あげ、写真に収める。納経所で9月に出産する長男の妻に「安産御守」を買った。寺を出て閉店中の土産物店の前のベンチに腰掛け、高松駅で買ってきたおにぎりを食べる。少し遅めの昼食である。前方には手洗いもある。しばしの休憩後、出発の身支度を整えていると大型バスが到着し、白衣を着た多くの女性が降車して仁王門から境内に入っていった。ツアー客のようだ。午後1時25分、金泉寺を目指して歩き出す。3キロの距離だ。

2番極楽寺の長命杉（鳴門市）

県道12号線と並行し、人家が連なる旧街道を歩く。これが撫養《むや》街道と呼ばれる道だろうか。3番金泉寺の境内へは仁王門からではなく、東側の裏手から入ることになる。ご朱印をいただき納経所を後にして、先を急ごうとするや、妻に「これが弁慶の力石」と教えられた。先へ先へと気が焦るばかりで、境内を見て回る余裕を失っている。

早くも道に迷う

次の大日寺に向けて快調に歩き出したのだが、ＪＲ高徳線の踏切を渡り、右手に徳島工業短期大学の大きな建物を見ながら徳島自動車道の高架下まで来たあたりで、遍路道を見失ってしまった。視線をあげると、車が行き交う広い道路沿いにレストランが見えたので、そこで聞くことにした。県道12号線に面した店のマスターは、「この道をまっすぐ行って、二つ目の信号を右に折れる」と教えてくれた。しかし、歩き出すと信号の手前で右に取る車の通らない小道があったので、そちらへ進むことにした。遍路地図にある愛染院の標識も見える。やがて集落に出たので再度、移動スーパーらしき車に集まっていた女性に尋ねた。地元の人なので大日寺を知らないはずはないと思うが、地図を見て案内するのは難しいようであった。この先に藍染《あいぜん》庵《あん》というのがあるので、そこをまっすぐ行けばよいと、親切に教えてくれた。田畑の間を抜け、さらにちょっとした森を過ぎると右前方に寺が見えてきた。やれやれである。

寺へ続く舗装道路に出て、５００ｍほどで４番大日寺に到着。本堂でロウソクにライターで火をつけようとするが、すぐさま風に消されてしまう。風が強く何度もやり直す羽目になった。

墨書とご朱印は、境内の掃除から納経所へ戻ってきた女性からいただく。

先ほど上ってきた車道を戻り、途中から遍路道に入る。車道と並行した地道で歩きやすい。地図を見ればそんなに距離はないと思えるが、どんどんと坂道を下っていく。これで合っているのかと不安になるが、やがて堂宇らしきものが見えてきた。５番霊場地蔵寺の境内へは寺の裏から回り込む形で入るようである。私たちは現在の車道を中心に地図を見がちであるが、昔はそんな道はなく、いま歩いてきた道だけが参拝道であったのだろう。左折して境内に入る。もう4時半である。急いでリュックを下ろし、駆け足で本堂と大師堂で読経。開経偈と御本尊真言、回向文を省略した。申し訳ないことである。ご朱印をいただいて5時に寺を後にした。

4番大日寺（板野町）

日が暮れる、急げ宿坊へ！

地蔵寺を出て「民宿森本屋」の前を過ぎてから右折し、さらに西へ進む。道路沿いには梅の木がたくさん植えられていて、紅白の花が目を楽しませてくれる。暑くもなく寒くもない時期を選んだことに納得する。遍路標識のある道はわかりやすい。曇天に覆われた夕暮れ。刻々と暗くなっていく。県道12号線と交差している県道１３９号線を５００ｍほど行くと、左手に大きな建物が見えてきた。道路標識には安楽寺とある。ようやく到着したが、もう6時を過ぎていた。

宿坊でチェックインし、部屋に入る。他の宿泊者はもう夕食をとっているようだ。休む間もなく食堂へ。私たち以外に6人ほどの客がいた。楽しみにしていた温泉は薬師の湯。古めかしい感じの湯船でゆったりと浸かって温まった。妻は、女湯は小さな浴槽にしか湯は入っていなかったと不満そうであった。

今朝は急遽行程の変更を余儀なくされたが、私たちの歩き遍路は、無事に初日の夜を迎えることができた。南無大師遍照金剛。

3月3日㈬（2日目）　晴れ　22・3km

朝食後の7時20分、同じ境内の6番安楽寺を参拝する。他の宿泊者はすでに次の霊場へ出発したようだ。安楽寺はもっと大きな寺では、と思っていたが、さほどでもない。作家の車谷長吉は、「安楽寺は金に飽《あ》かせて建てた、というようなたたずまいだった」（『四国八十八ヶ所感情巡礼』文藝春秋・14頁）と書いていたので、金ぴかに装飾されたイメージを抱いていたせいか、さほど金に物を言わせたようには見えなかった。

7番霊場の十楽寺へはわずか1・4㎞だ。四国遍路ガイド本の元祖というべき『四國偏禮道指南（しこくへんろみちしるべ）』を書いた江戸期の僧侶・真念のしるべ石をさっと

真念しるべ石（上板町）

見て通り過ぎる。20分ほどで十楽寺に到着し、まず鐘楼門の前で妻に今夜の宿を予約してもらう。予定していた11番霊場の近くの「旅館吉野」である。参拝、納経を終えたところで、妻は「目のお地蔵さんはどこかな」と言って、あちらこちらを探し回っているがわからないようだ。結局、納経所へ聞きに行って、やっとわかったと言いながら戻ってきた。緑内障がこれ以上悪化しなければよいがと思いつつ、私もお参りした。

阿波にもあった「御所」

少し山手にある8番熊谷寺に向け歩き始める。御所《ごしょ》大橋を渡り、御所小学校を右手に見たのはよかったが、妻とあれこれ話しているうちに進行方向を誤ってしまったようだ。読みは違うが、わが故郷・御所《ごせ》と同じ地名であることに親近感を覚え、気をとられてしまったのだろう。道の駅や温泉施設のある車道をそのまま進んだ。やがて目の前に大きな銅像が建っていたので近づくと、やはり三木武夫元首相の像であった。報道カメラマンの石川文洋が紹介していたのをメモに残してあったので、こうして出会えるとうれしい。私が就職したころに首相であった三木は、自民党の中でもリベラル派で、ロッキード事件で田中角栄元首相の逮捕にも異を唱えなかった。その政治姿勢には好感を持っていたが、調べてみるとここ御所村（旧土成《どなり》町・現阿波市）の出身とのことだ。また「御所」という地名は、承久の乱で幕府側に敗れた上皇側は配流されることになったのだが、そのうち土御門上皇が流されたのが阿波のこの地であったことに因むようである。

カメラ女子に追っかけられて

熊谷寺に近づくと、あたりは早咲きの桜で彩られていた。帰ってから調べると、蜂須賀桜というらしい。聞いたことのない桜である。まだ3月初めだが、その美しさは門前を飾るにふさわしい華やかさである。寺に入る前に、次の宿も確保しておこうと思い、妻に明日参拝する焼山寺に電話を入れてもらった。その先にある「なべいわ荘」が休業したので、宿坊に泊まって奥の院まで足を延ばすのもいいのでは、と考えたのだ。ところが宿坊は営業していないという。遍路地図の宿泊施設一覧表を見ると、確かに焼山寺は宿坊の表記がない。以前、諸井さんが著書で、焼山寺の宿坊に泊まったと書いてあったので、その記憶が強すぎたのだろう。近くに宿はない。どうしたものかと頭を抱えてしまったが、ここで悩んでいても仕方がない。今夜の宿で聞いてみよう、と気を取り直した。

熊谷寺の寺域は、山の斜面に沿って広がる。車で来たグループなどで賑わいを見せていた。広い駐車場の上手から本堂へ。坂を上る左手に美しい多宝塔が建つ。四国で最古にして最大の規模を持つという。本堂で読経をすませ、さらにその上の大師堂での読経を終えて、駐車場を横切った先の納経所に戻ってきて、ご朱印をいただく。

納経所の前のベンチに腰掛けて休憩していると、中年の女性が「どちらから来られました？」と声をかけてきた。妻が「奈良県からです」と言うと、女性は驚いたように体を少しゆがめ、写真を撮らせてほしいと言う。小さな体に立派なカメラを抱えていた。1枚撮るだけでなく何回もシャッターを押し、なおも歩いてくれとか、桜の下でとか、なんとも注文が多い。「ではこれで」と別れて仁王門を出ていくと、その女性はついてきて、歩いてる姿をカメラに収めようと後ずさりしながら撮影している。ちょっとしつこいですよ、と思いつつも、まあいいかと自然体を装って歩を進めた。趣味も高じると

8番熊谷寺の多宝塔（阿波市）

傍迷惑なこともある。熊谷寺から南西方向へ下っていく。広い道だが車はめったに通らない。少し行くと道路で何か工事をしていた。この時期よく見かける光景である。予算の消化であろうか。周りには田畑が広がり、見通しのよいのどかな田園風景が広がっていた。

上手な読経とその作法

9番法輪寺の門前には茶店があってコーヒーも飲めるようだが、その気持ちを抑えてまず参拝する。私たちが読経した後、私には聞こえなかったのだが、妻は男性の読経がとても上手であったと感心している。私にはむしろその人がお堂の石段の下で読経していたことに、はっとさせられた。私たちは納札と賽銭を入れ、その場で読経していた。それは作法として誤りでないにしても、謙虚さに欠けていたのではないかと気づかされたのである。以後はその人を見習おうと思った。こぢんまりとした質素な寺だが、納経所は自動ドアのある近代的なつくりだ。手洗いもきれいであった。結局、コーヒーも飲まずに次へ向かう。さらに西へ進むが、ここでも道路工事に出くわした。やがて商店のある四つ辻を右に取り、門前町風情の通りの坂を上っていく。仏具や遍路用品を扱う店が並んでいる。人家が途絶えた坂道をさらに上る。だらだらと続く舗装された道もしんどい。

３３３段の石段を上って

10番霊場切幡寺の山門をくぐり、石段を上り始める。３３３段の石段を何度も休みながら上った。読経をすませ、はたきり観音像の写真を撮り、そのまま納経所へ向かう。呼び鈴を何度押してもだれも出てこない。何分待っただろうか、やっと年老いた女性が顔を出してご朱印をくれた。後から来た高年男性の大きな納経帳にちらっと目をやると、ご朱印が何重にも押されている。幾度となくお遍路をしているのだろうか。納札は5回巡拝して白札から青札にかわる。赤札は8回以上、銀札は25回以上、金札は50回以上の人が使い、１００回を超えると錦札になるという。私たちはいくら頑張っても色のついた納札になることはないだろう。納経所の外のベンチで、先に来ていた男性がパンを食べていた。

10番切幡寺のはたきり観音像（阿波市）

もう午後1時を過ぎていた。彼は下の店で荷物を預かってもらったと言っていた。その要領のよさは見習うべきであろう。この寺にある大塔は二層とも方形（四角形）をなす全国で唯一の塔婆で、国の重要文化財に指定されているという。もとは豊臣秀頼が秀吉の菩提を弔うために大阪の住吉神宮寺に寄進したものだが、明治の廃仏毀釈で神宮寺が廃寺になった際に、第45世住職天祐上人が10年かけて移築したものといい、明治45（1912）年の火災でも難を逃れたと聞く。事前にそんなことを調べていたにもかかわらず、先を急ぐあまり見落としてしまった。後悔先に立たず、である。

優れものの霊場ガイド本

切幡寺から下ってくると、県道12号線と交差する手前で典子さんが「こんなのが置いてあった」と言って小冊子を見せた。道路わきの少し奥まったところに設置されていたスタンドに積んであったと。そこには『日本遺産　四国八十八ヶ所霊場　徳島・高知版おもてなしの宿』とあり、各霊場の簡単な説明と遍路宿が紹介されている。コンパクトでなかなかの優れものとみて、頂戴して持参することにした（後日、愛媛版と香川・高野山版も入手して重宝した）。信号を渡って「うどん亭八幡」で遅めの昼食にする。疲れた体に熱いうどんと汁はしっかりと沁み込み、ほっこりとさせてくれる。具だくさんの「八幡うどん」はとてもおいしかった。店を出て街のなかを進んでいくと、八幡郵便局の近くで前方から歩いてきた女性に声をかけられた。何でもこの先に大小二つの橋があって、遍路はそれを渡って先へ行くことになるとのことだ。つまり川中島を通過するのである。この女性は島には以前、人が住んでいたが洪水で流されたと言っている。吉野川は坂東太郎（利根川）、筑紫次郎（筑後川）に次いで四国三郎と呼ばれる暴れ川として名高い。

徳島にもあった沈下橋

堤防を越えて、一つ目の大野島橋を渡る。後ろを振り返ると山の中腹に切幡寺が望まれる。暖かな昼下がり。見通しのきいた農地の中を黙々と進んでいく。実際に歩いていると、川の中州にいるなどとは思えない。広々とした田地を抜け、やがて大きな流れに架かる長い橋に出た。川島潜水橋である。欄干がなく、水量が

川島潜水橋（阿波市・吉野川市）

増すと水中に沈んでしまう。四万十川にある名高い沈下橋と同じものだろう。ただ、徳島では潜水橋と言い沈下橋とは言わないと聞いたが本当だろうか。この橋は車も通行するのだが、橋には何か所か退避所が設けられていて、対向できるようになっている。渡っているときも乗用車が何台かやってきて、退避も体験した。橋を二つ渡る、と言った女性の言葉は、渡り終えてやっと実感できた。吉野川は柔らかな春の日差しを浴び、川面は陽光を反射させてきらきらと輝き、その流れは速く美しかった。吉野川を境に阿波市から吉野川市に移る。民家の間の道から徳島線の踏切を越えて、国道192号線に出る。遍路道はその先を右にとるのだが、明日の昼食用のパンを買うため、国道をそのまま進みコンビニに寄った。ついでに100円コーヒーで暫しの休息時間とした。

11番霊場の藤井寺は山の際に建つ古刹で、55番南光坊と68番神恵院を除く86か所の寺号で、「寺」を「てら」と読むのはここ「ふじいでら」だけである。狭い納経所で古老の僧がご朱印を押してくれた。境内には寺名の由来となった大師お手植えの藤が植わっていて、4月下旬には紫やピンクなどカラフルな花が咲き誇るというが、今は季節外れでひっそりとしている。

明日も安心　宿をゲット

「旅館吉野」には4時50分に着いた。ここからだと明日の焼山寺へのアプローチも短くてすむ。宿の主人に明夜の宿泊先を尋ねると、焼山寺から4㎞先にゲストハウスがあり、温泉やレストランへ送迎してくれるうえに荷物をここまで取りにきてくれるという。至れり尽くせりではないか。すぐさま主人に予約をお願いした。

この宿は家族経営のまさに民宿である。入浴後、洗濯機を回してから食堂へ。昨夜、安楽寺の宿坊で同宿したお遍路さんを何人か見かけた。終日歩いたので何でもおいしいのだろうが、それでもトンカツをメインにした食事は美味で満足した。私たちのテーブルの横に座っていた男性が話しかけてきた。切幡寺でパンを食べていた人であろうか。耳の悪い私は、一言二言交わしただけだが、妻は間に入っていろいろ話して、それを「通訳」してくれた。お酒を勧められたが、この遍路の最終日まで禁酒と決めていたこともあり遠慮する。下関から来たという70歳のその男性は、1年間、5kgの荷物を担いでトレーニングに励んだという。周到な準備に恐れ入るばかりだ。妻の話では、大病を患っていた奥さんが、奇跡的に快復されたのだという。お遍路は奥さんの快気への感謝の意味合いもあるのだろう。この人とはその後、何度か同じ宿に宿泊し、親しく話しあう仲になる。

3月4日㈭（3日目）　曇り時々晴れ　15・5㎞

焼山寺への遍路ころがし

12番焼山寺は藤井寺から二つの峰を越え、さらに三つ目の峰である焼山寺山（938m）の8合目にある。遍路ころがしといわれる所以である。最初の上りで、昨夜宿で一緒であった遍路客の何人かに追い越された。安楽寺の宿坊でも同じだった小柄の高年男性、同じく中年の女性、そして下関の男性らである。長戸庵に着いたのは8時頃、藤井寺の駐車場を出発して1時間半が経っている。さらに上った後、急坂を下ると柳水庵である。時計は9時20分を指していた。手洗いをすませ、少し下へ行くと小屋のような建物の前にベンチがあったので、リュックを下ろし休憩した。朝の空気は清々しく春の光はまばゆい。県道245号が遍路道を横断している。そこからまた上りになり、つらい時間が続く。1時間ほどで浄蓮庵に着く。石段を上っていくと、眼前に大きな大師像が屹立している。一本杉庵とも呼ばれるように、高くそびえる大杉に目を奪われる。ここからの下りも急である。足元に注意を払いながら進む。やがて視界が開け、広い道に出た。あたりには梅の花が咲いている。左右内《そうち》というのどかな山村には人の気配はない。谷間を流れる川の小さな橋を渡り、いよいよ最後の上りである。何度も何度も小休止をしながら、ゆっくりと上っていく。もう少しとわかっていてもその距離はとてつもなく長く思える。もう12時半だ。歩き始めてすでに6時間が経過している。残り1キロの地点で、登山道の際にあった大きな倒木に腰掛けて、小さなあんパンを二つずつ食べた。

焼山寺への所要時間は、「健脚の人5時間、普通で6時間、足弱の人で8時間」などと言われているが、私などはもはや足弱の一歩手前である。学生時代から山登りを好み、北アルプスや八ヶ岳などに出かけ、妻とは富士山をはじめ穂高や北岳にも登った。各地のウォーキング大会にもよく参加し、大勢の人を抜き去って速足でゴールしていたが、その面影はすっかり影をひそめた。妻にも「昔はついていくのが大変だったが、今は楽だ」と言われる始末である。

修行の霊場・焼山寺

巨大な石仏が並ぶ寺域内の道路は、

左右内の一本杉と大師像（神山町）

駐車場からの参道のようである。何人もの参拝者とすれ違う。この道を回り込んで石段を上れば山門だ。一礼して門をくぐると、両側に立ち並ぶ杉の巨木に圧倒される。想像していたよりもはるかに大きい立派な山岳寺院である。ほとんどが車遍路の参拝者であろうが、山深いにもかかわらず結構な賑わいを見せている。読経をすませ、納経所でご朱印をいただいたが、コロナ対策にビニールシートを施しているうえに、納経帳や代金の受け渡しの時のほかは、小さなガラス戸を閉めるという徹底ぶりである。男性の担当者は、何か声をかけてきたが聞き取れず、小さく「はい」とつぶやいた。妻が小走りでやってきて「そうです」と答えている。歩き遍路かどうかを問うていたのだという。やれやれ。

焼山寺は、役行者小角《えんのぎょうじゃおづぬ》が山岳修験のために庵を結び、蔵王権現を祀ったのが始まりと伝わる。

12番焼山寺の仁王門（神山町）

修験道の開祖とされる役行者は、現在の奈良県御所市にある吉祥草寺《きっしょうそうじ》で生まれ、その西方にある葛城山《かつらぎさん》（かつてはその南に連なる金剛山を含んでいた）で山岳修行を始めたという。その御所市で生まれ、現在はその隣町に住んでいる私は、この葛城山を見ながら育ち、老いた今も毎日眺めている。まさに母なる山である。役行者を介して、阿波の古刹に因縁めいたものを感じたのである。

四国遍路の祖・衛門三郎伝説

寺を出て、坂道を少し下った見通しのきくところで道端の畦に腰掛け、梅の花を眺めながら残りのパンを食べた。二度目の昼食である。もう2時になっていた。食べ終えて再び歩き出す。坂をどんどんと下り、杖杉庵《じょうしんあん》に着く。四国遍路の祖といわれる衛門三郎が大師に許しを請う場面の像が置かれている。衛門三郎伝説の概略は次のとおりである。

豪農であった衛門三郎は、欲深く権勢を振るっていた。その門前にみすぼらしい身なりの僧が現れ、托鉢をしようとすると三郎は追い返すが、僧は毎日現れた。8日目になり三郎は怒って僧のもつ鉢をたたき落としたので8つに割れてしまう。三郎には8人の子がいたが、その時から毎年ひとりずつ亡くなり、8年目には皆亡くなってしまった。悲しみに打ちひしがれていた三郎の枕元にその僧が現れたが、それは弘法大師であった。三郎は大師に詫びるため大師を求めて四国巡礼の旅に出るが、20回巡礼を重ねても出会えず、次は逆に回り、ついに阿波国の焼山寺近くの杖杉庵で病に倒れてしまう。死期が迫りつつあった三郎の前に大師が現れたところ、三郎は今までの非を泣いて詫び、望みはあるかとの問いかけに、来世は河野家に生まれ変わり人の役に立ちたいと託して息を引き取った。大師は路傍の石を取り「衛門三郎」と書き、左の手に握らせたという。翌年、伊予国の領主・河野息利《おきとし》に長男が生まれるが、その子は左手を固く握って開こうとしない。息利は心配して安養寺の僧に祈願してもらうと、やっと手を開き「衛門三郎」と書いた石が出てきたという。その石は安養寺に納められた。寺はそ

衛門三郎終焉の地　杖杉庵（神山町）

の後「石手寺」と寺号を改め、寺宝となった石は宝物館で展示されているという。

この衛門三郎伝説について、元新聞記者の辰濃和男はあまり好きになれないと言い、「いくらお大師さまでも、門前で追い払われただけで八人の子を死に追いやるというのは、ちょっとやりすぎではないか」（前掲書・107頁）と書いている。この話は、三郎の普段からの悪行を含めて懲らしめられたと受け止めることもできようが、私はなぜ三郎本人でなく、その子どもが犠牲にならなければいけないのか、それではあまりにも子どもがかわいそうではないかと思う。だが、大師はやりすぎではないかとまで考えが及ぶことはなかった。詳しく触れる余裕はないが、ここで辰濃は、豊富な知識と深い観察眼をもって生と死について鋭く洞察している。

「旅館吉野」で予約してもらったゲストハウスは、小さな住居でダイニングキッチンに接した和室を提供してくれた。ホームこたつに足を入れる形で布団が二つ敷かれていて、学生時代の古き下宿を思い出させる。オーナーの女性が、神山温泉に軽自動車で送ってくれた。山登りをしたあとの温泉はうれしい。ゆっくりと体を温めた後、同じ施設内にあるレストランで夕食に地鶏の唐揚げ定食を食べた。湯上がりにすだちビールを注文したのだが、「最終日まで禁酒」という禁をいとも簡単に破ってしまった。食事を終えてオーナーに迎えに来てもらい、コンビニに立ち寄って、翌日の昼食用のおにぎりとパンを買う。

3月5日㈮（4日目）　雨のち曇り　24・9km

着いたところは「ポツンと一軒家」

今日は終日、雨との予報である。雨具をしっかり着込んで出発する。ゲストハウスのオーナーはまだ寝ているのだろうか。黙って失礼する。腕時計は6時35分を指していた。敷地から道路に出ていきなりの山道である。細い上りをゆっくりと進んでいく。やがて人家の近くを通り、畦道から舗装された広い道路に出た。緩やかな上りが続く。20分ほど歩いたであろうか。前に大きな家が見えたが、この家の前を通行するのか、いやそうでもなさそうである。近づいて尋ねてみようと声をかけるが返答はない。誰も住んでいないようだ。家の先には小さな畑があり、山が迫っている。どう見ても通行できそうにない。遍路道の印もないし行き止まりのようだ。進んできた大きな道は、この「ポツンと一軒家」に通じるためのものだったのかもしれない。仕方なく来た道を戻る。どんどんと下っていくと、道路の山側に小さく遍路道の表示があった。これを見落として直進してしまったのだ。私たちは谷側寄りを真っ直ぐ向いて歩いていたので気づかなかったのである。二人で歩いているのなら、左右を分担して表示物などに目を凝らすことが必要である。後悔先に立たず。30分ほどの時間と労力を無駄にしてしまった。

山道を上りきり舗装された道路に出て、ほどなく玉ヶ峠に到着した。きつい上りであった。ちょうど8時である。休憩所で休みキャンディを口に入れる。雨は少し小降りになってきたようだ。ここからは車も滅多に通らない広い道を下っていく。1時間ほど歩いただろうか、阿川というバス停があり、前方に「植村旅館」が見えた。旅館というが、普通の民家のようで建物も大きくもない。一昨日、同宿した下関の男性はここに泊まると言っていた。「植村旅館」は遍路に来る前、行程を検討した際に宿泊することも考えていた。焼山寺の宿坊が休業とわかった時も、ここまで足を延ばせないか、延ばさざるを得ないかなどと考えていた。結局は、鍋岩のゲストハウスに宿泊できたのでよかったのだが、今朝、歩いて来た行程を思うと、無理をしなくて正解であった。

鮎喰川《あくいがわ》に沿って歩く

植村旅館を見ていて進路を見失いそうになるが、すぐに方向がわかった。鮎喰川を渡って20〜30分ほど経って、再度橋を渡り、その後は県道20号線を進む。遍路地図に「長瀬公衆WC」と記載されている手洗いに寄った。そこには「早く歩くか　ゆっくり歩くか　何日で回ったか　何回回ったか　そんなことより　しっかり歩け　そして何かを残せ」と書いた紙が貼ってあった。それに続いて誰かが書き足したのか「ただしゴミは残すな」とある。最後は言わずもがなだが、格言じみたよい呼びかけだ。この言葉を心に刻み、私もこの遍路で何かを残さねばと思う。

広野郵便局を過ぎて、橋を渡って鮎喰川の右岸に出る。学校があって、ちょうど下校時間のようだ。休憩所の表示があったので休むことにした。グラウンドの端に新しい手洗いがあり、その建物の前にベンチが置かれている。地図では「神山東中学校」とあるが、校舎から出てきた子どもは、どう見ても小学生である。中学校が統合で廃校になり、隣の広野小学校がこの校舎を使っているのだろうと想像する。「頑張ってください」とグラウンドの向こう側から、何人かの子どもが大きな声をかけてくれた。妻は「ありがとう」と返事し、私は手を振って応えた。11時半を過ぎていたのでベンチに座って、昨夕、神山で買ったパンとおにぎりでお昼とした。雨はもう上がっていた。

徳島市内の4か寺を参拝

県道21号は、徳島市内に入ると走る車の量も増えてきた。13番大日寺に着いたのは午後2時前であった。昼過ぎに再び降り出した雨はまだやんでいなかったが、雨具の上着を脱いで参拝する。思っていたよりも小さな寺である。車で来た男性や自転車で来た女性らがお参りしていた。雨のなかの遍路は大変である。再度身なりを整えて、次を目指す。

14番霊場の常楽寺までは大日寺から2キロ余りだ。ところがまた遍路道を見失ってしまった。交差点を誤って進み、住宅地に入り込んでしまったのだ。郵便配達員にバイクを止めさせて聞くが、彼も新人なのか住宅地図のコピーを見ながらの配達だ。あっちの方向と指さすが、はっきりしない。とにかく山裾に向かうべく交差点を折れる。少し戻ることになったが、何とかたどり着けた。石段を上って本堂へ向かうと、あたりはでこぼこした岩の道になっている。変わった寺だと思っていたが、「流水岩の庭園」と手持ち資料に書いていたのをすっかり忘れていた。いい加減な予習をしてきたものである。大日寺へ自転車で来ていた女性も読経していた。

13番大日寺のしあわせ観音（徳島市）

15番国分寺も常楽寺から1キロ足らずと近い。今度は間違わないようにと地図を見て確認する。遍路標識にも目を凝らす。いうまでもなく聖武天皇が諸国に建立した66の国分寺のうちの一つである。仁王門をくぐり本堂、大師堂、そしてその奥の納経所と急いで回る。ここでも自転車女子と出会う。納経所では掛け軸（納経軸）にご朱印をもらいドライヤーで乾かしている。何を祈願しているのか、他人事ながら興味をひかれた。納経所の手前に庭園への入口があった。美しい庭園と聞いていたので見学したかったが、悲しいかな時間がない。それにしても、遍路では各寺院の伽藍や堂宇を十分見学できていない。ゆったりとした気持ちで拝観するのが望ましいのだが、限られた時間での歩き遍路には難しい注文のようにも思える。リュックを置いていたベンチの脇に創建当初の七重塔の心礎が残されている。心礎はあちらこちらで見学しているが、巨石を刳りぬいた立派なものであった。

この日の納めである16番観音寺へは2キロ弱の道のりである。だが、このあたりではと見当をつけた場所に寺らしき建物は見えない。通行する人にあれこれ尋ねても要領を得ない。するとまたぞろ自転車女子が、私たちを見つけて眺めている。どうしたのだろうというような顔をしている。妻は「こんにちは」と声をかけられたと言う。歩きの自分たちと自転車の彼女とは、そう変わらないペースで回っていたことになる。やっと寺への方向を示す標識を見つけ、急いだがもう5時になる。読経だけをすませ、この日の宿へ向かう。寺からは500mもない。

「鱗楼」は当初から予定していた宿である。昨夜のゲストハウスのオーナーも、料理旅館なのでお勧めだと言っていた。2階の大きな和室にはすでに布団が二つ敷いてある。広い部屋である。大広間を仕切っているのだろう。昨夜とは打って変わって、体を伸ばしてゆっくり休めそうだ。ありがたいことである。夕食では料理が次々と運ばれてくる。シャコ、イカ、タコなどの刺身に目板カレイの唐揚げ。この料理には飲み物が必要で湯上がりでもある、と都合のよい理由をつけてビールを注文する。修行の身でこんなごちそうをいただいてよいのかと自問するが、瞬く間に食べきる。見た目もきれいで美味、美味、美味である。続いて出てきたスジ肉と大根、牛蒡などの煮込みはすだち味噌でいただく。そしてかぶらのスープ。デザートはコーヒーゼリーと充実している。まさにグルメ遍路ではないか。四国がすっかり好きになった。

旅館「鱗楼」の部屋（徳島市）

3月6日㈯（5日目）　曇り　36・4㎞

コンビニでお接待!!

朝食をすませ、7時に観音寺へ行く。昨日、読経はしたものの午後5時を回っていたのでご朱印をいただけず、改めて出直したのだ。宿からは近いので助かった。「鱗楼」でリュックを引き取り、出発。宿からほど近い大御和《おおみわ》神社の角を左折して進むと、少し先の国道端にコンビニがあった。妻に飲み物を買ってもらうと、「お接待をいただいた」と言って小奇麗な巾着を見せた。中にはアメ、キャラメルにティッシュが入っていた。四国ではコンビニでも伝統的な風習が受け継がれているのかと感心した。ありがたいことです。

その後は、県道29号線を北上し、さらに一筋東の道を進んで、8時前に17番井戸寺に着く。立派な大門に迎えてもらった。朱塗りの門は四国霊場では珍しいという。

迷うこと2回　徳島市街

井戸寺から次の18番恩山寺まで18キロ以上もある。徳島市内を抜けていくのだが、上鮎喰橋を渡った後、国道から旧道へ入って進路があやしくなってきた。ともかく方角を確認して、それに地図の進行方向を合わせればよいのだが、迷ってしまうと冷静に判断できない。そんな時には休むことだと公園にあったベンチで休憩をとった。幸い徳島大学病院の表示を見つけ、地図と照らして歩き出した。しばらくは国道192号線を進む。やがて、店先に大きなチンパンジーの絵が描いてあるパン屋があった。客が次々と入れ替わり大きな食パンの袋を持って出てくる。パン好きの妻も菓子パンを買った。

徳島の市街地を遍路地図に記載されているコンビニなどを目印に歩き続ける。道は右に曲がり、南へ進んで行く。眉山《びざん》ロープウェイの乗り場の前を通る。さらに南下を続け、遍路地図にあった「キョーエイ」という店の角を左折するつもりであったが、店が見当たらない。結局、冷田川《つめたがわ》の手前を左折し、徳島南バイパスに出ることにした。川に沿って少し歩くと、うどん店があったので昼食にする。ショウガを入れた温かいうどんはおいしく、道もはっきりしたのでほっと一息つけた。

昼食後、徳島南バイパスに出て歩き続ける。バイパスは国道55号線で、海沿いを室戸岬から高知市まで続いている。交通量は多いが、しっかりした歩道が設けられているので安心して歩ける。1時間半ほど歩き、コンビニで休憩した。先はまだ長い。芝生川《しぼうがわ》を渡ってからバイパスを離れ、県道136号線を行く。旧道である。「民宿ちば」の手前から県道を離れ、18番恩山寺への上りとなっている道に入る。民宿は営業していなかった。コロナ禍で遍路客が減少していることも影響しているのでは、と推察する。長時間歩き続けてきたので、疲れもピークである。ふうふう言いながら寺に着いたのはもう3時前であった。境内をゆっくり見て回る余裕はなく、納経をさっとすませ次の立江寺へ向けて歩き出す。4キロ強の道のりである。立江寺に着くのは4時を回るだろう。

恩山寺からは弦巻坂《つるまきざか》を通る遍路道があるが、どこから行けばよいのかわからず、「民宿ちば」の前まで来た道を戻り、再び県道136号線を進む。田畑が広がるのどかな田舎の道はのんびりと歩きたいものだが、夕刻が迫り曇天のせいで、もううす暗くなってきている。1時間余り歩いてようやく朱塗りの橋が見えてきた。19番霊場の立江寺に通じる橋のようだ。門前町風情の通りを少し行き仁王門に到着した。急いで読経してご朱印をいただき、妻に今夜の宿に電話をかけてもらう。今、立江寺である旨を伝えると、まだ10キロ以上あるので、着くのは7時を回るから食事の用意はできないと言われた。食事はいたしかたない。泊まれるだけで十分と思わないといけない。

暗闇のなか、宿は遠かった

立江寺を4時45分に発つ。朱色が鮮やかなしらさぎ橋まで戻り、ここからは県道28号線を南西に進む。地図にある天満神社、櫛渕小学校、八幡神社などを確認しつつ、まだまだなあと思いながら歩く。段々と暗くなってきた。やがて広い道路と合流し、緩やかな坂を上っていく。その先で右に折れ、県道22号線を進む。もう真っ暗である。走り去るトラックや乗用車のライトを頼りに道路の端を注意しながら歩いていく。道路は三叉路に出て、その角のコンビニでおにぎりとパンを買う。店先で立って食べるのはいいのだが、テーブルの類はないので何かと不自由である。風が強いため、おにぎりの袋を開けて、まずビニールを手持ちのゴミ袋に入れてから食べる。次にペットボトルの蓋を開けて水を飲む。続いてパンを袋から出して食べる。そしてゴミ類をまとめてゴミ箱に捨てるといった具合に、一動作ごと区切りながらの作業である。

ここからは勝浦川沿いの県道16号線を行く。暗い道路をひたすら歩く。人家もなく車の通行が途絶えると、あたりは漆黒の闇である。風が強く菅笠があおられる。谷間に架かる橋の上で、何か白いものが飛んで落ちていく。ポケットに入れていたマスクが飛ばされたのだ。やれやれ。坂を上ったり下ったりしながら、足早に行こうと気が急くが、疲れはピークで歩くだけで精一杯である。集落のあるところまで来て、そろそろ宿に着くのではと思っても、なかなかそれらしき建物がない。そもそも暗くてあたりの様子はとんとわからない。暗闇に人がいたので尋ねると、高年男性らしい人は「大きな木があって、その近くなのでわかる」と教えてくれた。だが、真っ暗で木があるかどうかもわからない。さらに進むと大きな建物があったので見当をつけて近づき、看板を確認する。もう7時40分になっていた。

「そりゃあ、無謀だ」

宿に着くと受付もそこそこに、すぐに風呂に入るよう言われた。あとの都合があるようで、何ともせわしない。風呂は熱かったのか、首と肩にグーッとしみ、痛みが走る。足は疲れているのは当然だが、やはり重い荷物を背負い、同じ姿勢で歩き続けているせいで首や肩に大きな負担がかかっているのだろうか。それでもやはり風呂はありがたい。体が休まり気持ちもほっとした。部屋で夕食にパンを食べる。徳島市内のチンパンジーの店で買ったパンはまだ柔らかく、とてもおいしかった。2階の部屋の隣は、下関の男性だった。観音寺の近くの「鱗楼」から歩いてきて、到着が7時40分になったと話すと、「そりゃあ、無謀だ」と言われてしまった。彼は「旅館吉野」「植村旅館」のあと、徳島市街でビジネスホテルに泊まったとのことだ。

3月7日(日)(6日目)　晴れのち曇り夕方から雨　19・9㎞

二にお鶴、遍路泣く

昨夜、夕食にはありつけなかったが、朝食はお願いしていたのに用意されていなかった。すぐに配膳してくれたが、質素で簡単なものだ。出発は7時35分と少し遅めになった。

宿を出てからしばらくは集落の間を歩き、やがて山道に入る。「一に焼山、二にお鶴、三に太龍、遍路泣く」といわれる阿波の三難所のうちの二つをこれから踏破するのである。アスファルトの道から階段が延々と続く遍路道に進む。歩きやすいのだが上りはつらい。ゆっくりゆっくりと歩いていく。途中、見晴らしのきく地点で向こうに目をやると、蛇行する那賀川と集落が見える。同じアングルの写真が掲示されており太龍寺、歩き遍路道などと説明されている。太龍寺へは川沿いまでいったん下りて、また山道を上っていくことになるようだ。

あえぎあえぎ上っていく。坂道の先に「霊鷲山」と金文字で大きく書かれた扁額が掲げられた立派な仁王門が目に入る。「りょうじゅざん」と読む。9時20分、20番霊場鶴林寺に到着である。山門を入って、少しそのまま進んで、右に折れて階段を上る。本堂の両脇には一対の鶴の像があるのだが、写真を撮ることをすっかり忘れてそのまま石段を下って大師堂へ向かった。

ゆったりとした気持ちで参拝すればよいのに、なぜか気ぜわしく動いている。

バードウォッチングの紳士

納経をすませ鶴林寺を後に、一気に下っていく。階段が続いている。膝痛の妻はゆっくり下りてくる。車道を横切って、さらに階段を進み、どんどん下っていく。山道を抜け切り、広い道に出ると休憩所があったのでしばし体を休める。一人の男性がカメラをセットし、双眼鏡で彼方を眺めている。軽く会釈を交わす。紳士然としたその人を、校長先生OBかと勝手に想像した。いや、大企業の重役を務められた人かもしれない。「何を見ておられるのですか」と尋ねると、「野鳥です」と答えた。そして「その先の学校にトイレがあります」と教えてくれた。この人には、私たちより

20番鶴林寺の仁王門（勝浦町）

もゆったりとした時間が流れているように思えた。
その学校は大井小学校であったが、廃校状態で「休校中」とある。借りた手洗いは、地域の住民が管理され清掃も行き届いている。山あいに建つ校舎や校庭は、私が卒業した小学校の旧校舎を思い出させ、時間が止まったかの錯覚を覚える。このようなへき地では、あちらこちらで統廃合のため廃校となる学校が目立つ。人口が都市部に偏在することは、国土の均衡ある発展にとっても由々しき事態である。

県道19号線を少し歩いて、那賀川に架かる水井《すいい》橋を渡る。対岸には集落はなく、舗装道路ではあるが山道への序奏とでもいうべき緩やかな上りだ。下を流れる若杉谷川の水音が心地よく響き、静かで気持ちのいい遍路道である。12時15分、若杉谷川のせせらぎの横にある東屋の遍路小屋に着く。荷物を下ろして写真を撮る。傍らに「若杉山辰砂採掘遺跡」と表示された説明板があった。遺跡は対岸の若杉山の東斜面にあり、弥生時代から古墳時代初期（1～3世紀）に水銀朱の原料となる辰砂を採掘していたという。水銀朱は鮮やかな赤色を発し、顔料のほか銅鐸や土器の装飾、石室、棺に塗られたとのことだ。2千年近くも前に、四国の奥深い山で掘られた辰砂が、古代の権力者らに幅広く活用されていたことは驚きである。

三に太龍、遍路泣く

清らかな若杉谷川に沿ってしばらく行くと、いよいよ階段の上りになった。阿波遍路道の太龍寺道である。鶴林寺への上りもきつかったが、こちらはさらに厳しい山道である。あと1・6㎞とあったが、上るにつれて足が重くなってなかなか前に進まない。加えて、リュックが肩に食い込んで痛く、足指もまた痛い。思うように歩けない。午後2時前になって、やっと21番太龍寺の古めかしい仁王門に到着した。ここからさらに坂を上って境内に入っていく。

本堂と大師堂は鐘楼門をくぐってさらに上である。読経をすませ、納経所まで戻る。ご朱印を押してくれた僧が、平等寺へは「いわや道」と車道のルートがあると教えてくれた。

太龍寺道の石造物群（阿南市）

左上が大師坐像、右上が地蔵尊、左下が舟型地蔵丁石、右下が遍路墓2基（加茂谷へんろ道の会が設置した説明板による）

いわや道は一瞬どこを通る遍路道かと思ったが、「舎心ヶ嶽」と言うと、住職は「そうそう」と相槌を打った。大師が19歳の頃、舎心ヶ嶽の岩上で100日間の虚空蔵求聞持法《こくうぞうぐもんじほう》を修行されたと伝わる場所である。真言を百万遍となえる最も難行とされる修法で、今は切り立った岩壁の上に大師の座像が設置されている。いくつかの書物を読んで知っていたので、行ってみたいと思っていた。だが、険しい山道を想像して、足の状態に自信が持てず、早々に車道を行くことに決めていたのである。

今日は夕食にありつける！

仁王門を出て、上ってきた道と平等寺への道の分岐近くにあったベンチに腰を下ろし、遅い昼食にした。とはいっても、前日にコンビニで買ったパンの残りを口にするだけのささやかなランチである。寺の自販機で買った温かい缶のカフェオレに冷えた体がほっこりする。何人かの参拝者が上ってきて、また何人かが下りていく。食べ終わって平等寺に向けて山道を下っていく。すると妻の携帯が鳴った。今夜宿泊する民宿からだ。私たちは予約が遅かったため、夕食は密になるので用意できないと言われていたが、食事を出すとの連絡であった。昨夜は到着が遅くなったので夕食にありつけなかった。だが、わずかなパンで過ごせた。そんなこともあって、もう一日食事に見放されても何とかなると覚悟はしていたが、ありがたいことである。

コロナ感染の予防のため、食事の人数を絞っているようであるが、さすがに気の毒と思ってくれたのだろうか。ほどなくコンクリートの道に出て、駐車場に着く。あとは広い車道を進むが車はめったに通らない。平坦な道をのんびりと歩いていく。龍雅荘という民宿の前で立ったまま休んでいると、犬に吠えられた。県道28号線は徐々に緩やかな上りになってきた。きれいに舗装された道だが、やはり車は少ない。午後から曇ってきた空は、一層うす暗くなってきた。阿瀬比《あせび》という交差点に着くと、遍路小屋があったが休まずに歩き続ける。

二日連続の夜間歩行

ここからは大根《おおね》峠を越えていく。山道に向かって進んでいくが、5時を過ぎると山中はかなり暗くなってくる。樹林帯の中の山道は足元が悪いので、リュックからヘッドランプを出した。ところが、電池が切れかかっているのか茫《ぼう》とした灯りだ。そこで妻のランプを借りて、後ろを照らしながら進む。それでも彼女は「怖い、怖い」と言う。目が悪いので、やはり自分で照らさないと道がわかりづらいようだ。地図にある広い道になかなか出られず焦ってくる。もう6時だ。宿に電話を入れ、現在地を伝えようとするが、地名もわからず正確に伝えられない。真っ暗な夜道をひたすら進んでいく。山道を抜けても人家はまだない。パラついていた雨は本格的に降り出してきた。さらに歩き続け、町に入ってからも自分たちのいる地点がわからず、どちらへ歩けばよいか迷う。平等寺の位置を通行人に尋ね、教えてもらったが暗くてよくわからない。明るければ寺の堂宇は目印になるのだが、と思いつつ橋を渡ったりしながら、同じところを行き来しているようだ。ようやく寺らしき建物を見つけ、その隣に立つ「山茶花」に着いた。時間は、もう7時になっていた。

びっくり!!「山茶花ごはん」

民宿「山茶花」の女将さんは、暗くなってから到着したにもかかわらず、嫌な顔もせず温かく迎えてくれた。案内された部屋は別棟の2階だ。外付けの階段を上り、ドアの外で靴を脱いで入る。洋室仕立てだが、フロアの奥は一段高くしてあり、畳敷きである。バス、トイレつきのきれいで快適な空間だ。妻は部屋のバスを使ったが、女将さんは私には本館の風呂を勧めてくれた。大きな浴槽に体を伸ばしてゆっくりと入り、ふくらはぎなどをしっかり揉んで、首や肩をほぐす。一日中、歩いているので全身が心底疲れている。体を湯船に浸けていると、身も心もほっこりとして体が喜んでいる。

遅い時間であったが、女将さんはご飯をどんぶりに山盛りにした夕食を出してくれた。分厚くてつかみきれない刺身、大きな魚の煮つけ、野菜の煮物、酢の物、煮豆などおかずは種類も量も多く、腹がパンパンになった。妻はさすがにご飯を食べきれず、「すみません」と詫びている。デザートのいちごもうれしかった。感謝、感謝である。これ以降、わが家では山盛りのごはんを「山茶花ごはん」と呼ぶことにした。

3月8日(月)(7日目)　小雨のち晴れ　20・5km

朝食を終えて、出発の準備をしていると、女将さんが「お接待です」とおにぎりを手渡してくれた。さらに食堂脇のテーブルに広げてあるお菓子や飲み物を指して「お接待だから好きなものを持っていって」と言う。本当にやさしく親切な女将さんである。ありがたいことです。

7時10分、荷物を宿の玄関先に置いて隣にある22番霊場平等寺へ行く。小雨模様だが大したことはない。本堂では本尊の薬師如来を拝観するこ

22番平等寺の本堂（阿南市）

とができた。大師が立てた誓い「人々の苦しみを平等に癒やし去る」から寺号を「平等寺」と定められたというが、人権を尊重し、万人みな平等と高らかに謳うかのような寺である。

山間部から海辺の町へ

7時50分、宿に置いていたリュックを引き取り出発である。寺から少し行ったところで、軽トラックのおじいさんが荷台からみかんを取り出し、お接待してくれた。ありがたく頂戴する。新野郵便局に寄ってATMで出金しようとしたが、稼働するまで30分もあったので、あきらめて歩き出す。家並みが徐々に途絶え、田畑の広がる田舎の道をただただ前へ前へと行く。県道284号線は走る車も少なく、安心して歩ける。5キロ余り進んで、国道55号線に合流する。トラックの通行も多い幹線道路である。

国道を少し行くとトンネルがあり、それを抜けると鉦打《かねうち》という遍路小屋があった。時間は10時5分、10分ほど休憩する。その後、国道を進み、日和佐道路との分岐地点で、由岐《ゆき》方面への遍路道がどこかわからなくなった。仕方なく55号線を進むと、左に下る道があったので行ってみると、福井南小学校の表示があり、敷地に手洗いがあるようなので寄ることにした。小学校自体は昨日の大井小学校と同様に「休校中」であるが、手洗いは地域の方が管理されているようだ。日和佐道路の下を走るこの道が由岐へ通じていると思える。そのまま進んでいくと緩やかな上り道になって、由岐坂峠を越えて美波町に入る。さらに歩を進めると、下り坂の途中に休憩所があったので荷物を下ろす。12時20分だ。昼食にして「山茶花」で頂戴したおにぎりを頬張る。道路の向こうにあるJR牟岐《むぎ》線はこの場所からは確認できないが、その先には海があるはずだ。春の日差しが暖かく、海から吹き寄せると思える風も心地よい。ゆっくり30分ほど休憩した。

「俳句の小径」をゆく

由岐に入ってきた。市街地を通り、現金を下ろすために由岐郵便局に立ち寄る。狭い町を抜けて、田井ノ浜に着く。海水浴場のようで、トイレにはシャワーも設置されている。トラックが何台か駐車していた。しばらく海岸近くを歩いていくと木岐《きき》の集落に着く。美波町には「由岐」「木岐」「牟岐」と「岐」がつく地名が多い。岐《くなど》の神は悪霊が集落に入るのを阻む神、道中安全の神であるが、ここの岐《き》は城の柵《き》であり、海岸城砦として海部《かいふ》氏が住む湊村を意味すると郷土資料に書いてあった。白浜の休憩所で少し休む。2階建ての小さな小屋で、津波の避難場所になっている。だが、この大きさでは何人避難できるだろうか。心もとない。この先の遍路道は、遊歩道に入るよう指示されている。ゆっくりと上って行く。樹木に覆われた遊歩道には、あちらこちらに俳句を記した標柱が立っている。だが、しっかり見る余裕をなくしている。俳句の遍路道を抜けて車道に出たところに、「俳句の小径」と書かれた標識があった。車道を歩いて山座峠《やまざ》を越える。県道25号線である。その後、再び山道に入り、今度は下っていく。恵比須浜の休憩所を経て、1キロほど歩いて今夜の宿「白い燈台」に着いたのは4時40分であった。

海辺のリゾート「白い燈台」

「白い燈台」とは、名前からしてリゾートホテルを想像させる。お遍路とは縁遠い感じだが、遍路地図に記載され、「旅館吉野」など何軒かの宿で同宿であった下関の人もここに泊まると言っていた。遍路に出て7日目にして初めての洋室である。ベッドは楽でうれしい。少々傷んでいるが、一夜の宿には何ら支障はない。風呂は大浴場で温泉だ。しっかりと体をほぐし、露天風呂にも入った。眼下に雄大な太平洋を見渡せる。最高のロケーションである。ただ、背中や腕に大きな入れ墨をしたお兄さんが入浴していたのには驚いた。若い頃は銭湯などでよく見かけたものだが、「入れ墨お断り」が普通になって以降、滅多に目にすることはなかった。21世紀の世で、しかも比較的若い人間が「唐獅子牡丹」とは恐れ入った。目のやり場に困ったが、やさしそうな顔立ちがせめてもの救いであった。

夕食は海鮮料理を中心に、たくさんの品がテーブルに並べられている。どこまでが自分の料理か判別できない。下関の男性は、私たちの後ろの席で、別のお遍路さんと話し込んでいる。食後、彼と話をすると、名刺を差し出して私に住所と名前を書いてほしいと言う。同年配と思える三原さんは通し遍路のようだ。今後の参考にとこの先の宿の情報をメールしてほしいと頼むと、彼はスマホを操作して、ＬＩＮＥで繋がるようにしてくれた。

3月9日㈫（8日目）　晴れ　21・7㎞

「白い燈台」から23番霊場薬王寺までは2㎞。20分で到着する。今朝の歩きは快調だ。妻に「今日は速いね」と言われる。薬王寺では、33段の女厄坂、42段の男厄坂を上り、読経。大師堂で自分のロウソクに火をつけた後、ロウソク台の下の水を張った受け皿にライターを落としてしまった。当然、火はつかなくなった。慌てて42段を下りてそこに置いてきたリュックの中の荷物を引っ張り出し、予備に持ってきたライターを探したが、どこにしまい込んだのか見当たらない。慌てると出てくるものも出てこない。仕方なくまた42段を上り、息を切らしながら妻にその旨を伝えた。彼女は灯明なしで読経することになった。申し訳ないことである。

ひたすらひたすら地面見て

ＪＲ牟岐線と並行している国道55号線を西に向かう。行き交う車に注意を払いながら、緩やかな坂道を急ぐ。日和佐トンネルは６９０ｍと長いが、照明は明るく手すりのついた歩道が設けられているので安心して歩ける。それでもトラックやダンプカーだけでなく、前から後ろから次々と接近してくる雑多な車の轟音がトンネル内に響き渡り、恐怖心に襲われておののいた。排気ガスは如何ともしがたく、タオルで口を覆いながら先を急ぐが、重い荷物と足の痛みもあって、なかなか前へ進まないのはもどかしい。トンネルを抜けてなおも歩き続けるが、早くは行けない。妻は前に出ると、後ろを振り返って「遅いなあ」という表情を見せて、手洗いはどこにあるのかと尋ねる。私は小松大師にあるのでは、といい加減な言葉を返した。先を急ぐ妻との距離は、１００ｍ、２００ｍ、３００ｍ……。あっという間に姿が見えなくなった。リュックが肩にのしかかる。首を垂れてじっと下を向き、地面ばかりを見て歩き続ける。辛い。ひたすら地面を見て歩いている。地面だけを見て。金剛杖を頼りにゆっくりゆっくりとしか進めない。妻はどこまで行ったのだろうか。これまで健脚を自負し、歩きには自信を持っていたが、その姿はすでになく、こてんぱんに打ち砕かれた。首の不調を意識する時、この国道55号線の上り坂の光景が脳裏に浮かぶのである。

23番薬王寺から24番最御崎寺まで75・7㎞もある。途中、別格20霊場4番の鯖大師にお参りする予定だが、そこまででも19キロほどある。昔ならいざ知らず、今は鉄道やバスを乗り継げば苦も無くたどり着けるのである。なぜこれほどしんどい思いをしてまで歩きにこだわるのか。国道を走る車の運転手の目は、遍路か何か知らないがよく歩いているね、ご苦労なことよ、なぜ好き好んでこんな辛いことをするんだろう、などと語っているように見える。だが、これはもう意地である。四国遍路の全行程を歩き通すと決めた、その目標にただ突き進むだけである。足が痛い、体が重いと弱音を吐きつつも、何としてでも歩くのだ。そんな意地で自らを鼓舞して歩くのみだ。

歩くことは人間や動物にとって基本の動作である。人間は歩けるようになるまで1年ほど要する。1981年に生まれた息子が、最初の一歩を踏み出して歩き始めた時、満面に浮かべた笑みが忘れられない。人間にとっては歩くことは歓びであるのだ。遍路道を歩いていても山野河海の風景に全身で触れ、流れる空気を五感で受け止めることができる。これも歩いていればこそ得られるものだ。一歩、一歩と歩を重ねていくことで新しい発見もある。そう言い聞かせて今日も歩き続ける。

辺川《へがわ》駅にトイレはあったが……

小松大師の近くの辺川駅に手洗いがあるのではと思っていたので、国道から右折して駅を目指して坂道を上っていく。妻はどこへ行ったのだろう。その道をさらに進んでいると、後ろから「どこまで行くの？」と妻の声。見つけてもらって助かった。でなければどこまで行っていたか。彼女は駅に行ったのだが、手洗いは閉鎖されていたと困り顔である。何でも近づいてきた車の男性に尋ねると、国道沿いの店の横にトイレはあるが、トラックが3台ほど停まっていたので混んでいるだろうと、駅を教えてくれたそうだ。辺川駅にあるとの私の予想は的中したが、使えないのではどうしようもない。結局、商店の横にある休憩所のベンチで休み、その裏にある手洗いを利用した。地図には「ＷＣ」の表示がないが、英語版にはトイレマークが記されていた。自動販売機で飲み物を買い、薬王寺近くのコンビニで買ったパンを食べた。時間は11時半を過ぎていた。

道は下り坂になり、やがて牟岐の町に入る。国道を離れ、牟岐川の左岸の遊歩道を歩く。明るい陽ざしのなか心が安らぐ。牟岐の町並みをはずれ、再び55号線を歩き続ける。内妻橋を渡ってさらに進んで、やっと別格霊場の鯖大師に着いた。国道端の大きな案内看板に比して、思いのほかこぢんまりした霊場だ。参拝を終えて来た道を戻っていると、妻が「金剛杖を忘れた」と言って引き返した。数分後、杖を2本抱えて戻ってきて言うには、住職が「お大師さまをお忘れですよ」と追っかけて来てくれたそうだ。ありがたいことである。

今日はこのぐらいにしといたろか

さて、この先どうしようか。今夜の宿は徳島県南端の宍喰《ししくい》である。鯖大師からさらに14キロほどある。時間は2時半。まだ早いとはいえ、さらに4時間程度かかるだろう。ホテルまでは無理としても、次の土佐遍路のためには少しでも先に行っておきたい。ここから浅川駅までは1時間ほどで行けると思うが、典子さんはここまでにしておこうと言う。彼女は膝の痛みがピークのようだ。私も首と肩そして足の痛みもあったので、素直に彼女に従うことにした。それは賢明な判断であったと思う。ちょうど目の前が鯖瀬の駅だ。結局、3時29分の列車に乗ることにした。次回の土佐国・修行の道場は、予定よりかなり手前からのスタートになるが、体の痛みを考えると仕方ないことである。

鯖大師のある鯖瀬駅からJR牟岐線で阿波海南駅まで2駅だ。そこで代行バスに乗り換えて約15分で宍喰駅に着く。しかし鉄道路線があるのになぜバスの代行運転なのだろう。バスの車窓から見える高台を走る路線は、阿佐海岸鉄道阿佐東線と手持ちの遍路地図は記しているが、高架のコンクリートの壁面には、「ＤＭＶ工事中」の表示がある。工事の期間だけバスの代行運転をしているのだろうと思っていたが、後日「ＤＭＶ」をネット検索してみると、Dual Mode Vehicle（デュアル・モード・ビークル）の略で、列車が走るための軌道と自動車が走るための道路の双方を走行できるよう、鉄道車両として改造されたバス車両のこととある。いわばレール・ロード両用バスだ。

ＤＭＶの運行は、２０２１年12月25日に始まった。徳島県海陽町で開かれた発進式の様子をテレビのニュースで見た。ＤＭＶはＪＲ北海道が開発に着手したものの導入を断念したとのことだ。その技術を徳島県と阿佐鉄が引き継いで、「観光の目玉」にしようとの目論見のようだが、むしろ地域住民の足としての機能を維持し続けることが重要と思う。

ここはリビエラか⁉

遍路に出発する前に予約してあった「ホテルリビエラししくい」は、日帰り入浴もやっている。隣には「道の駅宍喰温泉」もある。いわばスーパー銭湯的な役割も兼ねているようだ。部屋は広く昨日に続いてベッドだが、造りが「白い燈台」とそっくりである。経営者が同じなのだろうか。少し老朽化が目立つ建物に「昭和遺産」という形容が思い浮かんだ。だが、なぜ「リビエラ」なのか。地中海に臨む仏伊国境の東、イタリアのジェノバ湾沿岸を指す「リビエラ」は、南仏のコートダジュールと並びリゾートのメッカという印象が強い。日本各地の何とか銀座のように、好印象を取り込もうというネーミングだろうか。これまた昭和的である。現役時代に欧州へ出張した折、フランスのニースからイタリアのミラノまで列車で移動したことがあったが、コンパートメントの乗客は次々と入れ替わった。小さい子どもを連れた家族連れ、イタリアの軍人らしき若い男、そして黒人の若い女性が「チャオ！」と声をかけてきた。単身で心細かったこともあったのか、一言も返せなかったことを覚えている。3月下旬のどんよりとした空のもと、リビエラ海岸は人影もなく打ち寄せる波に洗われていた。そういえば森進一の『冬のリビエラ』という歌があったが、そんなイメージであろうか。紺碧の空と真っ青な海を想像していた身には、これがリビエラかと違和感を覚えたのであった。

「ホテルリビエラししくい」の部屋から望む宍喰の町並みと太平洋（海陽町）

3月10日㈬（9日目）　晴れ　0・7km

「阿波エクスプレス」で大阪へ

着替えなど不必要なものは自分のリュックに詰めて、宅急便で家へ送った。杖や笠は宅配が利用できないことも想定して、折り畳みのバッグなどを用意していた。金剛杖はホテルでもらった古新聞に包み、さらにリュックに詰め込んできた気泡緩衝材（プチプチ）で巻き、セロハンテープで固定した。菅笠は私の分は笠と笠輪を分離して、妻の笠と一緒にしてナイロン製のトートバッグに入れた。重いリュックを一つ送れたので、杖や笠は嵩が張るものの、邪魔にはならず容易に持ち帰ることができる。

宍喰駅から昨日とは逆にバスで阿波海南まで戻り、そこから徳島行きの列車に乗った。2時間余りの、のんびりとした鉄道旅である。車窓に注ぐ春の日差しは明るく、まばゆい。閑散としていた車内は、日和佐駅あたりから高校生らの乗り降りが盛んになり、近くに座った女子高生の大きな話し声は、この時期、少し不謹慎とも思えたが、旅先ではそう気にもならない。立江、小松島、二軒屋と遍路で歩いた時に目にした駅名に親しみを覚えたが、歩いた道のりの記憶を呼び起こす間もなく、徳島駅に到着した。

駅ビル地下のレストランで昼食をすませ、13時30分発の高速バス「阿波エクスプレス」に乗った。往路で利用する予定であった路線だ。乗客は10人ほどである。平日のこの時間帯でも一定の利用があることに、多くのルートを持つ高速バスの需要の高さを改めて知る。バスは徳島市街を抜けて、ややあって高速道路に入った。ほどなく高速鳴門で停車し、高校生らしき女性が乗り込んできた。往路ではここで降りるはずであったんだ、と下りの停車場を確認しようと反対側の窓をのぞきこんだ。明るい陽光を浴びながら、バスは鳴門海峡から淡路島を経て明石海峡大橋を通過する。神戸から阪神高速を走り、尼崎を過ぎると、もう大阪市内である。バスは環状線をループしながら、スムーズに大阪シティエアターミナルビル（ＯＣＡＴ）に吸い込まれるようにして入っていった。

遍路小屋の片隅で　Ｉ

「わしも連れていって欲しかったなあ」

四国遍路に出かける契機や目的は、人それぞれであろうが、なかでも父母をはじめ家族や友人、知己の慰霊のためという人が多いようである。今回の遍路で知り合った下関の三原さんは、「鬼籍に入られたこれまでお世話になった方々の供養」と手紙で教えてくれた。南無阿弥陀仏も何回も唱えたとのことである。私は両親のほか、かわいがってくれた年の離れた３人の義兄や学生時代の友人など大切な人をたくさん亡くしている。しかし、遍路道を歩いていても霊場で参拝していても、供養するといった気持ちが湧いてくることはあまりなかった。つくづく情の薄い人間だと思う。私は時折「南無大師遍照金剛」と唱えていただけで、常にしんどい、しんどいという思いを引きずって長い遍路道を歩いていたのである。恥ずかしい限りである。

そんななか、祖父のことが頭をよぎった。存命中であったなら「わしも連れていって欲しかったなあ」と言ったに違いないと思えたのである。怒ることがなかった父と違って、祖父は強面で大声をあげることも珍しくなかった。私の３番目の姉は、帰宅が遅くなったという理由で物置小屋に閉じ込められたことがあった。若い娘が日没まで出歩くことを許さなかったのである。私の記憶では、まだそんなに暗くなっていない時間帯であったと思うのだが、孫に対しても厳しかった。そんな祖父がポツリと声をかけるのである。「わしも連れていって欲しかったなあ」。

もっとも半世紀以上も前に亡くなっているので、私が祖父と一緒に四国遍路をするなどあり得ない話である。明治9（1876）年生まれの祖父は、私が生まれた年には75歳になっていたことになる。次男であった父が家を継いだので、わが家は三世代同居であった。物心ついたころ、祖父はどこへでもよく徒歩で出かけていた。6～7キロ先の私の姉の嫁ぎ先まで歩いていったのを覚えている。途中から電車で行くこともできたのだが、行きも帰りも歩いたようだ。昔の人間は歩くことはごく当たり前であったにしても、年の割にはかなり健脚で達者であった。私が小学校に入学する前か後か記憶はおぼろげだが、「當麻れんぞ」と呼ばれている奈良県當麻寺の練供養に連れていってくれた。幼い子どもにはありがたくも面白くもなかったと思うが、出かけることはうれしかったに違いない。また、大阪府富田林市にある瀧谷不動尊にも連れていってもらった。年寄りが寺社仏閣に出かけるのはごく普通のことであろうが、それなりに信心深く、村の寺の世話役もやっていたようだ。おそらくあちこちの寺社へ参詣に行っていたのではないかと思う。

四国遍路では、各霊場の本堂と大師堂でそれぞれ献灯、献香をして、納札、賽銭を納めて合掌し、お経を唱える。その際に使用するロウソクと線香は、八十八か所でそれぞれ176本と528本になる。私たちは夫婦遍路であったので、その数は倍になり結構な数量であるが、どちらも実家から引き継いだもので間に合った。そんなこともあってか、参詣の道すがら、あるいは遍路宿で、祖父が「わしも連れていって欲しかったなあ」と声をかけてくるような想いにとらわれたのであろう。私が四国を歩いたのは70歳から71歳にかけてであるから、祖父と一緒にお遍路をするというのは「妄想」に過ぎない。だが、幼いころ手を引くようにして當麻寺や瀧谷不動尊へ連れていってくれた祖父を、今度は私が四国の霊場を道案内しながら一緒に巡拝している。そして黙々と歩を進める祖父の姿が脳裏に浮かぶのである。

祖父は、私が高校2年であった昭和42（1967）年11月25日に亡くなった。当時では珍しい92歳という長命であった。臨終を見届けた父が記したように「病無く枯木の如く静かに絶命す」という最期であったようだ。日が改まった時間帯、おそらく1時台であったと思う。高校生のころはいわゆる「ながら族」で、勉強よりもラジオの深夜放送ばかり聞いていた。この日も2階の部屋で机に向かっていたものの、たぶんラジオをかけていたと思う。階下でがさがさと音がして、近所に住んでいた父の妹の声がしていた。祖父が亡くなったと直感したが、下りていってその臨終に立ち会うことはなかった。もう寝ていると思われたのか、声もかけられなかったが自分からその場へ行こうともしなかったのである。その日は普段どおりに登校したが、朝起きて出かけるまでに永眠した祖父のもとに顔を出したかどうかさえ覚えていない。今にして思えば、薄情な性格はこのころから続いているのかもしれない。四国遍路から帰って仏壇に手を合わせ、結願の報告をしたのだが、八十八か所を一緒に巡拝するという「妄想」が、祖父へのせめてもの供養になればとの考えは、自分勝手な思いでしかないであろうか。

パートⅡ

陽春の土佐路

2021. 4. 16～4. 28

そえみみず遍路道をゆく
（高知県中土佐町）

パートⅡで巡拝した霊場（□は別格霊場）

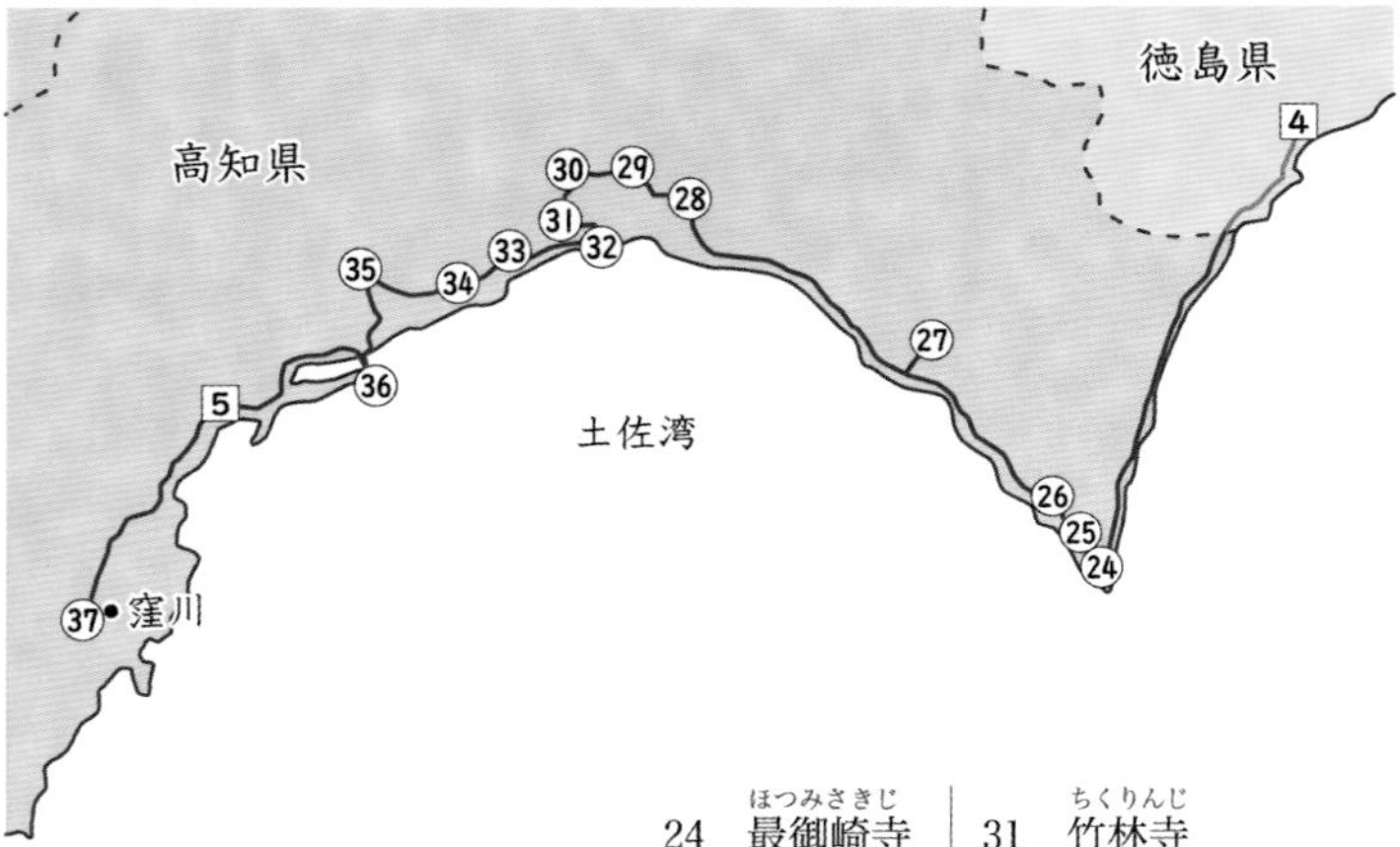

24	最御崎寺《ほつみさきじ》
25	津照寺《しんしょうじ》
26	金剛頂寺《こんごうちょうじ》
27	神峯寺《こうのみねじ》
28	大日寺《だいにちじ》
29	国分寺《こくぶんじ》
30	善楽寺《ぜんらくじ》
31	竹林寺《ちくりんじ》
32	禅師峰寺《ぜんじぶじ》
33	雪蹊寺《せっけいじ》
34	種間寺《たねまじ》
35	清瀧寺《きよたきじ》
36	青龍寺《しょうりゅうじ》
37	岩本寺《いわもとじ》
5	大善寺《だいぜんじ》

３月２日から始めた四国遍路だが、体力面で十分な準備をしないまま歩き出したこともあってか、途中から首と肩に変調をきたし、鯖大師をお参りした後は歩くのをやめ、阿波の最終目的地・宍喰へは電車とバスで行った。そのため今回の歩きは、鯖瀬から宍喰までの約14キロを含む行程となった。桜の季節も終わった陽春のさなか、日も随分長くなってきて絶好の遍路シーズンである。

4月16日㈮（1日目・通算10日目）　雨のち曇り　15・1㎞

今度は渡れるか大鳴門橋

５時22分発の電車に乗る。３月２日に出発した前回はまだ真っ暗であったが、今はほのかに明るい。首に不安を抱えての出立である。この日も雨の予報だ。風はどうであろうか。大鳴門橋は前回のように通行止めにならないか、などと心配ごとは消えないが、とにかく行ってみるしかない。

ＪＲ難波駅から高速バスターミナルに着いて、まず確認したのが出発案内の表示板である。「６：55　徳島」とある。念のため、案内員にも尋ねた。バスは無事に運行され、順調に走行して徳島駅には定刻の9時24分に到着した。乗り換えのJR牟岐線の阿波海南行の発車時間が9時30分なので、予定どおりに着くか、遅れないかとやきもきしたが、時間どおりに着いたので一安心である。急いでJRの駅舎に向かい、切符を買って陸橋を渡り列車に乗り込む。

二度目の参拝・鯖大師

列車は徳島県の東部の海沿いを徳島市から小松島市、阿南市へと南下し、紀伊水道から太平洋沿いへと進む。途中、恩山寺はあちらの方か、立江寺は駅から近いはずだ、などとあれこれ車窓の風景を眺めながら時間を過ごす。鯖瀬駅に11時30分に着く。駅のホームで新聞紙と気泡緩衝材で包んできた金剛杖を取り出して笈摺を羽織り、輪袈裟を着けて身支度を整える。鯖大師にお参りするのは二度目である。

参拝の後、納経所へ行って声をかけるが誰も出てこない。困ったなあと思っていると、玄関脇に不在の時はこちらに電話してほしい旨の表示があった。電話を入れると間もなく担当者が来て納経を終えた。ちょうどお昼時である。遍路地図には国道沿いに食堂の印があるが、今は営業していないようであった。やむなく鯖大師饅頭を五つ買って、それを昼食にと思ったが、腰掛ける場所もなく立ったまま頬張った。男性のお遍路さんが私たちを見ながら歩いていった。

鯖瀬から国道55号線を歩き始める。浅川の街を抜け再び国道に戻り、浅川駅前からしばらく行くと「カフェふくなが」があった。ここで昼食をとることにした。私はピラフ、妻はカレー。食後のコーヒーはお接待とのこと。店の前に休憩所があったので、そこで雨具を着用し、いつ降ってきてもいいようにと備える。ママさんは私たちの出発を国道端で見送ってくれた。その心遣いに感謝である。結局、降り出したのは3時前であった。それまで降らずにもってくれたのはせめてもの救いである。阿波海南駅の前を通過する。

雨は降る降る「えびす」はどこだ

雨は徐々に強くなってきた。「はるる亭」という宿の手前の休憩所で少し休む。もう4時を過ぎた。ほどなく宍喰に着き、コンビニで飲み物と明日の昼食のパンを買う。前回の阿波遍路で最後の宿であった「ホテルリビエラししくい」の前を通る。海は荒れている。宿泊した時に部屋から眺めた海とはまったく異なる趣である。宍喰の街を右に見て、海岸沿いの55号線を南へ進む。もうそろそろ町はずれになると思い、宍喰大橋の手前で国道下の市街へ下りた。宿を探すが、よくわからない。雨が降っているので遍路地図でしっかりと確認できない。また国道に戻って、妻が宿に電話を入れる。「宍喰川を渡ってしばらく行くと見えてくる黄色い建物」と教えられ、さらに歩き続ける。地図をしっかり見れば宍喰川を渡った向こう側とわかるのに、とんでもない勘違いをしている。宿に到着した時にはもう5時になっていた。

「えびす」は新築のきれいな民宿である。雨具を物干しにつるし、案内された部屋は広くて美しい。浴室も快適であった。夕食は刺身に焼魚、エビフライ、トンカツに肉の鉄板焼きと充実していた。客は他にはなさそうである。貸し切りの贅沢を満喫した。次の日の出発に備えて、少しでも高知県寄りにと考え、宍喰のはずれの民宿を選んだのだが正解であった。

4月17日㈯（2日目・通算11日目）　雨　　26・0km

雨はまだ降っている。今日も雨中行脚か。朝食は6時と早く、時間的に助かる。今日はそれなりの行程で、しかも雨だ。長距離を歩く時は早朝に出発しないと後で大変な目にあう。女将さんは「余ったご飯でおにぎりを作って、持っていって」とサランラップを用意してくれた。ありがたいお接待である。妻は梅干しと昆布を入れて、ひとり2個のおにぎりを作った。昨日、外に干してあった雨具を身に着けて出発する。完璧には乾いていないが仕方ない。宿を出てすぐの水床《みとこ》トンネルを抜けると高知県である。阿波遍路がやっと終わった。朝は快調である。甲浦《かんのうら》から生見《いくみ》と来て、野根の明徳寺（東洋大師）に寄ってお参りする。大きなお札を授かったが、そこには山号の「金剛山」と記されていたので、親近感を覚えた。住職から「雨のなかご苦労さま」と言われ、ビスケットのお接待も受けた。

何の音かとゴロゴロ石

野根の町を抜けて野根川を渡り、再び55号線に出る。この先は延々と太平洋に沿って歩くことになる。海からはしきりにグオーグオーと大きなうめき声のような音が聞こえる。波は少し荒いように見えるが、それにしても大きな音だ。10時過ぎに休憩所に着いたので休むことにする。ゴロゴロ休憩所とある。説明によると、海辺の石が寄せる波そして退く波に巻き込まれて、ゴロゴロと大きな音をたてるのだという。それはもう恐ろしいような大音響となって、歩く者に襲ってくるかのようであった。

辰濃和男も書いていたが、道路ができる前は、お遍路さんは石だらけの海岸を苦労しながら歩き、石のうめき声におびえながら先を急いだという。私たちは確認していないが、ここの浜の石は激しい波に揉まれて摩耗し、丸くなっているそうである（前掲書72頁）。

小雨のなか国道55号線をゆく（東洋町）

11時頃に法海上人堂でトイレ休憩。さらに波打つ太平洋を眺めながら歩き、淀ヶ磯の休憩所に到着したのはもう12時前であった。おにぎりとジャムパンを食べる。一人遍路の男性がやってきたので、スペースをあけて譲る。昨日、鯖大師の近くの国道で見かけた人かと思ったが、違うようにも見える。ゆっくりと30分ほどの休憩であった。なおも進んで国道を離れ佛海庵の前を素通りして、その後、佐喜浜の町へ入る遍路道を見落としたので、そのまま国道を歩く。佐喜浜中学校を下に見るあたりで、妻は猿を見たという。私たちがアメを出して食べるのを見ていたらしいが、私は何も知らずにいた。ボーっと歩いてるんじゃねえよ！

雨は降る降る宿まで急げ

国道を離れて佐喜浜の市街に入り、小さなスーパーでリンゴとチョコレートを買う。小柄な女性遍路が、ポンチョを羽織り雨傘までさして店の前を通り過ぎていった。町を抜けて防波堤道を歩く。雨脚はまた速くなってきた。今回は、菅笠に替えて登山用のゴアテックスの帽子を被ってきたが、その鍔から雨垂れが次々に滴り落ちてくる。これは駄目だ。雨はさらに激しく降ってきたので、バス停のような小屋でしばらく休ませてもらった。男性の遍路、女性の遍路が順次追い越していった。

ちょうど雨も上がって午後3時、民宿に到着した。雨具を干して風呂に入る。続いて洗濯だ。

明日からは天気も回復しそうである。夕食は金目鯛の煮つけ、刺身三種盛り、イカ・タコ・野菜等の天ぷらなどと充実している。部屋のある2階の廊下にポットが置かれていて、インスタントコーヒーが自由に飲めるのもありがたい。この民宿は、次の宿までリュックを運んでくれるのだが、同宿の高齢男性は、足が痛いので荷物と一緒に運んでもらえないかと相談していたようだ。どんな結論になったか知らないが、何ともちゃっかり屋さんである。今日は雨のなか25キロ以上も歩いたので、早く眠りについた。

4月18日㈰（3日目・通算12日目）晴れ　24・9㎞

陽光を浴びて、いざ室戸岬へ

4時20分に起床。部屋のカーテンを開けると大海原から昇る日の出が見える。赤く照らし出されて美しい。山でのご来光も神々しいが、水平線の彼方で光り輝く太陽も素晴らしい。一日の始まりを寿ぐかのようである。7時15分に出発。朝日を浴びて歩き出す。室戸岬までは一直線だ。今日はリュックを次の宿まで搬送してもらい、ウエストポーチだけなので楽勝かと思いきや、やはり首は痛い。15分ほどで夫婦岩。伊勢のそれは有名だが、こちらも綱で結ばれている。太平洋に沿ってまっすぐに延びる道は気持ちよく歩けるが、どうしても単調である。そろそろ「民宿椎名」か、と思ってもなかなかたどり着かない。ただただ歩き続ける。やっと見えた民宿は屋根が赤く、妻は山小屋のようだと言う。大碆《おおばえ》というところで防潮堤に上って休憩する。風は強いが気持ちがいい。

歩きの目印に「民宿椎名」だけに気をとられていたが、「廃校水族館」という表示を見たように思う。急いでいるので素通りしていたが、帰ってからテレビでその水族館が紹介されていた。廃校となった椎名小学校を改修して、「むろと廃校水族館」が平成30（2018）年4月にオープンしたという。校舎内に置かれた水槽や屋外プールには、定置網にかかったウミガメや魚が泳いでいるようだ。なかでも「新しい海の仲間たち」として海洋ゴミを展示しているのは何ともユニークで教育的である。県内の小中学生が見学に

民宿「徳増」の部屋から見る日の出（室戸市）

来て、カメの甲羅を磨いたりしている。子どもたちはプラスチック等の海洋ごみの問題など多くのことを学ぶに違いない。見学に来るのを「登校」、帰るのを「下校」というのも校舎を活用した施設ならではの気の利いたネーミングである。だが、プラスチックごみを「仲間」と呼んではだめだろう。

道の向こうに半島の突端が見え、緑がこんもりしたなかに鉄塔らしきものが見える。あそこが室戸岬だろう。近い、と思ったものの、行けども行けども近づけない。やがて温水プールや露天風呂などがある「シレストむろと」という健康増進施設に着いたので、トイレ休憩とする。まだ10時だが、芝生を敷き詰めた緑の広場にベンチとテーブルもあったのでパンを食べる。海洋深層水を利用したプールや露天風呂などがあるようだが、人の気配は感じられない。大きな駐車場もがら空きである。今日は日曜日というのにどうしたこと

室戸岬に向かって歩くが先は遠い（室戸市）

か。コロナ禍とはいえ、あまりに寂しい地方の観光施設である。

青年大師像と御厨人窟《みくろど》

ほどなく巨大な青年大師像が見えてくる。高台に造られた真っ白い像は高さ16mという。近づきがたい雰囲気を醸していた。そして御厨人窟である。若き日の大師は、この洞窟で虚空蔵求聞持法を修行し、光り輝く明星が口から体内へ入るという奇跡を体験したという。『三教指帰』の序文に「阿国大瀧嶽《だいりょうのたけ》に躋《のぼ》り攀《よ》じ、土州室戸崎に勤念《ごんねん》す。谷響きを惜しまず、明星来影す」とある。「阿国大瀧嶽」は、21番霊場太龍寺の舎心ヶ嶽、「土州室戸崎」は言うまでもなく室戸岬である。御厨人窟は大師の霊跡として知られ、アクセスもよいので観光地化していると予想はしていた。案の定、洞窟の前は全面的に駐車場にしている。これでは洞窟内から外を見れば、車がまず目に入るではないか。さらに入口には金属網で覆った仮設通路が設けられていた。何でも2015年に落石があって封鎖されていたのだが、このような形で立ち入りが再開されたそうだ。御厨人窟の中から見る空と海だけの風景を期待していたが、描いていたイメージとあまりにもかけ離れていたので先を急いだ。

早々に退散　最御崎寺

海岸沿いの国道から24番最御崎寺への上り道に入る。ゆっくりと上っていく。坂を上り切ったところで灯台への分岐があったが、進入禁止となっていた。最御崎寺には大勢の参拝者が来ていたので、早々に読経をすませる。バスツアーの客はガイドが全員分をまとめて納経するため時間がかかるのではと思ったが、個人の分は隣の窓口で対応してくれた。見学する間もなく、引きあげ駐車場でトイレ休憩をとる。先ほどのツアーのお遍路がバスに戻ってきた。

駐車場から室戸スカイラインの舗装道路を下っていく。眼下に太平洋を望む絶景である。室戸岬の集落と真っ青な海の大パノラマに感動を覚える。くねくねとした道を海岸沿いまで下って、半島の西岸に出る。国道55号線の手前の旧道が遍路道となっているのでそれを進む。自動販売機で飲み物を買おうとしていると、近所の女性から「温かいお茶を飲みますか」と声をかけられた。それでも自販機から離れないので「冷たい方がいいですか」と言われた。ありがたい申し出であったが、時間もなかったので断ってしまった。

しばらく行くと、室戸岬小学校の表示があったが、ここも廃校したようだ。後日、ホームページを見ると、２０１９年に室戸小学校と統合されたとある。この先も廃校となった学校を多く見かけることになるが、統廃合は長距離通学など課題が多いと思う。

紀貫之ゆかりの泊まり

さらにまっすぐ進み、小さな漁港に着く。津呂港である。「紀貫之朝臣泊舟之處」と「野中兼山先生開鑿之室戸港」の二つの石碑が立っている。案内板には、土佐の国司であった紀貫之が任期を終えて京へ帰る時、悪天候で10日ほど滞在したところと書かれている。また野中兼山は、津呂港を風や波を待つ港として寛永13（1636）年に試掘し、寛文元（1661）年に着工、竣工させたとある。まさに歴史を感じさせるスポットである。

25番霊場津照寺は、小高い山の上に建つこぢんまりとした寺である。狭く急な階段を上っていくと途中に朱色に塗られた鐘楼門がある。家族連れや若いカップルなど数組が順次お参りをしていった。私たちは納経の後、手洗いをすませてから寺を後にした。やや傾いた日差しが海面にきらきらと光る穏やかな陽春の午後である。宿に着いたのは午後3時40分であった。若い女性が受付をしてくれた。宿に着く少し前に、路上で声をかけてきた自転車旅行の男性も同宿であった。客は彼と私たちだけだ。夕食をいただきに食堂へ行くと、もう一人少し年配の女性スタッフがいて、給仕をしてくれた。

4月19日(月)（4日目・通算13日目）　晴れ　25・8㎞

3時20分に目覚め、ヘッドランプをつけて前日の記録やこの日の行程の確認などをする。6時前に散歩に出かけ、宿の周りを少し歩いた。部屋から見えていたが、宿の北側に遍路小屋があり、その東には26番霊場への遍路道が延びている。その分岐点に一本の石碑があり、「嵯峨天皇淳和天皇勅願寺　第二十六番霊場」と記されていた。南側に回ると海亀とそれを見守る少年の像があった。室戸市の天然記念物である海亀は、5月上旬ごろに元海岸に上陸して産卵する旨説明されている。このあたりは「元」という集落のようだ。海亀の産卵地としては、徳島県の日和佐が有名だが、室戸など高知県でも各地で見られるのであろう。

今夜宿泊する宿は、この宿の姉妹店なので荷物を運んでくれるという。また空身である。ありがたいことだ。7時15分に出発し、田んぼに囲まれた道をのんびり歩き出したが、5分ほど行って金剛杖を忘れていることに気づき、妻に戻ってもらう。またやってしまった。26番金剛頂寺へは30分足らずで着く。朝の寺は清々しい。本堂そして大師堂で読経する。大師堂の横に一粒万倍の釜が置かれている。大師が三合三勺の米を炊くと万倍に増え、多くの人を飢えから救ったという。

金剛頂寺の先　道はどっち？

仁王門の階段下まで戻り、舗装された道を行くが、このまま進んでよいのか不安になる。妻にその先の右手奥にあった寺務所らしき建物（後日、そこは勅使門跡で建物は灌頂堂と知った）のインターホンを押してもらい、遍路道を尋ねようとしたが反応はなかった。やむなく納経所へ聞きにいこうと進むと、右手の方で僧侶があっち、あっちとばかりに指を指している。先ほど納経してくれた人であろうか。結局は、舗装道路をそのまま進んでも同じであったようだ。その後も道路の分岐で、どちらへ進むかわかりづらく、走ってきた車を止めて尋ねたが遍路道を知っている人はめったにいない。遍路地図をしっかり見るべきだが、それを読み解くのはまた難しい。その先は遍路マークがこまめに付けられていて、迷うことなく進めた。そのうえ不動岩への道標があったので、これ幸いとそちらへ行くことにした。御厨人窟の印象がよくなかったので、空海修行の地は不動岩の方がふさわしいのではないかと思い込んでいたからである。

これぞ空海修行の地

遍路道は田畑の脇から山道になり、どんどん下っていった。足元は悪い。遅れる妻を待ちつつゆっくりと進む。かなり荒れた山道である。やがて国道に出た。ネットで調べてみると、このあたりは行《ぎょう》当《ど》崎《さき》というようだ。行に行くための道であったからとのことである。金剛頂寺は修行の寺で、多い時には１８０人以上の修行僧がいて、行当崎に出て空海が修行した地で修行したという。国道沿いに不動堂があり、その裏は高さ40ｍを超える不動岩になっている。空海の聖地を慕う修行僧は、岸壁にしがみつきながら断崖や巨石を廻る「かいさはり」などの行をした場所とされている。廻り込んでみると、切り立った崖が海面に落ち込んでいる。岩場を上っていくと、洞窟が二つあり、手前の洞窟には入口に祠が置かれている。かなり狭い洞だ。もう一つは、入口が木材で枠組されそれなりの広さである。外から写真を撮っただけで引きあげたが、洞の中へ入って空と海の風景を「実感」してみるべきであったと後悔している。

　ネット情報*では、行当崎から１４０㎞のところにフィリピンプレートがユーラシアプレートの下に沈み込む南海トラフがあり、昭和21（１９４６）年の南海地震で、室戸一帯では90～１２０㎝ほど隆

不動岩の北の窟（室戸市）

起したとある。また、空海が修行した１２００年前との比較ではどのくらい隆起しているかといえば、近年の地質調査によると約６・４ｍであるという。つまり現在の国道55号線あたりが波打ち際であった。御厨人窟や神明窟もまた波打ち際だったようだ。先に、『三教指帰』の序文にある「言うまでもなく室戸岬」を「土州室戸崎」と決めつけたが、『東寺百合文書』のなかに「土州室戸崎」は、「土佐室生戸《とさむろおと》国室生戸《こくむろおと》金剛頂寺」と記されているという。空海は「土州室戸崎」で、逆巻く波濤《はとう》を繰り返す大海に向かい虚空蔵求聞持法を行った。百日余りを要するこの行には水や食料が必要となるが、金剛頂寺には水源があり、行当崎に下る斜面には滝があったらしい。今日では、空海は御厨人窟など室戸岬の先端で修行したとの説明が一般的だが、彼が示した「土州室戸崎」とは、もう少し広い範囲を指していたのではないか、とこのサイトの「空海と金剛頂寺」に記されている。何々はどこそこと決めつける人が多いなか、幅広く柔軟に受け止めたもっともな見解だと思う。

ここからは土佐湾に沿って、国道55号線を歩く。30分ほどで「道の駅キラメッセ室戸」に着いたが、休業のようだ。仕方なく自販機で水とスポーツドリンクを買う。旧道と国道を交互に歩を進め、吉良川の町を経由する。土蔵造りの家並みの落ち着いた町である。「蔵空間」という宿があった。三原さんが宿泊し、樽風呂の写真を送ってくれた。町を抜けると休憩所があったので一休みした。トイレには花が飾ってあった。休憩所の周りには花壇があって、一人の女性が草むしりなど丁寧に作業していた。地図を見ると「立石休憩所」とある。もう11時半になっていたのでパンを食べた。暫しの休憩後、そこを立つ際に女性に「ありがとうございました」と声をかけた。

＊ネット情報は２０２１年に閲覧したもので確か金剛頂寺のホームページであったが、２０２３年２月現在見つけることができない。（一社）四国八十八ヶ所霊場会のホームページの「各霊場の紹介」にある金剛頂寺の欄には「公式ＨＰ：なし」とある。

これはうまい「小夏です」

今日もいい天気だ。徐々に気温が上がってきて、日差しはまぶしい。もう初夏の陽気である。国道を進んでいくと、私たちが歩いている反対側の歩道わきに店が2軒出ていた。１軒はビワを売っているようだ。すると隣の店のおばあさんが、手招きをして「食べて行って」と声をかけてくれた。近づくと包丁で柑橘の外の皮をむいて、内側の白い皮のまま切って渡してくれた。そのまま食べるようだ。甘い。うまい。「これは何ですか」と問うと「小夏」と言う。聞いたことがない。買いたかったがこのあたりはビワが盛んに栽培されていたので、ビワを買おうかと迷っていると、その女性は「ビワを買ってあげて」と言うではないか。そこでビワを少し買った。しかしお接待をしてくれたので小夏も少し買いたかったが、どれも量が多い。何とか二つだけ分けてもらおうとすると「これもお接待です」と言われ、お金を取ってもらえなかった。小夏のお接待を受けながらビワを買ったことに、申し訳ない気持ちでいっぱいであった。感謝、感謝です。

遍路地図では、羽根の町の西端から峠越えが遍路道となっているが、分岐を見落とし海岸沿いの国道を行く。だが、その先の羽根岬公園は大海原を見渡す絶好の休憩スポットであった。ここでビワを食べ、用も足せた。「弘法大師霊跡」と彫られた大きな石碑を見て、さらに国道を歩き、奈半利の町に入っていく。ちょうど下校の時間帯で、小学生の列が前に後ろに連なっている。コンビニでアイスコーヒーのエスプレッソと安納芋の菓子を買って、敷地内にある銀行のATMの軒先で食べた。疲れた体に甘いおやつはありがたい。奈半利からさらに北西に進み、宿に着くともう5時半だった。

4月20日㈫（5日目・通算14日目）　晴れ　18・9km

「真っ縦」神峯寺へ

宿にリュックを預けて27番神峯寺へ参拝する。海抜0mから430mまで上る。まずは平坦な道を歩いていく。登校する小学生が何人か走ってくる。まだ7時過ぎなのに、こんなに早く登校するのか。妻は、どこかで集合してスクールバスで通うのでは、と言う。周りには小さな集落しかない。徐々に上り坂になってくるが、滅多に車は通らないので安心して歩ける。ぐんぐんと上ってい く。車道はくねくねとカーブを繰り返すが、ところどころで直進している山道が遍路道

27番神峯寺の不動明王像（安田町）

のようだ。「真っ縦」と呼ばれる遍路泣かせの急勾配の坂道である。私たちは無理をせず、そのまま車道を進む。大きな荷物を背負った男性が、私たちを追い越して「真っ縦」を上っていった。

真っ赤な金剛力士像がにらみを利かす仁王門をくぐり、まずは160段の石段を上って本堂へ。先ほどの男性遍路が読経をしていた。終わるのを待って私たちも読経する。本堂からは来た道を戻り、不動明王像の前を直進して大師堂へ行き、読経する。石段を下って納経所へ。石段脇の日本庭園はきれいに手入れされていて目にやさしい。

防潮堤歩道を歩く　土佐湾に沿って

民宿で荷物を引き取ってから国道を進んでいく。20分ほどでコンビニに着き、ユズ100%のアイスバーを買って食べる。諸井さんが著書で、アイスクリンを食べたと書いていたことを思い出す。さらに国道を歩き続け、大山岬公園でトイレ休憩。もう12時前だ。そこから約10分で「道の駅大山」に着いた。久しぶりにレストランに入り「ゆず玉なすキーマカレー」というのを食べた。黄色にしたご飯を丸く握り、ユズのように見せている。キーマカレーの上に大きな茄子が乗っている。面白いメニューだ。そういえば、道中ではいたるところで茄子が栽培されていた。湾曲した海岸線の向こうに安芸の町並みが見える。

この先は防波堤歩道を歩く。車の心配もなく、波音を聞きながらの、のんびり遍路である。しかし、歩き続けていると単調さに疲れ、嫌になってくる。いや、そんな贅沢をいってはお大師さんに叱られる。何事も修行と捉えなくてはいけない。途中、土佐くろしお鉄道ごめん・なはり線と並行して歩く。奈半利と南国市の後免というところを結んでいる。その後、国道へ戻り少し先の安芸伊尾木郵便局のＡＴＭでお金を引き出す。実は、ここで大きな失敗を犯していたのだが、その過ちがこの場所であったとは家に帰るまでわからないままであった。

到着時間の早さは新記録！

もう安芸の町だ。阪神タイガースのキャンプ地としてなじみがある。予約している「ホテルタマイ」の建物はひときわ大きく遠くからでもわかった。今日の歩

防波堤歩道から安芸市街を望む（安芸市）

行は20㎞足らずだったので、午後2時15分と早めの到着。典子さんは「到着時間の早さは新記録」と言う。チェックインには早すぎるので、1階のエレベーターホールにあった椅子に腰かけてしばらく休憩した。火照った体に冷房は心地よい。

チェックインの後、部屋に入って少し休んでから一人で散策に出かけた。ホテルの隣には観光案内所があったので覗いてみると、当地出身の岩崎弥太郎に関する展示があった。そういえば弥太郎の母は、子の出世を祈願してあの急坂の神峯寺へ21日間、日参していたという話をどこかで読んだことを思い出した。観光案内所の西側には市役所がある。前の交差点を南に行くと清月旅館、その先に山登家旅館と宿泊を検討した宿が並んでいる。まだ明るい時間帯に「タマイ」の大きな風呂で体を伸ばし、体をほぐした。夜はベッドで気持ちよく眠った。

4月21日㈬（6日目・通算15日目）　晴れ　25・0㎞

ホテルで宿泊し朝食をとっていると出発は遅くなる。それでも急いで7時半までに出ることができた。安芸の市街地を抜けて自転車道に入る。海岸堤防に設けられた道で、時折、通学する中高生が自転車で走ってくる。1時間半ほどで八流山《やながれさん》極楽寺に着く。四国三十六不動霊場第15番とのことだ。夫婦遍路らしき人がお参りをしていたので、遠くから合掌し先を急いだ。

『典子は今』赤野自転車道休憩所

そこから30分ほどで赤野自転車道休憩所に着いた。休憩所は東屋ではなく、二つの尖った屋根を持つエキゾチックな建物だ。ネットで誰かが地中海に来たようと書いていたが、ギリシアで見かけた建物と似た雰囲気である。何と屋根の上には茄子が乗っかっている。茄子は安芸市の特産品で、出荷量は日本一だという。トイレの建物の横には歌碑があり、北原白秋詞、弘田龍太郎曲の『雨』という童謡が書かれている。「雨がふります雨がふる　遊びにゆきたし傘はなし……」聞いたことのある歌詞だ。歌の最後に「典子著」と記されている。わが典子さんによると、かつて『典子は今』という映画を一緒に見たと言うが、記憶はおぼろげだ。サリドマイド障害の彼女は、この歌碑の文字を足指で書いたそうである。歌碑が設置されたのは昭和57（1982）年で、当時の安芸市長は国際障害者年を1年で終わらせてはならない、との願いを込めたと記している。なお、弘田は安芸の出身とのことだ。

さわやか緑のトンネル

やがて自転車道は松林の中に入っていく。木陰は涼しく、歩くのも心地よい。相変わらず首は痛いが、気持ちよく歩ける。トンネルがあって、その中は一段とひんやりしている。冷気に身も心も癒やされる。琴ヶ浜休憩所で20分ほど休憩。自販機で缶コーヒーを買って、あんパンを食べた。展望台へ上った後、海岸線に近づいた。寄せる波に一瞬アッと驚いて引き下がった。危うく濡れるところだ。さらに海岸沿いを歩く。芸西村《げいせいむら》を過ぎると道は徐々に海岸から遠ざかっていく。手結山《ていやま》という地区には、サイクリングターミナルなど宿泊施設が三つほどある。美しい景観と山海の幸に恵まれたリゾート地であろう。

12時35分に「道の駅やす」に着く。

緑のトンネルの自転車道を行く（芸西村）

大勢の人で賑わっている。ショップの入口近くのベンチでおにぎりを食べる。その後、売店でカットしたマスクメロンを買う。冷たく甘くとてもおいしかった。好天続きで汗をいっぱいかいたからか、メロンの果汁が体に沁み込むようだ。午後1時5分に道の駅を出て、香南《こうなん》市の旧夜須町、旧香我美町、旧赤岡町へと進み、少しずつ海岸線から離れていく。午前中は調子がよかったが、段々と首が垂れて歩きものろくなってきた。赤岡保健センターの玄関わきにあったベンチで休ませてもらい少し横になった。高知黒潮ホテル近くの休憩所に着くと、もう3時になっていた。香南市役所の庁舎を左に巻くようにして進むと、川の上にこいのぼりが渡されて、風になびいていた。歩道に沿って花壇が設けられており色とりどりの花が咲き誇っている。妻はしきりに写真を撮っていた。

大日寺へは4時頃に着いた。ほかに参拝者はいない。納経所の女性に「この先は向こう側へ抜けられるか」と尋ねたところ、何を聞いているのかといった表情で、来た参道を戻るようにと言う。当方の聞き方が要領を得ないものであったようだが、少しぶっきらぼうで冷たい印象を受けた。

感激！「遊庵」のおもてなし

「遊庵」はアットホームな民宿といった感じである。焼山寺の先のゲストハウスで教えてもらった宿だ。案内された2階の部屋は板間に二つのベッドと丸テーブルが置かれている。3分の1ほどのスペースに畳が敷かれていた。十分な広さで窓も二面に開かれ明るい風通しのよい部屋だった。夕食のメインディッシュはトンカツ。ビールを注文すると缶ビールが出てきて一瞬驚いたが、三原さんが言っていたとおり200円だったので納得した。同宿は高年の男性遍路が一人。妻によると、今日は「遊庵」から32番の禅師峰寺まで歩き、迎えに来てもらっての連泊のようだ。明朝は再び32番まで送ってもらうらしい。なるほど、こういう宿の利用法もあるのかと感心した。

4月22日㈭（7日目・通算16日目）　晴れ　18・9km

「遊庵」の朝食はトーストであった。これまでたいがい和食であったので、久しぶりのトーストはうれしかった。支払いをすると宿泊料は、一人4500円と素泊まり料金である。驚いたことに食事はお接待と言う。これ以上ないおもてなしの宿である。ありがとうございます。

7時5分に出て、西方向の国分寺を目指す。遍路地図は基本的に霊場と霊場をつないでいるので、宿泊地から遍路のルートへ戻るには地図に案内されていない道を通ることもある。ここでは「遊庵」が用意している概略図が役に立った。しばらく歩いていくと、右手後ろの方から「お遍路さん、遍路道はこっちですよ」と声をかけられた。玄関先に立っていた女性が私たちを見守ってくれていたのだ。また、その先では軽トラックのおじいさんが「この太い道をまっすぐ行って橋を渡る」と進路を教えてくれた。お遍路を温かく迎えるやさしい思いやりがありがたい。

お喋り農夫　松本大師堂手前で

物部川に架かる戸板島橋を渡り、田んぼが広がる田舎道を進む。香南市から香美《かみ》市に入った。「香」がつく地名は結構多いように思う。奈良県の香芝市に千葉県には香取市がある。遍路道の脇の田んぼにいた男性が話しかけてきた。適当に応対し先を急いだが、典子さんはゆっくりと話し込んでいる。後で聞いたところでは、昨日はお大師さんの命日だったので、この先にある松本大師堂でお接待をしたとのことだ。大師は承和２（８３５）年３月21日、62歳で入定したと伝えられている。昨日は７人通っていったとか、どこから来た？　奈良なら郡山の山下さんを知っているなどと話したそうだ。これを聞いてピーンときた。山下正樹さんだ。かつて「サバイバルウォーク」といって「地震が起きれば、職場から歩いて家まで帰れるか」という趣旨で、参加者が大阪市役所前をスタートして自宅を目指すというイベントがあった。２

年続けて参加したが、実行委員長を務めていたのが山下さんである。ちょうど阪神淡路大震災の後で、新聞でもとり上げられたのでその名前はしっかり脳裏に刻まれている。最近ネットで、遍路をされていることを知ったのだが、ここでその名が出てくるとは思わなかった。その3か月後に読んだ『卆寿遍路』（辻本正直著・文芸社）にも、山下さんが公認先達として活躍されていることが詳しく書かれていた。

土佐のまほろばをゆく

29番国分寺に着いたのは10時であった。珍しい柿葺《こけらぶ》きの本堂が優美である。男性のお遍路が話しかけてきた。妻が相手をしてくれる。松本大師堂の近くで声をかけてきた人が、奈良から来た人が通っていった、と話したそうだ。あの親父さんはお遍路とお遍路をつなぐ役目も果たしているのか、と思った。この紳士然とした人も英語

柿葺きの屋根が美しい29番国分寺の本堂（南国市）

版の遍路地図を持っていて、こちらの方が見やすいと言っている。前回は夫婦で来たが、今回は単身だと話す。奥さんは手洗いが心配なので同行しなかったようだ。女性のお遍路は本当に大変だろうと思う。典子さんは何かと不便や苦労があるだろうが、こうして一緒に歩いてくれている。感謝しなければならない。

国分寺から約1キロ北東に国司館跡がある。土佐守《とさのかみ》を務めた紀貫之の邸宅跡だが、遍路道からはずれてしまうので行くことはできなかった。国分寺は、その国のもっともよいとされる場所に建てられた。このあたりは現在南国市となっているが、古代土佐の中心地であった。そのまま30番善楽寺を目指す。

四国八十八ヶ所へンロ小屋プロジェクト

国分寺から田畑の中の小道を進み、国道32号線を横断して笠ノ川川という妙な名称の川を渡ってから土佐北街道を行く。落ち着いた遍路道だ。高知大学医学部附属病院を北に見て、さらに西進する。人家が乏しくなってきて蒲原《かもはら》の遍路小屋に着く。昼時であったのでおにぎりと国分寺への途次で買った「へんろ石饅頭」を食べた。この小屋は正式には「四国八十八ヶ所へンロ小屋プロジェクト」の「ヘンロ小屋5号　蒲原」という。徳島出身で近畿大学教授を務めた建築家の歌一洋が遍路文化の継承、広がりを願って、ボランティアや地域の人々とともに遍路小屋を造ってきた。現在、58号まで完成しているようだ（2023年4月現在）。崇高な精神に頭が下がる。このような取り組みによって、歩き遍路は安心して修行を続けられるのである（私たちも鉦打や松本大師堂のほか、この先で何度となくお世話になった）。

土佐国に追放されたか一言主神

善楽寺に着いて納経を終えると、受付の女性がポケットティッシュをくれた。まだ4月というのに日差しは強い。隣にある土佐神社に向かう。土佐国一宮である。鳥居の横にある「土佐神社由緒」の説明板を見る。「御祭神　味鉏高彦根神　一言主神」とある。味鉏高彦根神《あじすきたかひこねの》は、わが故郷の高鴨神社（御所市）の主祭神・阿遅志貴高日子根命《あぢしきたかひこねのみこと》と同じである。また「御由緒」には「創祀」は年代不詳としながら、かっこ書きで「一説に五世紀後半雄略天皇四年と伝えられる」とある。

続いて記されていた「文献に見える事柄」は、以下のとおりである。

七世紀　白鳳時代　「土左大神、神刀一口を以て天皇に進る」『日本書紀』天武天皇四（六七五）年の条
「秦忌寸石勝を遣わして、幣を土左大神に奉る」『日本書紀』朱鳥元

（六八六）年の条

八世紀　奈良時代　大和賀茂氏の祖先神である味鉏高彦根神、一言主神が祀られる（賀茂氏の勢力が及ぶ）

十世紀　平安時代　延喜式内大社に列せられ、都佐坐神社と称す

ここでは11世紀以降は省略したが、昭和の保存修理工事までの歴史が列記されている。

私は大学の法学部を卒業しているが、還暦を迎える直前に別の大学の通信教育部に入学し、歴史・文化財について学んだ。その卒業論文に古代豪族の葛城氏やわが郷土の歴史を取りあげたのだが、数多くの文献に触れる中で、一言主神は土佐に流されたということを読んだ記憶があった。

龍谷大学元教授・平林章仁によると、『続日本紀』天平宝字8（764）年11月に、また高鴨神《たかかも》を大和国葛上郡に祀《まつ》らせた。それは、法臣円興《ほうしんえんこう》と弟の賀茂朝臣田守《かものあそんたもり》らが「昔、雄略天皇が葛城山で狩《かり》をした時、老人が現れて獲物を争った。怒った天皇はその人を土左《とさ》国に流したが、これは先祖が掌《つかさど》った神が老人に変化したのである」と申し出たからである。

とあり、鴨氏の尽力で、土佐に流されていた高鴨神が、再び葛城で祀られるようになったというのである。また、『釈日本紀』所収『土佐国風土記《とさのくにふどき》』逸文に、

土左郡《とさ》の高賀茂《たかがも》大社の祭神は、一言主尊である。その祖《おや》は詳《つまびらか》でないが、一説に大穴六道《おおなむち》の尊《みこと》の子の味鉏高彦根尊《あぢすきたかひこねのみこと》であると伝える。

土佐神社由緒に「御祭神　味鉏高彦根神　一言主神」とあるのと同じだ。ここで二柱の神の関係を考察する余裕はないが、平林は「土佐国に葛城氏系もしくは葛城鴨氏系の集団が移住し、これらの神社（西口注：土佐郡〈現・高知市〉に鎮座する延喜式内社で男神・女神が対になる葛城男《かつらぎお》神社・葛城咩《かつらぎめ》神社）を祭っていたのである。それらの神の中に、雄略天皇の時に追放された神もあったようだが、それが高鴨神であったか、それとも一言主神であったのかはわからない」と記している（『謎の古代豪族　葛城氏』祥伝社新書・２４７－２４９頁）。

なお、『古事記』と『日本書紀』にも雄略天皇が葛城山で一言主神と出会うという記述があるが、『日本書紀』の所伝の一つが「雄略天皇4年2月条」であり、土佐神社の創祀年代を「一説に五世紀後半雄略天皇四年と伝えられる」とされていることと合致しているのである。

蛇足ながら、通信教育部では科目ごとにレポートを書いて提出し、合格すれば履修試験を受

ける。スクーリングの科目では、座学だけでなく寺社や遺跡等の見学があったが、子どもの頃の遠足のように楽しいひと時であった。レポート作成に没頭したことや、錆びついた頭をひねって臨んだ試験、通学の折に図書館で文献を渉猟したことも懐かしい思い出である。博物館実習も経験し、学芸員の資格も取得した。若い頃から人文科学に興味を覚えていたので、本当に学びたいことに集中できた至福の時間であった。知見を広めることの歓び、精神的に満たされ充足感に包まれたことに感謝している。

土佐神社では、せっかくの機会なので参拝しようと思ったが、靴を脱がなければならなかったので外から手を合わせることですませた。記念に御守を買ったが、売り子の女性に「奈良の高鴨神社や一言主神社の近くから来た」と告げると、びっくりしていた。

土佐一ノ宮　土佐神社（高知市）

4月23日㈮（8日目・通算17日目）　曇り時々晴れ　18・6㎞

昨夜は、善楽寺と31番竹林寺のほぼ中間に位置するホテルに宿泊した。贅沢なディナーをいただき、大浴場で夕、夜、朝と3回湯に浸かった。出発したのは7時50分。ゆっくりと朝食を食べ、モーニングコーヒーを飲んでいたから遅くなるのは当然である。前日に引き続いてこの日も歩行距離は少ない。しかし翌日は29㎞を歩く予定で、清瀧寺への上りもある。そこで一泊分の着替えを残し、他の荷物は私のリュックにまとめて、明後日の宿である36番青龍寺の手前の「三陽荘」へ宅配便で送った。したがって、私はウエストポーチだけで歩き、妻は自分のリュックを背負って歩く。人が見れば変な組み合わせと思うだろうが、首を痛めているので致し方ない。大目に見てほしいと言い訳をする。

ホテルの前を走る県道44号線を南に進む。県道374号線との交差地点で斜め左の旧道に入り、とさでん文殊通《もんじゅどおり》の駅を越えてさらに南下する。民家の横の路地を抜けて山道へ入っていく。五台山への上りである。やがて牧野植物園内を進むようになり、出入り口から外へ出ると竹林寺である。ちょうど9時になっていた。

竹林寺で庭園を賞でる

31番霊場竹林寺は、聖武天皇が中国の五台山で文殊菩薩に会う夢を見たため、行基に五台山に似た霊地を探すよう命じた。行基は神亀元（724）年にこの地を選び、文殊菩薩を本尊として開基したと伝わる。緑豊かな境内に入り、広い石段を上って本堂で読経する。その最中に修学旅行生なのかガイドに引率された中学生ががやがやとやってきて、一瞬のうちに静寂が破られた。続いて大師堂で読経。その上の高台には五重塔が建っている。かつては三重塔があったが、明治32（1899）年の台風で倒壊し、昭和55（1980）年に鎌倉時代初期の様式を模して再建されたという。総檜造りで31mの塔は、天空に向かって美しくそびえていた。「なぜ三重塔にしなかったのか」これは典子さんの感想。確かにそう思う。納経を終えて、せっかくの機会と夢窓疎石（国師）が造ったとされる庭園

夢窓国師の作庭とされる31番竹林寺の庭園（高知市）

を見学する。玄関を入って書院に上がった。正面に掲げられている「五臺聖境」と書かれた大きな額が目に入る。仏教への尊崇篤かった清朝第4代皇帝・康熙《こうき》帝は、山西省の五台山に4度詣でたとされるが、その菩薩頂の石門に康熙帝御筆の「五臺聖境」の字が掲げられているという。これはその拓本とのことだ。名勝庭園は書院をとり囲むように広がっている。新緑が春の日に照らされて輝いていた。ゆっくりくつろぎたかったが、時間はそうない。続いて宝物館に向かった。館内には大日如来坐像をはじめ藤原時代から鎌倉時代にかけての仏像が安置されていたが、駆け足の拝観となった。

武市半平太の旧居で一服

竹林寺を後にして、足元の悪い急坂を南へ下っていく。下りきったところで「お遍路さん、頑張って」という子どもの声がしたようだ。妻は「ありがとう」と返事をした。道の際に五台山小学校がある。近くの道沿いに置かれたボードに、「おへんろさん　がんがって!!」と寄せ書きをした絵が、何枚も貼ってあった。子どもたちの応援は素直にうれしい。しばらくの間、下田川に沿って歩き、遍路橋という名の橋を渡る。田畑に囲まれたのどかな風景が広がっている。東に向きを変え、さらに歩き続けていたが、道沿いの民家から出てきた男性が「ここは遍路道ではありませんよ。40年前にできた新しい道です。遍路道はあちらです」と教えてくれた。田んぼの南にも道があるようなので、そちらへ移っていった。その先、遍路地図に「武市半平太旧居と墓」とあったので立ち寄ることにした。武市半平太は、坂本龍馬や中岡慎太郎らと土佐勤王党を結成した人物である。大河ドラマ『龍馬伝』では大森南朋が演じていた。手洗いを借りて10分ほど休憩し、禅師峰寺へ向かう。

32番の禅師峰寺も坂道を上っていく。標高82mの峰山の頂にあるので、「みねじ」「みねでら」と呼ばれているようだ。参道の急な石段を上って境内に入ると太平洋が一望できる。地図で確認すると、このあたりは土佐湾の一番奥まったところである。参拝を終えて山を下り、「ごはんや」という食堂で昼食をとる。妻は珍しく焼そばにすると言う。私も合わせて注文すると女性店員は一瞬、できるかな、という表情を見せ調理場へ聞きに行った。結果はオーケーだった。

32番禅師峰寺　山門への石段
（高知市）

急げ急げ、船が出るぞ

食堂を出るともう午後1時40分である。種崎の渡船は3時10分発に乗るつもりだ。あと1時間半しかない。ここから渡船場まで5キロはある。今日は時間に余裕があると思い、あちらこちらで見学したこともあり、ここにきて時間に迫られてしまった。先を急ごうと歩き出したものの、道の分岐のたびに地図で確認する。だが、どうも進行方向がはっきりしない。種崎の方向には3～4本の道が並行しているようなので、あまり厳密に考えなくてもいいのかもしれない。それでも一応は地図で現在地を確認しながら急ぎ足で進む。渡船の時間に間に合うか、ひやひやしながら懸命に歩いた。かなり急いだので渡船場には3時5分前に着くことができた。やれやれとほっとする。乗客は私たちの他に4人ほどいた。この渡船は無料である。大阪市内にも渡船がいくつかあるがすべて無料である。道路の延長で、橋の代わりという位置づけであるからだ。この渡船も地域の貴重な足としての役割を担っているのだろう。

対岸に渡ってまっすぐ歩いていく。田舎の町並みを進んでいくと、両側に商店が並ぶにぎやかな界隈に出てきた。車の通行も多く、バスも走っている。人々の往来も多く生活感たっぷりの街角の交差点を渡って、ほどなく33番雪蹊寺に着いた。そのまま境内へ入っていったが、この寺には山門がなかった。そのせいかバスが通る道路に面し、町に溶け込んで親しみやすい庶民的な印象を受けた。

ちょこんとお座り「高知屋」の大女将

納経を終え、今夜の宿である向かいの「高知屋」へ。立地もよいので多くのお遍路が利用する人気の宿のようだ。夕食まで少し時間があったので買い物に出かけた。妻は薬局で湿布薬を購入。持参したのがなくなったようだ。首を痛めている私も使ったので減るスピードが速いと言う。続いてスーパーでチョコレートとともに小夏を買った。4日目にお接待でいただいたその味が懐かしく、寺の露店ではばら売りをしてもらえなかったので、飛びついたのである。

「高知屋」に入ると、玄関を上がったところに宿の大女将が、何も話さず椅子にちょこんと座っていた。2階の部屋は窓が2か所に設けられていた。案内してくれた若女将は、衣類を洗ってくれると言う。お接待らしい。なるほど、こういうお接待もあるのかと感心した。玄関に置いてきた金剛杖も、洗って部屋まで持ってきてくれた。夕食では特にカツオのたたきがおいしかった。宿に到着し、玄関を入ると無言で座っていた大女将は、夕食時は食堂の片隅にやはり椅子に腰かけて、客がご飯のお代わりをするのを待ってよそってくれるのであった。

4月24日㈯（9日目・通算18日目）　晴れ　29・0km

今日の予定は、34番種間寺と35番清瀧寺に参拝し、36番青龍寺手前の「三陽荘」までの29kmを歩く長丁場である。そのため昨夜、綿密な行程表を作った。それは「6時45分出発　8時30分種間寺　12時30分清瀧寺……三陽荘17時30分到着」といった予定である。各目的地までの距離と所要時間から歩く速さをはじき出し、これを目安に歩けば時間の調整もできるはずである。計画なしにダラダラ話しながらの歩きでは、想定以上に時間を費やすことになって、最後に慌てる羽目に陥る。やはり綿密な歩行計画を立てることが重要である。

新川川を渡って種間寺へ

6時35分に出発する。まずは種間寺までの6・4kmだ。「高知屋」の若女将が見送ってくれた。朝はしっかり歩ける。道も比較的わかりやすい。田園が広がり、近くに里山がある。新川川の手前で休憩する。国分寺近くには笠ノ川川があった。高知県には「○○川川」というのが多いのだろうか。分岐でどちらを行けばよいのか、自転車で走ってきた高校生を呼び止め、妻が尋ねた。橋を渡っていくようだ。今日は土曜日で7時25分、部活動のために登校するのだろうか。急いでいるようなのに申し訳なかった。聞いたとおりに進み、秋山という集落を抜けてさらに進んでいくと、木立の中に種間寺の堂宇が見えてきた。先客は男性が一人であったが、後からもう一人、鈴の音をシャンシャン鳴らしながら小柄な男性がやってきた。

種間寺という変わった寺号は、弘法大師が唐から持ち帰った五穀の種をこの地に蒔いたとされることに因むらしい。また、寺の歴史は6世紀後半の敏達天皇の時代に遡るようで、四天王寺を建立するため百済から来ていた大勢の技術者が、帰国の途中、土佐沖で暴風雨に遭って秋山港に避難し、薬師如来を刻んでこの地に安置して航海の安全を祈願したという。後に、大師はその薬師如来を本尊として開創したと伝わる。

「高知の人は道を教えるのがうまい」

種間寺を後にして、さらに西へ歩を進める。森山の集落などを経て、やがて堤防に上がって仁淀川大橋を渡っていく。大きな川である。澄んだ水がとうとうと流れている。清流としては四万十川が名高いが、仁淀川もそれに優るとも劣らない清流といわれているようだ。電動車いすの男性を橋の上で追い越す。「歩くの速いね」の声に背中を押され、少しピッチをあげた。右岸の広い堤防上の道を歩く。車は通らないので、横に並んで空気をいっぱい吸い込んで歩く。

堤防の道はまだずっと先まで延びているようだが、地図にしたがって左に下り、市街に出てきた。片側二車線の広い道路を多くの車が行き交い、両側には会社や店が軒を並べている。土佐市の中心を走ると思える道を随分進んできた。市街地も抜けてしまいそうだ。今、歩いているのは、地図ではどこになるのかわからなくなってきた。清瀧寺への分岐はどこだろうか。どうやら行き過ぎているのではと思い、妻に前方から自転車でやってきた若い男性を止めて尋ねてもらった。彼は自転車を降りて「そこに見えるサンプラダの所を左折する」と丁寧に教えてくれた。私たちは来た道を戻り、サンプラダに近い交差点で妻は信号待ちをしていた女性にも尋ねた。女性はその先の清瀧寺への道順も詳しく教えてくれた。「今日会った高知の人は道の教え方がうまい」と典子さんは感心している。

1時間早い到着　清瀧寺でくつろぐ

日差しは強くなってきた。市街地から田畑の広がる郊外へ出て歩き続ける。高速道路の高架橋をくぐり、ほどなく左へ進む。道は細くなり上り坂になってきた。呼吸を整えながらゆっくりと進む。傾斜がかなり急な石段を上ると清瀧寺の仁王門に着く。龍が描かれた天井画があるというが、首が曲がらないので見ることはできなかった。情けない限りだ。さらに石段を上っていくと、お堂の前にそびえるように立つ薬師如来像が目に飛び込んでくる。

平城天皇《へいぜい》（在位８０６～09）の第三皇子である高岳親王《たかおか》は、薬子《くすこ》の変で廃太子となった後、出家入道して真如《しんにょ》と号したが、この寺を訪れている。境内の西南にある「不入《いらず》」と呼ばれる小丘に（伝）高岳親王逆修五輪塔（生前に建立した墓）が残されているとのことだが、文字どおり入山禁止である。真如は後に求法のため入唐し、さらに天竺（インド）を目指したが、羅越国（マレー半島南端）で客死したと伝えられている。

納経を終え、眼下の展望を愛でながら昼食のパンを食べた。清瀧寺へは予定より1時間余り早く着いたので、心地よい風に吹かれ眼下の町並みとゆったりと流れる仁淀川を眺めてくつろいだ。ここまで歩いてきた市街地は高岡という地名だが、高岳親王に因むのであろう。

35番清瀧寺仁王門の天井に描かれた龍（土佐市）

キャッシュカードがない!!

清瀧寺で1時間ほど過ごして、来た道を高岡の市街へと戻った。そろそろ現金が乏しくなってきたので、アイスと飲み物を買ったコンビニで、郵貯のATMが近くにないか尋ねた。幸い少し先のショッピングセンターにあるらしいので、そこへ向かった。ATMを前にして、財布からキャッシュカードを取り出そうとしたが見当たらない。おかしい。ウエストポーチの中を隈なく探したが、やはりない。落としたのだろうか。確認すると「ピタパ」のカードもない。ピタパは札入れに挟んでいただけなので、落としても不思議でないが、キャッシュカードは、財布のカード収納用のポケットに差し込んでいるので落とすことはないはずだ。困ったことになった。だが、今はどうすることもできない。すぐさま現金が無くなるわけではないので、このまま進むしかしようがない。

少し時間をロスしてしまったが、「三陽荘」までは約10キロの道のりだ。少し急ごう。にぎやかな高岡から南方向の県道39号線へ向かう。ここからは宇佐の町へまっすぐ南へ進む。ATMのあったショッピングセンターから1時間余りで、ちょっとした公園になっている休憩所に着いた。母親と来ていた幼子が水車のある水場で遊んでいた。

自転車に気をつけて　塚地坂トンネル

この先は塚地峠を越える遍路道とトンネルを抜ける県道をそのまま行くルートの二手に分かれている。本来、遍路道へ入るべきだが、私たちは安直に塚地坂トンネルの県道を行くことにした。このトンネルはガードレールのある歩道が設けられているので危険度は低い。だが、トンネル内は車の排気ガスが充満するので、早く抜け出したい。そこで歩くスピードが遅れがちな私ではなく、今では妻が前を行くと言って、歩き出すのである。ここでも急ぎ足で歩き出したが、体が左右に大きく揺れている。後方からやってきた自転車の男性は、体を傾けて妻をよけるようにして走っていった。次に来た人は、いったん停車してしまった。車の轟音に自転車が近づく音はかき消されてわからない。歩道は端をまっすぐに歩くことを心がけたい。

８３７・５ｍのトンネルを抜けてしばらく行くと、真っ青な宇佐湾と対岸になっている横浪半島の突端が見えた。あと４キロほどだろうか。道は緩い下りとなって、海岸へ近づいていく。そのまま進んでいくとコンビニがあったので、クレジットカードで現金を引き出すことにしたが、暗証番号を入れるだけで簡単に出金できた。郵貯のキャッシュカードをなくしたので、どうしたものかと案じていたが、これで一安心である。コンビニに設置されているお遍路休憩用のベンチに腰掛けて、少し長めの休憩をとった。

宇佐湾を回り込むように進み、宇佐大橋を渡っていく。赤い橋げたの美しい橋だ。徐々に坂を上っていき、海上に出たところで左にカーブする。さわやかな風に吹かれ、眼下に目をやると漁船などが行き来している。渡った先は横浪半島である。橋の内側の浦ノ内湾は、湾奥まで約12キロあり「横浪三里」と呼ばれている。太陽はかなり傾いてきた。山が迫る崖沿いの道を光る海を左に眺めながら進んでいき、やっと「三陽荘」に到着した。4時55分で5時にはなっていなかった。今日はしっかりと早く歩いたので休憩もゆっくり取ることができ、予定より少しだけ早く着いた。これが本来の歩き遍路だと思う。

4月25日(日)(10日目・通算19日目)　晴れ　24・4km

二つの青龍寺　長安と土佐

宿に荷物を預け、山手の方に進む。青龍寺へは約1キロと近い。遣唐使として入唐していた大師が長安の青龍寺で密教を学び、恵果和尚から真言の秘法を授かった。大師はその恩に報いるため日本に寺院を建立しようと、東の空に向かって独鈷杵《とっこしょ》を投げたという。帰朝後、大師がこの地で巡教の旅をしている時、独鈷杵は今の奥の院の山の老松にあると感得して、時の嵯峨天皇に奏上した。大師は弘仁6（815）年、この地に堂宇を建て、石造の不動明王像を安置して、寺名を恩師に因み青龍寺とした。山号は遙か異国の地から放った「独鈷」を名乗っているのである。

2017年にシルクロードを訪ねる中国へのツアーで、西安の青龍寺も訪れた。弘法大師空海は、この寺で恵果和尚から密教の教義を学んで帰国し、真言宗を開いた。空海が学んだ青龍寺は、唐代末の戦乱で廃寺となっていたが、1956年、陝西《せんせい》省人民委員会は青龍寺遺跡を重要文化遺跡と指定し、その後の発掘調査で唐代の建築遺跡などが多数確認された。1981年以降、四国4県などの協力で恵果空海記念堂、空海記念碑等が造られ、また、善通寺法主で元四国霊場会長であった蓮生善隆《はすおぜんりゅう》（故人）によって、四国八十八か所の0番札所と名付けられた。青龍寺はまさに日本人向けの観光スポットであった。見学した際に「第0番札

36番青龍寺の本堂と石造不動明王像（土佐市）

所」と朱印を押した案内チラシをいただいたが、この時はまだ、自分が四国遍路をするなど想像できずにいたのである。

本堂へは170段の急な石段を上る。朝一番の参拝でまだ元気なはずだが、長い石段は息が切れてつらい。本堂と大師堂で読経。本堂の横には不動明王の石像が剣を握って鋭い視線を送っている。入れ替わるように何人かの参拝者がやってきた。サラリーマン風の人も車でやってくる。今日は日曜日だ。納経を終え、来た道を戻る。

波穏やか　横浪三里をゆく

「三陽荘」で荷物を引き取って、8時25分に再度の出発である。歩き出して間もなく、散歩していた高年男性から「えらいなあ。感心するわ」と声をかけられた。宇佐まで打戻り、コンビニで昼食のパンや飲み物を買う。まだ9時だが、照りつける太陽はギラギラとまぶしく暑いほどだ。この先は浦ノ内湾の北岸の県道23号線を歩く。木陰や浜風の吹く場所で休みを取りながら、ひたすら西の方角へ進んでいく。対岸の横浪半島との間に挟まれた湾内は、入り江は複雑だが、海面は穏やかで陽光を受けてキラキラと輝いている。水量が豊富なゆったりとした川ではないかと思うほど向こう岸が近い。海岸線を離れて坂を上っていった先に隧道があった。浦ノ内トンネルだ。照明がないので中は暗いのだが、ことのほか涼しく、いつまでもゆっくり

ゆっくり歩いていたかった。だが、そう長いトンネルではないので、ほどなく抜け出した。昼も近づいてきたので、道路がカーブしているあたりの防潮堤の階段に座ってパンを食べていると、白い服装の若い男遍路が手を合わせて挨拶し、先へ進んでいった。彼は僧侶ではないかと思ったが、妻は「違う」と言う。なぜ？「頭がツーブロック」と。後に、横浪から峠越えの道を行く彼を見つけた。

横浪三里と呼ばれる浦ノ内湾は、複雑に入り組んだ横浪半島で太平洋と隔てられた波静かな景勝地である。道沿いには釣り人の姿が多く、広い道路の端には乗用車が何台も駐車している。日曜日の昼下がりだ。潮干狩りを楽しんでいる家族連れも見受けられる。横浪の町に着いたが、商店は閉まっている。日曜日は休業なのだろうか。手洗いを借りようと思っていたのに当てが外れた。遍路地図にはこの先もトイレの印はない。妻は、英語版には少し先にトイレマークが載っていると言う。急ぎ足で向かった先に立派なトイレの建物があったが、鍵がかけられている。どうしたものかと思いつつ、さらに少し先まで進むと、そこにも手洗いがあったのでほっとした。やれやれである。

百里の道も九十九里を半ばとする

横浪三里を通り過ぎ、県道は内陸部へと進んでいく。やがて鳥坂《とさか》トンネルに着く。長くはないが、一段高くした歩道が設けられていない。気をつけて慎重に歩く。県道は山間部から平地へと進んできた。さらに歩き続けると遍路小屋があったので長めの休憩をとった。「ヘンロ小屋第17号　須崎」である。仮眠できるようにベンチではなく板間にしてある。善根宿の役割を担っているのかもしれない。この小屋には雑多な掲示物や資料類が置いてあったが、そのなかに「百里の道も九十九里を半ばとする」と書いたものがあった。何事も終盤に困難が待ち構えている場合が多いので、最後まで気を引き締めて努力を怠るべきでないとの教訓であろう。そういう心構えを大事にしなければならない。長寿社会を迎えた昨今、よく「人生１００年時代」と形容されるが、こちらは90歳、99歳で半ばと捉えて努力を続けようと思っても、体がついてきてくれるか、そこが問題であろう。

14時18分、引き続き西に向かって歩き出す。疲れもかなり蓄積してきた。首も重い。単調な歩行が続き、やっと大阪住友セメントの巨大な工場群が見えてきて少しほっとする。須崎の入口まで来たのだ。地図にしたがって市街を目指して歩く。須崎はもっとにぎやかな町かと思っていたが、寂しげな感じの小都市であった。この日はビジネスホテルに宿泊する。ツインの部屋がなかったので、シングル2室だ。チェックインをすませた後、夕食がてら町をブラブラする。ホテルで教えてもらった食堂は、ことごとく休んでいたが、チェーン店のうどん屋があったのでそこに入った。隣接しているドラッグストアで、明日のパンや飲み物のほかリンゴ、紙カップ付きのインスタントコーヒーを買った。コンビニよりも格段に安いのでありがたい。

4月26日(月)（11日目・通算20日目）　晴れ　13・9km

別格5番大善寺から山あいの里・安和《あわ》へ

ホテルで湯を沸かしてインスタントコーヒーを入れ、パンを食べる。素泊まりは朝食の時間に縛られず、早く出発できる利点がある。今日は14キロしか歩かないが、早く出発するに越したことはない。まず別格霊場5番の大善寺に向かう。30分ほどで到着。道路から石段を上り高台にある本堂へ。ひなびた感じは当然としても、かなりさびれた印象だ。それでも眼下の眺望は絶景である。裏手にある納経所へ行ってから、再び地図を見ながら歩いていくと、「道の駅かわうその里すさき」に出た。ホテルから歩いてまだ1時間半ほどだ。休むほどでもないが、店を覗いてかりんとうを買う。

須崎中学校を右に見て歩き出したが、ほどなくおかしいと思い、来た道を戻って、道の駅を左に見て橋を渡って進む。早めに気づいて助かったが、見知らぬ土地では地図をしっかり見て、進行方向を確認することが大事である、と改めて自分に言い聞かせる。しかしこの先も、進路を誤ること頻りである。道は少しずつ上りになっていく。国道56号線のマークと「松山市まで256㎞」「四万十市まで74㎞」の表示。角谷《かどや》、久保宇津、安和の三つのトンネルを抜けていく。いずれも歩道は車道と白線で仕切られただけだが、やや広めに設けられている。とはいえ、気をつけて早く抜け出すのが賢明である。

安和から土佐久礼へは焼坂峠を越える山道が遍路道だが、私たちはここでも焼坂トンネルを抜ける国道56号線を進んだ。上り坂をゆっくりと進み、やがて焼坂トンネルに着く。通行の安全のためにトンネル入口に用意されている反射タスキを着けて、966mをおよそ10分で抜ける。歩道は車道と白線で仕切っただけだが、一人が歩くには十分な幅だ。トンネルから1キロほど下っていった所の休憩所で、しばらく体を休めた。今夜の宿「大谷旅館」まであとわずかだ。そういえば、ここを予約した時、妻はどこから歩いてくるのかと問われ、須崎からと答えると、近いね、と言われたようだ。

大正町市場はグルメの広場？

「大谷旅館」には12時に着く。まだチェックインできないので、荷物だけ預けて町の散策に向かう。文字どおり地方の小さな町である。大正町市場で、何を食べようかと思案しながらブラブラする。結局、市場のめし屋で、カツオのたたきとカツオ丼を二人で食べ、私は缶ビールを飲んだ。典子さんはおいしい、おいしいと言う。やはり本場でいただくカツオは絶品である。

食後には、近くの和菓子店でアイスクリンを売っていたので二つ買い、向かいにある中土佐町観光拠点施設「ぜよぴあ」内で腰掛けていただいた（「ぜよぴあ」とは、〇〇だよ、の土佐弁とpeer：同僚、仲間で、そんな人たちの集まる所だよの意）。諸井さんも食べていたアイスクリンである。子どものころ、父など年配者はアイスクリームのことをアイスクリンと呼んでいた。店のおじさんに聞くと、ア

久礼大正町市場（中土佐町）

イスクリンは乳脂肪分を除いたもので、メロン味だという。ソフトクリームとは異なり、あっさりしたシャーベット状のアイスで、これがまた、うまかった。もはや修行の道場が「グルメの広場」になった感である。

海岸べりを歩く。こいのぼりが泳いでいるなかに、大漁旗がはためいている。土佐の漁港の豪快な眺めである。陸側には漫画家の青柳裕介（故人）の石像がある。『土佐の一本釣り』の作者である。それくらいのことは知っていたが、青柳はこの作品で中土佐町久礼の名を全国に知らしめたのだという。

鯉のぼりと大漁旗がはためく久礼漁港
（中土佐町）

「大谷旅館」は、子どもの頃（昭和30年代前半）、父に連れていってもらった城崎の旅館を思い出させる。ノスタルジックな宿で、障子戸、手洗い、洗面所などの風情は時間が止まったかのようだ。どうやら女将さん一人で切り盛りしていると思える。かつては食事も提供していたのであろうが、今は素泊まりである。

4月27日㈫（12日目・通算21日目）　晴れ　22・5㎞

土佐往還・そえみみず遍路道

妻の話では、大谷旅館の女将さんから「そえみみずは足場が悪いので大坂久礼坂を行くように」とアドバイスされたようだ。だが、調べた範囲では、そえみみず遍路道は整備されて通行は可能と思っていた。国道沿いのコンビニでおにぎり、パンと飲み物を買って、店外で朝食をとった。店のオーナーにそえみみず遍路道のことを尋ねると、台風の後は通れなかったが、今は大丈夫とのこと。安心して川沿いを山手の方へ歩き出した。

「そえみみず」という風変わりな名前に魅かれ、どうせならこの遍路道を歩いてみたいと思っていた。遍路地図を見ると「土佐往還そえみみず遍路道」と記されている。昨日入手した中土佐町発行の『うぉーきんぐまっぷ　へんろ道』というリーフレットには、「古道　添蚯蚓（そえみみず）」の説明のなかで、「『添蚯蚓』の名前は、みみずがはった跡のようにくねくねと曲がりくねっていることから付けられたと約３００年前の『土佐州郡志』に記されています」とある。さらに「中世から往還（今の国道）として重要な街道の役割を担っていました」と書かれている。典子さんはこの遍路道で、太くて長いみみずがとても元気よく動いているのを見たと言う。そえみみずはみみずの遍路道でもあったのか。この遍路道の北西山側に、「本蚯蚓」という古道があって、中世以降この道を利用して木材等が切り出された旨記されている。この「本蚯蚓」に添っているので「添蚯蚓」と命名されたようだ。また、約5キロの古道には遍路石や石畳があり、お遍路さんの墓も残されているという。リーフレットには、遍路石や遍路小屋などの写真とそれが位置する場所を略図に記している。非常にわかりやすく、大変参考となる資料だ。

分断された「添蚯蚓」

7時15分に「ヘンロ小屋第31号　そえみみず・酔芙蓉」に着く。ヘンロ小屋プロジェクトによる休憩所である。小屋のすぐ先に添蚯蚓登り口があり、傍らにあった平成の遍路石には「岩本寺　一七、九粁　七子峠　四、八粁」と刻まれている。登り口から山道に入っていく。いくつかの遍路石を見つけるが、写真を撮る余裕もなく通り過ぎる。やがて展望が開け、下り階段の向こうには高速道路が見えている。ネットで調べてみると、高知自動車道を通すにあたって、トンネルにせずに山を削ったので古来の遍路道が分断されたようだ。そのため遍路道から階段を下って高速道をくぐり、続いて階段を上っていくことになったという。四国遍路を歩いた俳人の黛まどかは、「四国遍路と協力協定を結んでいるサンティアゴ巡礼道では、高速道路建設のために巡礼道がルートの変更を余儀なくされることなどあり得ない。道に対してもっと敬意が払われているからだ」（『奇跡の四国遍路』中公新書ラクレ・65頁）と書いている。彼女は、世界遺産のサンティアゴ巡礼路も歩いたそうである。四国遍路も世界遺産登録を目指して活動を続けているが、文化庁からは「顕著な普遍的な価値」とともに「資産の保護措置の充実」を課題として示された（「四国八十八箇所霊場と遍路道」世界遺産登録推進協議会パンフレット）ようだ。四国4県あげての取り組みは実を結ぶであろうか。

自動車道で分断された添蚯蚓遍路道
（中土佐町）

近くにある平成の遍路石には、正面に「岩本寺遍路道」、右面

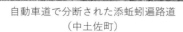

に「土佐往還そえみみず　迂回路の遊歩道約四百米開通　平成弐拾年　拾弐月吉日」とある。リーフレットには真新しい「四国遍路碑建立第百号」の完成を祝う集合写真が載っている。そこには遍路地図の著者である故宮崎建樹氏が世話役と紹介されている。

開発と自然保護はどう折り合いをつけるか

息を切らし休み休み上った階段は、本当にきつかった。そもそも高知自動車道は、なぜこの区間をトンネルにせず山を削ったのだろう。古来の遍路道が通っていた場所である。利用者はそう多くないかもしれないが、それこそ敬意が払われてもよかったのではないか。思わず開発と自然保護についてあれこれ考えた。人間がより便利な生活を目指すうえで、自然に手を加え利用しやすいように改変することは必要なことであり、古くから人の営みとして行われてきた。荒れ地や山を切り開いて田畑を開墾する、道をつくる、川をせき止め、流れを変えて田に水を引く。だがそこには自然の力、法則をうまく活用しようとする知恵があり、自然の形状を損なうまでやみくもに手を加えるのではなかった。しかし、近代科学がもたらした文明の利器によって大規模開発が可能となったことから、巨大な建物、橋梁等を容易く建造し、地下空間に構造物を組み込むなどとてつもない改変が可能となった。高速道路も高度成長を機に、列島の隅々にまで張り巡らされ、10キロ超のトンネル（関越トンネル）や三つのルートがある本州四国連絡橋等により、移動の空間的広がりと時間の大幅な短縮などの利便性をさらに向上させた。その一方で、騒音の問題や排気ガスによる環境汚染、そして自然破壊も年々深刻さを増しているのである。

そえみみず遍路道から眼下に高知自動車道を眺め、走っている車の少なさに本当にこの道路は必要なのかと思ってしまう。コロナ禍という非常時とはいえ、そんな気がしてならない。もっとも居住する地域の人には生活道路としての役割を担っているのだろうが、開発第一、効率第一で進んできた私たちの生き方そのものを再考する必要性を痛感する。

きつかった階段の後は再び山道を行く。上りもそれほどでもなく落ち葉が踏み固められた歩きやすい遍路道である。遍路マークも随所にあって安心できる。上りの長さに比べて、下りはかなり短く感じた。地図の縦断図を見ると、七子峠の下から窪川の少し先までは、標高約200mの台地状の地形である。台地にとどまっているので、下りが短かったのだ。

人生即遍路

里に出て県道41号線に合流する地点に平成の遍路石第33号があり、碑文に「人生即遍路　山頭火」とある。放浪の俳人で知られる種田山頭火は、各地を乞食《こつじき》しながら遍歴したという。四国遍路にも来たようだ。遍路では来る日も来る日も、見知らぬ土地を歩いて行く。前日に地図を見て、明日はここからここまで歩く。どのような道であろうかなどと自分なりに想像し、イメージを描く。だが、実際歩いてみるとこんなに厳しい道だったのか、あるいは案外楽勝だったなあ、などと受け取る印象が異なることもしばしばである。予定どおりに歩けず、あるいは計画が無謀であったのか、19番立江寺の先では夜道を歩く羽目になった。疲れ果てて歩くのが嫌になることもあるが、お大師に力をいただいて歩き切ったというのが常である。思わず絶景に出会って疲れを忘れることもある。20番鶴林寺への上りで、眼下に蛇行する川と次に行く山並みがパッと見渡せる地点があって、しばしの間、見入ってしまうことがあった。また、思いがけずお接待を受け、心がほっこりとしたこともあった。

人生においても、同じではないか。自分のこれまでの来し方を振り返ってみると、様々な場面が回り灯篭のように駆け巡る。それは

「人生即遍路」と刻まれた平成の遍路石33号（四万十町）

脈絡もなく脳裏を行き来するのだが、そのなかで大きな位置を占めるのは、やはり38年間の職業人としての人生である。私は事務職員として大阪市に就職した。本庁、出先、関係団体に勤務し、統括、福祉、経済等の部門で、窓口はもちろん企画、調査、広報等々の雑多な業務を経験した。職場や地域で多くの人々との出会いがあり、楽しく仕事に励んだ一方、とりわけ関係先との調整や折衝では行き詰まり、苦悩することも一度や二度ではなかった。そんな時、手を差し伸べてくれる上司や同僚・後輩がいた。温かく見守り、一緒に心配してくれた妻の存在も大きい。つくづく多くの人に支えられて歩んできた道のりであったと思う。職を辞してからは好きなことだけをして暮らしているが、古来稀なりという年齢を超え、こうして遍路を続けられることは何という幸運で歓びであろう。感謝、感謝である。南無大師遍照金剛。

犬と遍路の屋久島青年

第31号ヘンロ小屋からおよそ2時間半で七子峠へ出た。茶店の前でしばしの休憩をとっていると、大きな犬を連れた青年がやってきた。聞いてもいないのに、屋久島から来たと言う。犬同伴でのお遍路のようだ。明るく頼もしそうな青年である。

七子峠からは国道を右に見る遍路道を行く。左側の里山から国道までは田畑が広がる田園地帯である。先がだんだん細くなってきた遍路道を進んでもよいか、国道に出るのがよいか、右手からやってきた農夫に尋ねた。「この道を行く人と国道を行く人は半々ぐらい」覚えている話はそれだけだが、なんやかやとしゃべっていた。松本大師堂近くで会った人もそうだが、総じて高年者の話は長い。私もおそらく同類であろう。国道へ出てしばらく進むと、「四阿雪椿」という大きな看板を掲げた休憩所に着いた。11時を過ぎていたので、パンを食べる。すると犬青年がやってきた。犬に水と餌を少しあげている。

20分ほど休みまた歩き出す。屋久島青年は「また、どこかで」と声をかけてくれた。国道をひたすら歩く。影野から仁井田へと小さな町を地図で確認しながらゆっくりと進んでいく。日差しは徐々に強くなってきて、それに比例するかのように足取りは重くなっていく。だが、歩みを止めるわけにはいかない。今回の遍路も歩きは今日が最終日である。照り返しの強い国道をさらに歩き、「道の駅あぐり窪川」に着いた。またぞろアイスを食べて休憩した。

モンローさんに守られて

37番霊場の岩本寺には午後3時に着いた。36番青龍寺から遍路地図では58・5㎞、長い道のりであった。仁王門へは段差の低い石段を10段ほど上るが、そこに"WALK THIS OHENRO WAY" "TOUCH THE SKY"などと書かれている。岩本寺は本堂の天井画が有名であるが、そのなかにマリリン・モンローの絵があるなど、とかくユニークなお寺である。2日前に須崎までの道中で出会った白装束の男遍路がやってきたので、本堂の天井にモンローの絵があると教えてあげると、一所懸命に上を見あげていた。私は首が曲がらず写真がうまく撮れないので、典子さんに頼んだ。いずれにせよちょっとどころか、かなり変わった寺である。

今夜は「美馬旅館」に泊まる。この宿は車谷の『四国八十八ヶ所感情巡礼』で知った。いや、それ以前に、かつて林芙美子が泊まった宿として紹介されていたのをどこかで見ていたような気がする。今回、車谷の本を読んでぜひ泊まってみたいと思った。彼の本を何冊も読んでいたという宿の若主人に求められて書いたという色紙は、ロビーから食堂へ通じる廊下に飾ってあった。「無一物がええなァ。」肩ひじ張らずとっさに思いついたことを書いたようにも見えて、いかにも車谷らしい。隣に妻で俳人の高橋

37番岩本寺本堂の天井画　マリリン・モンローもいる（四万十町）

順子の色紙「お遍路と　わが名呼ばれし　藪椿」も飾られていた。歩き遍路をした元首相の菅直人以外にも、吉田茂、松本白鸚《はくおう》（当時は松本幸四郎）も泊まっている。明治24（1891）年創業の老舗旅館は、古ぼけた建物の中にモダンな要素を加味した心安らぐ宿である。

4月28日㈬（13日目・通算22日目）雨　0・5㎞

今朝は早く起きる必要はなかったが、5時20分に目覚めた。早起きは習性になっている。朝食をいただく。シンプルだが卵かけご飯はうまかった。献立チラシには、四万十町産の地鶏・土佐ジローの有精卵とある。身支度を整えて、宿の若女将から車谷の話を少し聞いた後、見送られて宿を出る。予報どおり雨だ。今回は初日と2日目以外は、晴天の日が続いた。幸運としか言いようがない。帰る日の雨は次の遍路への地固めと捉えよう。

窪川駅で大阪までの切符をJRの「ジパング倶楽部」で買おうとしたのだが、担当者は、ゴールデンウィークの前日は適用除外の期間で使えないと言う。昨日、相談に行って、明日また来ると伝えていた男性であった。彼も覚えていたようで「昨日、きちんと説明すべきでした」と詫びている。おそらく制度を十分理解しておらず、入力したもののコンピュータに拒否されたのだろう。私はジパングの利用規定は知っていたうえで日程を組んだはずだが、当初12日間の予定が13日に変更した時点で、ジパングのことをすっかり失念していたのだろう。やむを得まい。

後日談――キャッシュカードが見つかった！

遍路の期間中は、郵便物と新聞を近くに住む妻の姉に何回か取りに来てもらっていた。4月28日の帰宅後、妻はすぐにそれらを引き取りに行ってくれた。その郵便物のなかに、安芸伊尾木郵便局からの封書があった。一瞬、はっと思った。キャッシュカードを置き忘れているので、取りに来るようにとの連絡であった。よかった。カードは無事であった。だが、取りに来いと言われてもほいほいと行けるところではない。少し思案して、明日は祝日なので明後日、近くの忍海《おしみ》郵便局で相談することにした。郵便局同士のやりとりで、カードを忍海局に送ってもらい、それを受け取りに行けばよいのではと考えたのだ。

4月30日に忍海局へ出向き、安芸伊尾木郵便局からの通知文書を示して、郵便局同士のやりとりで忍海局に送付してもらうよう連絡してほしいとお願いした。局員はすぐに電話をしてくれて、話は簡単にまとまった。しばらくすると、向こうの局から直接、私宛てに送付してもよいと言っているらしい。それはありがたいと二つ返事で、申し出を受けた。安芸伊尾木郵便局からは翌日、速達で簡易書留郵便が届いた。親切な対応に感謝、感謝である。さっそく安芸伊尾木郵便局へお礼のはがきをしたためた。

だが、ピタパカードは結局出てこなかったので、発行会社に電話で連絡し、再発行してもらった。こちらは有料だが致し方ない。前回の阿波遍路では首に痛手を負い、「後遺症」を引きずっている。今回の土佐ではピタパを紛失するという失態を演じてしまったが、キャッシュカードは手元に戻った。不幸中の幸いと受け止めようと思う。

遍路小屋の片隅で　11

「あなた家に帰れますか」

土佐遍路の7日目、29番国分寺へ向かう途中にある松本大師堂の手前で農夫が話しかけてきた。耳が遠い私の代わりに妻がしっかりと応対している。彼女は後で、そのやり取りを報告してくれたのだが、「奈良なら郡山の山下さんを知っている」と言っていたそうだ。とっさに山下正樹さんのことだと気づいた。このことは先に書いたが、「地震が起きれば、職場から歩いて家まで帰れるか」という趣旨のウォークイベントの実行委員長をされていたのが山下さんである。阪神淡路大震災の数年後のことで、関西の人間には震災の記憶がまだ生々しく残っていた時期である。私はその年と翌年の2年連続で参加した。もちろん山下さんとは面識はないが、催しの趣旨にマスコミも関心を示し、新聞、テレビで報じられたので、その名前は鮮明に覚えていたのである。

遍路から帰って、書架の資料類をひっくり返すと、第2回と第3回の「サバイバルウォーク」の冊子が出てきた。１９９９年1月16日に実施された「第2回大阪サバイバルウォーク」

の記録集は、表紙に大きく「あなた家に帰れますか」と墨書されている。まさに地震が起こって交通手段が途絶えた時、職場から歩いて家に帰れるかという問いかけである。記録集は手作りで参加者の感想が列記されている。大阪では３２３名の参加があったようだ。奥付には発行者として山下正樹さんの名前が連絡先とともに記されている。冊子には記録集が完成したと報じた新聞の切り抜きが挟まれていた。紙面には記録集の申し込み先として、やはり山下さんの名があげられている。私のコメントも記載されていたので、保存していたのであろう。

当日は午前8時半に大阪市役所前をスタートした。このイベントの趣旨が震災を起因としているので、私は途中、親類宅の状況を確認するという設定でコースを組んだ。まず浪速区日本橋、東住吉区西今川そして藤井寺市と、実際に訪問する時間もないので、玄関や近くを通行したのである。当初、飲まず食わずで歩き通そうと考えていたが、足が痛くなり体力も消耗したので、近鉄古市駅（羽曳野市）の近くの飲食店で昼食をとった。若い頃から山登りが好きで、各地のウォーキング大会へもちょくちょく参加していたので、歩くことにはそれなりに自信を持っていた。だが48歳という年齢を考えず、何らの準備運動もせずに参加したのは誤りであった。おまけに昼食時、ビールを飲んだのが致命的で、午後からはペースががくんと落ちてしまい、やっとこさ家にたどり着くという有様であった。メモには「18：02自宅」、所要時間は「9H32M」とある。報告集にも「日頃の運動不足を思い知らされたキツーイ体験であった」と記している。翌年の記録を見ると、帰宅時間は前年より1時間半も早い。昼食はコンビニのパンですませ、時間の短縮を図ったのだ。ところで、改めて記録集を見ていて気づいたのだが、3回目は大阪の参加者は60名と前年の2割以下に激減している。東京、横浜の会場が増加しているのに、大阪だけなぜこうなったのか。この年は京都でも開催され100名の参加があったと報告されている。3回目の報告集を見ると実行委員長は山下さんではない。参加者名簿にも山下さんの名が見えない。会の中で路線対立的なトラブルがあったやに聞いたように記憶しているが、実際のところはわからない。

サバイバルウォークへの参加は2回で終わったが、翌年からはやはり1月中旬に一人で大阪市内から、あるいは逆に自宅から大阪市内までのウォーキングを5年間続けた。一度だけ中学時代からの友人と一緒に歩いた。私がしていることに関心を持ち、体験してみたいと思ったようだ。この年は途中から雨に降られたので、彼はもうこりごりと思ったであろう。結局、大阪市内と自宅との長距離歩行を7年間続けたのである。このような経歴からすれば、四国遍路もあってしかるべきなのかもしれない。ただ歩くのが好きというのとしっかり歩けるかは別問題である。初めてのサバイバルウォークでは準備不足に加え、途中、アルコールを口にしたせいで足が言うことを聞かなくなり、這う這うの体で自宅に戻る始末であった。四国遍路では70歳になっていたにもかかわらず、初回の阿波遍路で余分な荷物を持ち過ぎたことと、事前にしっかりトレーニングをせず、ほぼぶっつけ本番で出かけたために首と肩を痛め、クリニック通いを余儀なくされた。そのためパートII以降は、首の痛みを抱えてのお遍路となってしまった。

下関の三原さんは、1年前から荷物を背負って歩くトレーニングを重ねたとのことである。それに引き換え私は、かつての失敗から何ら学ぶこともなく、あまつさえ遍路をも安易に考えていたのである。情けない限りである。

パートⅢ

初夏　土佐から伊予へ

2021. 5. 24〜6. 5

つわな奥展望台（愛媛県宇和島市）

パートⅢで巡拝した霊場（□は別格霊場）

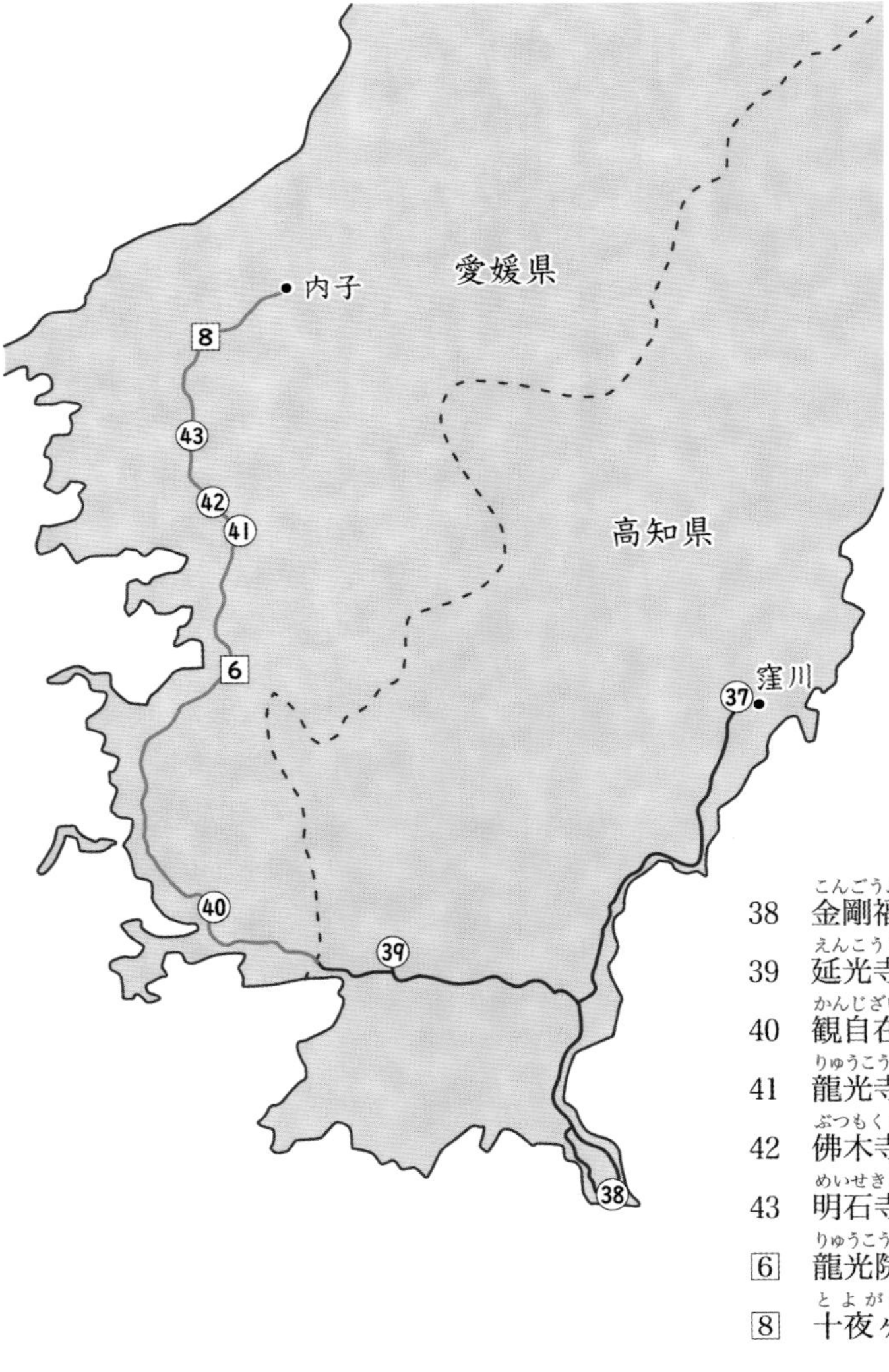

38　金剛福寺《こんごうふくじ》
39　延光寺《えんこうじ》
40　観自在寺《かんじざいじ》
41　龍光寺《りゅうこうじ》
42　佛木寺《ぶつもくじ》
43　明石寺《めいせきじ》
[6]　龍光院《りゅうこういん》
[8]　十夜ヶ橋《とよがはし》

前回の土佐遍路から帰って1カ月足らず、今回も首と肩の痛みが癒えないなかでの遍路パートⅢである。しかも梅雨入りまでにと考えていたが、この年、四国は観測史上最も早い5月15日に梅雨入りしたと報じられた。どうしたものかと思案したが、この時期を失すると、秋に3回行くことになってしまう。日暮れが早い季節よりも、日の長い時期に行っておく方が賢明であろうし、5月中旬以降、雨の日が続いたので、これからしばらくは梅雨の中休みになるだろう、との希望的観測をもとに出発した。

5月24日(月)（1日目・通算23日目）　曇りのち雨　10・3㎞

新大阪から7時35分発のひかり531号で岡山へ。そこから特急を乗り継いで窪川まで行く。岡山から高知までの南風3号はアンパンマン列車だった。妻は孫に見せてあげるとスマホで写真を撮っている。予報では昼過ぎから雨とのことだったが、高知を出て間もなく昼前には降り出し、雨粒は時折、激しく車窓を叩きつける。窪川到着は12時47分。駅の待ち合いコーナーで身支度を整える。新調した雨具をさっそく着用し、同じ時に買ったモンベル製の菅笠風ハットを被る。軽くて折りたためるので便利だ。

鰻重で始めるぜいたく遍路

前回、土佐久礼から歩いて窪川へ到着した時間には売り切れで賞味できなかったウナギを食するため、雨の中「うな吉」へ行く。車谷長吉が「うまかった」（前掲書63頁）と書いていた四万十川のウナギは、柔らかくてやっぱりうまかった。遍路を始める前からごちそうをいただき、一瞬、果たしてこれが修行かと自責の念にかられる。だが、仏道に帰依した身でもなく、所詮はウォーキングの旅であるので、まあ楽しみながら歩こうや、と思い直した。

再び雨具を着て店を出る。「美馬旅館」や37番岩本寺を横に見る。町の中心部から少し出たところのコンビニで、パンと飲み物を買い、国道56号線を南下していく。遍路地図を見て、峠の上あたりから遍路道に入るものと思っていたが、実際は坂を少し下った所からであった。その先でも山道への入口を見落とし、同じ道を周回してしまった。スタート早々、この態である。今回は長い道のりの遍路である。本当に大丈夫であろうか、と自嘲の笑みが浮かぶ。雨に濡れた落葉が積み重なる細い山道は、滑って危険である。ゆっくりと慎重に歩を進める。市野瀬遍路道を抜けると、再び56号線だ。川に沿ったのどかな道で、山から抜け出た当初は走っている車の量は少なかったが、進むにつれて徐々に増えてきた。雨脚は少し弱くなってきたようだ。「うな吉」を出て3時間余り要して、この日の宿である「土佐佐賀温泉こぶしのさと」に着いた。

今日は休館日です！

ここでまたハプニングである。何と今日は休館日だと言う。そんなはずはない、ネットで予約を入れていると申し立てたところ、フロントの男性は、宿泊日は5月25日で予約されていると言うではないか。どうすればよいのか、近くに代わりの宿はなさそうだし……。だが案じることはなかった。男性は食事の用意はできないが、風呂に入って宿泊はできると。しかも夕食の買い出しにコンビニまで車で送ってくれるという。ありがたい。まだ歩き始めで、そう疲れてもいないが、雨で濡れた体に温泉の大きな湯船はうれしい。身も心もゆったりした。夕食はおにぎりとカップ麺で侘しいが、遍路では持ち歩きできないワインを飲んで、バナナも食べた。満足してベッドにもぐりこんだ。

5月25日㈫（2日目・通算24日目）　晴れ　24・7km

雨はすっかり上がって、さわやかな朝である。宿の部屋で朝食をすませたので、出発は6時半と早い。今日も川に沿って歩く。とてもいい気持ちだ。拳ノ川《こぶしのかわ》という地名があるので、川の名前もそうかと思っていたが、伊与木川というようだ。山側を土佐くろしお鉄道が走る。時折、列車がやってくるが、木立でほとんど見えず、見えても一瞬なので、写真を撮る暇はない。健康保持のためであろうか、ウォーキングをしている中年男性とすれ違う。後で戻ってきて、私たちを追い越していく。私たちは、何とゆっくりしたペースで歩いていることか。

黒潮洗う遍路道をゆく

土佐黒潮鉄道の伊与喜駅でトイレ休憩。プラットホームに上がって休んでいると、窪川方面行きの電車が来た。小京都・中村をモチーフにした車輛だ。同鉄道のごめん・なはり線の列車も確かカラフルな図柄の車両であった。南国の明るい海岸線に映えて、楽しい雰囲気を醸している。伊与喜から少し行ったところにある熊井隧道は、レンガ造りのレトロなトンネルで楽しみにしていたが、工事中とのこと。仕方なく指示どおりに国道を歩く。コンビニに続いて「道の駅なぶら土佐佐賀」にも寄って、メロンパンと鰹コ

土佐くろしお鉄道伊与喜駅に到着した列車（黒潮町）

ロッケを買う。国道からいったん佐賀の市街地を通って、また国道に戻る。坂を上っていくとやがて土佐西南大規模公園である。高台の休憩所で休み、おにぎり、パンを食べる。時間は10時、早い昼食だ。眼下にはどこまでも雄大な太平洋が広がっている。お遍路仲間では、黒潮町あたりで鯨を見たとか見えなかったという話をよく聞くが、そんな気配は少しも感じられない。

井の岬トンネルの手前の休憩所では、2匹の犬を連れた女性二人連れが休んでいた。母と娘であろうか。そこから方向を変えて西に進む。この先には民宿が何軒もある。遍路よりも釣りやマリンスポーツを楽しむ客の方が多いのかもしれない。上川口の集落を過ぎ、坂を上っていくと道路標識に「海の王迎駅」とある。「うみのおうむかえ」と読むようである。後醍醐天皇の第一皇子である尊良《たかよし》親王が、元弘の乱（1331－1333年）で幕府に捕縛され、その後、流刑された地であったことから名づけられたとのことだ。道路わきには「尊良親王御上陸地」の大きな石碑がドンと立っている。

さらに坂道が続く。すると道路の端にパラソルを立てて路上営業の車が停まっている。高知名物のアイスクリンである。当然のように買って食べた。アイスクリンは乳脂肪分が除かれているのが特徴で、そのためあっさりした味である。妻は販売員の女性と何やら話している。お遍路さんには、2段盛りを3段にしてくれるとのことだ。

午後2時過ぎ、「道の駅ビオスおおがた」に着く。遅めの昼食といって、レストランでシラス丼を食べる。これでは一日４食になってしまう。あたりは広大な太平洋に面したゆったりとした浜辺だ。ここから今日の宿である「ネスト・ウエストガーデン土佐」へは、本来は入野松原を歩くのだが、松くい虫の除去のため消毒作業中で歩行禁止となっていた。残念である。

「ネスト・ウエストガーデン土佐」は広々とした敷地に建つ円筒形の近代的な建物のホテルである。大浴場もあって、歩き遍路にもうれしい宿だが、予約時に禁煙の部屋を希望すると、デラックスルームになると言われた。２部屋ほど隣の宿泊者の若い男は、タバコをくわえて廊下に出てきた。私たちを見て部屋に戻ったが、どうも喫煙が中心で禁煙が例外的な扱いと思える。今時、時代錯誤である。

5月26日㈬（3日目・通算25日目）　曇り　27・0km

遍路地図にはホテルの南北に遍路道が表示されているが、北側の道を行く。だが、民家の敷地に入って行き止まりであったり、踏切に出てしまうなど明らかにコースをはずれている。集落内に入っていたので、尋ねようと思ったが誰も歩いていない。玄関先に出ている人もいない。やむなく「ネスト」の建物を目印に、南側の道に戻った。迷った時は、勝手に見当をつけて進まず、分かりやすい場所に戻るべきである。地図にある「ＷＣ」を見つけ、田の浦方面へ進む。まもなく橋があり、「蚚瀬橋」の表示。「かきせ」と読むようだ。遍路地図とピッタリあっている。一安心である。かれこれ15分くらいのロスであろうか。朝一番の出来事で、どうなることかと案じたが、この程度の迷いですんだことに安堵した。

最後の清流・四万十川を渡る

あとは県道42号線を進めばよい。続く広域農道は木立の中から田園地帯へと抜けていく。のんびりとした田舎の風景である。水田で白鷺が羽を休めている。長い直線の道が続く。２時間近くかかってコンビニに到着し、ほどなく四万十大橋に出る。わが国最後の清流といわれる四万十川は、河口部では想像を超える大きさで、これまで持っていたイメージとはまったく異な

四万十大橋から上流部を望む（四万十市）

るものであった。とうとうとした流れはほどなく太平洋にいたる。橋を渡り終えて、右岸を歩く。昼食場所と考えていたうどん屋「田子作」に11時5分に着く。少し早いが「田子作うどん」をいただく。野菜がいっぱい入ってあっさり味である。店の主人は「トンネルまで4キロ」と教えてくれた。伊豆田トンネルは全長1620mで、トンネル内に入口までと出口までの距離を表示した非常出口の電光案内板が、数百メートルおきに設置されている。中間地点は左右、つまり入口、出口ともに810mと表示されている。通行の記念に写真を撮った。

四国遍路の父・真念の庵

トンネルを抜けて少し歩くと、真念庵経由三原への分かれ道に出る。わかりやすいだろうとこの道から真念庵へ行くことにした。真念庵からはそのまま下ノ加江へ向かうので、先に納経所へ寄る。本来は読経をすませてか

伊豆田トンネルの中間点（四万十市・土佐清水市）

ら行くべきだが、まあいいだろうと勝手に解釈する。真念は江戸時代前期の高野聖で、四国遍路の最初のガイドブックともいうべき『四国徧禮道指南《しこくへんろみちしるべ》』を著し、四国遍路の父と呼ばれている。遍路道に２００基を超える石の道標を設置し、また距離が最も長い37番岩本寺と38番金剛福寺そして39番延光寺の中間地点となるここ市野瀬に大師堂を建立したという。かつては善根宿や荷物の置き場として利用されたと聞く。それが建立者の名を冠して真念庵と呼ばれるようになったようだ。境内では土佐清水市の職員であろうか、女性が石仏の拓本をとっていた。四国遍路の世界遺産登録を目指し、記録の保存に励んでいるのだろうか。遍路道を抜けてもとの国道３２１号線に出たところでも、土佐清水市の名が入った上着を着た職員が何やら作業をしている。残されている石仏などの確認のようである。近くのトイレを兼ねた休憩所で、四万十大橋手前のコンビニで買ったリンゴを食べる。

もう2時半である。先を急がねばならない。川に沿って南下していく。下ノ加江のコンビニで、明日の昼食用のパンを調達する。ここから先、足摺までにはコンビニがない。なおも歩を進め、今日の宿である民宿「くもも」に着いたのは、４時45分であった。

「民宿くもも」の一夜

辰濃和夫は、暴風雨のなか足摺を目指して「くもも」に着いた際に、翌日に宿泊するので荷物を預かってほしいとお願いしたところ、女将さんがあっという間におにぎりを作って持たせてくれたという。辰濃はその手際のよさに驚き、嵐のなか足摺岬までかなりの速度で歩く力を維持できたのは、お接待でいただいた握り飯と果物のおかげと書いている（前掲書100－101頁）。「くもも」には先客がひとりいた。高松から来たという男性は、歩き、自転車、車と形は違うが6回目の遍路で、明日は足摺に泊まり、翌日はバスで帰るとのことだ。以前、元プロ野球の清原選手やアナウンサーの徳光さんと同宿したことがあると言う。「くもも」には、菅直人元首相の写真が飾ってあった。ここでは奥方もご一緒されていた。その男性は、食事をしながら見ていた『卆寿遍路』という本を示して、90歳で遍路とはすごい、としきりに感心していた。国税局を退職後に歩き始めて、奥方同行で何度も遍路をされ、サンティアゴ巡礼路やエベレスト街道も歩いたとのこと。その体力と気力、たくましい生き方はまさにあっぱれである。

5月27日㈭（4日目・通算26日目）　雨のち曇りのち晴れ　25・0㎞

雨のなか足摺を目指す

昨夜来の雨は、なおも激しく降り続いている。妻が言うには、夜中は風も強かったようだ。

女将さんは、お接待のおにぎりとアメを持たせてくれて、今日は遍路道にこだわらず、国道と県道を行くようにとアドバイスしてくれた。もとよりこの天気では、大岐海岸の砂浜を歩くことはあきらめていたので、女将さんの言うとおりにしようと決めた。前夜、足摺からは打戻りするのでリュックを一つ預かってほしいとお願いしていたので、妻のリュックにこの日の宿泊に備えた荷物を詰め込んだ。妻はリュックを背負い、私はウエストポーチを二つ腰に巻いた妙な出で立ちである。

降りしきる雨のなか、雨具に身を包んで国道321号線を南へ進む。行き交う車の跳ねる水しぶきに注意しながら黙々と歩く。大岐の浜の近くでトイレ休憩。雨具を身に着けているので用足しも大変である。幡陽《ばんよう》小学校を過ぎたあたりから左に県道27号線を行く。民宿「旅路」を左に見て、道は徐々に上りになっていく。いくつかカーブを通り過ぎた所で、県道から分かれる遍路道があった。一瞬迷ったが、太い道で民家も立ち並んでいたので、こちらを選んだ。人家が途絶えても道は舗装されており、安心して進めた。40分ぐらい歩いただろうか、下り坂になって広い県道に合流した。まだ「以布利《いぶり》」という表示である。足摺はまだまだ遠い。

雨具を着ていても雨粒が染み込むのか、はたまた自分の汗と混ざってもはや体はびっしょりである。荷物はウエストポーチだけだが、それでも首が重く、しっかりと歩けない。段々と妻に後れを取る。走行する車の量はすっかり減ってきた。窪津漁港を過ぎて、海は徐々に見えなくなってきた。どうやら雨は上がってきたようだ。雨具は着たまま乾かそうと前をはだけて、ひたすら木立の中を歩く。遍路小屋が見えてきた。入口に古びた大きなテーブルと長椅子にソファがセットで置かれている。まるで廃屋だ。使い捨てられたような家財道具が置かれていて、洗濯機もあるが、水は出ないようだ。かつては善根宿として利用されたが、いまではどうであろうか。納札があちこちにたくさん貼ってある。時間も11時半を過ぎているので、ここのテーブルを使って昼食。「くもも」でいただいたお接待のおにぎりを頬張る。

補陀落《ふだらく》東門の地で

午後1時半頃、足摺岬の駐車場に着く。トイレ兼休憩所で雨具の上着を脱いで仕舞い、笈摺を着て輪袈裟を着ける。午後2時、38番霊場金剛福寺の仁王門をくぐる。「補陀落東門」の扁額がかかっている。嵯峨天皇の筆に

お遍路さん休憩所「金平庵」（土佐清水市）

なるという。補陀落は梵語のポータラカからきた言葉で、海の果てにある観音菩薩の浄土をさす。はるか天竺の南方にあるとされた補陀落を目指し、多くの修行僧がこの岬から海に出た。戦国時代以降、常世の国・補陀落浄土を信仰して、ひとりで小舟を漕ぎ出す「補陀落渡海」が盛んになったというが、彼らには生きて観音浄土にたどり着くという思いは本当にあったのだろうか。それは辰濃がいうように、「死にがいを求めての舟旅だった」（前掲書106頁）のかもしれない。

境内に入ると、大きな池の向こうに諸堂が並んでいる。きれいに整った寺である。本堂に続き大師堂にお参りした。「くもも」で一緒だった高松の男性がやってきた。同じように雨の中を歩いて来たのだろうか。挨拶もそこそこに納経所へ向かった。

せっかく足摺岬まで来たのだから灯台を見学しようと遊歩道を進んだが、少し距離があるようなので途中

38番金剛福寺（土佐清水市）

で引き返した。これから5キロ余り先の民宿まで歩かねばならない。時間はもう3時前である。寺の前の土産物店の多くは閉まっていて、開いている店も客の姿はない。呼び込みの声をかけられたが、時間の余裕はないので先を急いだ。コロナ禍でなければ多くの遍路客が訪れ、何よりバスツアーの観光客で大いににぎわっていただろう。私たちは静かに参拝できてありがたかったが、観光業界にしてみれば、大変な痛手であろう。

白山洞門も万次郎足湯も立ち寄らずスルーした。いくつもの観光ホテルや旅館、民宿を通り過ぎる。松尾トンネルの近くまで来て、今夜の民宿「青岬」への道がわかりにくいので、妻が散歩中の人に尋ねた。2度目に聞いた男性の説明はわかりやすかったようだ。トンネルの方向へは行かず、県道27号線をそのまま進むが、「青岬」への分岐はなかなか見えない。疲れた足を引きずるようにして歩き続ける。脇道に入るところに、男性が教えてくれたとおり「青岬」への案内板があった。ここからは急な上り道だ。何しろ高台にあると予約の際に電話で女将さんが言っていたというのだから。坂を上りやっと着いたのは、もう5時前であった。

いごっそうとハチキンの宿

民宿の主人は、口数が少なく不愛想な感じである。案内されたのは2階の広い部屋で、10人近く泊まれるような大部屋だった。客は私たちだけのようだ。贅沢に使わせてくれたのだろう。雨に濡れた衣類を干すのにも好都合であった。風呂もそれなりに広かった。夕食は食堂でいただいたが、豪勢な品揃えでびっくりした。刺身、ムニエル、ローストビーフ、野菜の鍋、大根のそぼろ煮、酢の物、カニをのせた珍しい稲荷ずしに天ぷらもついている。フルーツもリンゴにびわ、小夏と盛りだくさんだ。部屋に戻り、典子さんは「今まで来た民宿でここが一番」と言う。

部屋の前の廊下に書き物が掲げられていた。「主人の不愛想は土佐のいごっそうと思ふて下さい。女将のお喋りとお節介は土佐のハチキンと流して下さい。ホテルの機能は求めないで下さい。ここは民宿です。お家に帰った時のようにゆっくり寛ぐ事が出来ないその時は声を大にして言ふて下さい。『こりゃあ　いかんぜよ』と」。ユーモアたっぷりで宿と経営者自らをうまく自己紹介していて感心した。いごっそうは頑固で気骨ある男をいう土佐弁だ。ハチキンは男勝りの女性を指すが、今は「男勝り」は禁句かもしれない。まあ、快活でたくましい女性ということであろう。楽しい一夜になった。

5月28日㈮（5日目・通算27日目）　晴れ　22・3㎞

宿の屋上から地球が丸いと実感できると廊下の張り紙に書いてあったので、6時過ぎに行ってみた。言われてみれば何となく丸いような……。朝食も焼き魚をメインに品数も多く、たっぷりのサラダとヨーグルトがうれしい充実の献立であった。料金も手ごろで、この宿を選択して正解であった。見送ってくれた土佐のいごっそうに中浜への道を確認し、7時25分に宿を後にした。

足摺半島の西岸を歩く

この日は足摺半島の西岸から土佐清水の市街に出て以布利トンネルを抜け、そこからは昨日雨の中歩いてきた道を下ノ加江までの「打戻り」である。天気は一転して快晴だ。この日の歩行距離は22キロ余りなので慌てることはない。宿から森の中の道を行くが、昨日の雨でぬかるんでいるところがあった。注意しながらゆっくりと進む。分岐があって、まっすぐの道は「唐人駄馬遺跡」の表示が見えたので左に進んだ。遍路マークもつけられて

民宿「青岬」の屋上から地球が丸いことを実感 !?（土佐清水市）

いる。後でまっすぐ進む道の方が距離は短いとわかったが、まあ、よしとしなければなるまい。途中で後ろを振り返ったとき、典子さんは「鈴を鳴らしているのに気づいてくれない」と言っている。何でも水の流れに渡してある石を踏み外し、深みに入って倒れそうになったそうである。

中浜に着く。「なかはま」と呼んでいたが、正しくは「なかのはま」である。階段の上に中浜万次郎の記念碑があったので上って見学する。中浜の町は、人の往来も頻繁で住民の生活ぶりが感じられる。公民館の手洗いを借りた。町は「ジョン万次郎を大河に」というのぼり一色である。漂流した若き漁民がアメリカ人の船長に救助され、米国で教育を受けた後に帰国して、通訳などとして活躍する。波乱万丈に満ちたその生涯はまさしくドラマチックだ。中浜では町おこしの一環として、大河ドラマに夢をかけているようだが、ＮＨＫは振り向いてくれるだろうか。

海沿いの町から高台を走る県道27号線に出る。ここからは遍路道という山道だ。うっそうと茂る木々の間を行く。草が背丈まで伸びたところには、草刈り奉仕団による鎌が置かれている。時間のあるお遍路に草刈りのボランティアを呼びかけているのだ。滅多に人が踏み入れない山道では、このような篤志家の取り組みがなければ安心して歩けないだろう。感謝しつつも、自らは鎌を手にすることなく歩を進める。途中で、タヌキを見かけた。最初、猫かと思ったが、それにしては大きすぎる。やはりタヌキだ。あっという間に茂みに去った。

下ノ加江への打戻り

土佐清水の市街に出てきた。足摺黒潮市場の横の手洗いに寄って、足摺病院を右に見て、道路は左に大きくカーブする。その先の信号を右折し、コンビニでアイスコーヒーを飲む。冷たくておいしい。道は緩やかな上り坂になり、やがて以布利トンネルにいたる。歩道は広く明るいトンネルで、安心して歩ける。典子さんは「今まで一番いいトンネル」と言う。なおも歩き続ける。

幡陽小学校が見えてきた。ここからは昨日歩いた道の打戻りである。そろそろお昼だ。津波避難タワーの階段に腰掛けて「青岬」でいただいたお接待のおにぎりを食べる。3個入りで、中に入っているものはカツオ、梅干し、昆布とすべて異なり、おまけに卵焼きも付いている。きめ細かく丁寧に作られた弁当だ。本当にいい民宿と感心する。大岐海岸では、前日トイレ休憩をした場所から浜辺に下りられるようになっていたので行ってみた。この砂浜が遍路道になっているのだ。車が1台駐車していて、女性が水着姿で出てきた。私は先に上へ戻ったが、遅れて戻った典子さんは、男性から「お遍路頑張ってください」と声をかけてもらったと言う。「くもも」でリュックを引き取り、さらに北上を続ける。途中、歩道をふさいで蛇が横たわっていた。金剛杖で地面をトントン突いても手を叩いても動かない。死んではいないようだが、熟睡しているのか。仕方なく車道に出て通り過ぎた。ほどなくして下ノ加江に戻ってきた。

5月29日(土)（6日目・通算28日目）　晴れ時々曇り　28・8㎞

6時35分に宿を出る。国道321号線から橋を渡って下ノ加江川の右岸の県道21号線を北上する。38番金剛福寺から39番延光寺へは6コースあるという。①市野瀬から真念遍路道経由、②市野瀬から三原経由、③下ノ加江から三原経由、④清水から益野―三原経由、⑤清水から竜串―下川口―三原経由、⑥清水から月山神社―宿毛経由である。①②③は打戻りすることになる。私たちはすでに打戻りをしている。したがって、三つのコースのうち②が最も距離が短いのでそれを選ぶつもりであったが、前夜の宿の主人は、しきりに③のコースを勧めていた。アップダウンもなく楽で、②とは距離もほとんど変わらないという。その意見に従ったわけではないが、結局③のコースを選び、下ノ加江川にかかる五味橋の手前で左折した。

三原村と農家民宿

道路は舗装されているが、部分的に苔が生えていて足にやさしく歩きやすい。車はめったに通らず、静かな木立ちの中を気持ちよく歩く。まるで木々で作られたトンネルだ。道路の下手には川が流れている。しかし、行けども行けども目標となる河内神社にたどり着かない。ひたすら歩いて、神社を8時50分に通過する。さらに歩き続ける。道はやがて木立を抜け、周りに田畑が目につくようになってきた。川を渡る際は地図を見て現在地を確認する。三原村へはいずれのルートを選んでもコンビニはなく、トイレも乏しいようである。私は畑の畔で一度小用を足したが、妻の場合はそうはいかない。トイレのある所まで、あとどれくらいかとか、「農家民宿くろうさぎ」の案内看板を見つけては、「貸してもらえるかな」と思案顔である。ことは生理現象である。とりあえず「くろうさぎ」へ向かうことにした。民宿では女将さんが、快く手洗いを貸してくれたようである。後で主人も出てこられ「大変ですね」と声をかけてもらった。妻は「初めての遍路ですか」「どこまで行かれますか」と聞かれたという。親切で気さくな夫婦である。機会を作って一度泊まってみたいと思った。三原町には宿泊施設は4軒ほどあるが、いずれも「農家民宿」と名乗っている。本業の農業の傍ら民宿を営んでいるという意味合いだろうか。

三原村の中心部に近づいているのだが、「みはらのじまんや」というショップへは長い道のりである。日差しは強くなってきて段々暑くなってきた。さらに歩き、ようやく到着したところは、広大な敷地に大きな建物が3棟ほどある。地域の集会施設や農産物の集荷施設等であろうか。周りの駐車場もやたらと広い。とにかく土地が余っているとしかいいようのない贅沢な使いようである。ショップでアイスを買って、まず体を冷やした。昼食には昨夜の宿でいただいたお接待のおにぎり1個とパンを食べ、三原のみかんをデザートにいただいた。建物の軒先は風がよく通り、涼しくて気持ちがよい。昼寝でもしたいが先を急がないといけない。県道21号線をなおも北西へ進む。徐々に歩くのが嫌になってくる。一日中歩いているのだから、無理もなかろう。「みはらのじまんや」から2時間45分を要して、土佐くろしお鉄道宿毛線の平田駅に近い旅館にたどり着いた。もう3時55分になっていた。

三原村へ向かう道端の地蔵さん（土佐清水市）

5月30日㈰（7日目・通算29日目）　晴れ　29・4㎞

1週間でお寺は二つ

今日は39番霊場の延光寺にお参りして、宿毛から松尾峠を越えて40番観自在寺までの行程だ。いよいよ土佐国から伊予国に入る。6時35分に宿を出て、国道56号線を西に進む。地図にある田村石材の手前を右に行く。その後の分岐で進行方向がわからなくなったが、あちらこちら見渡して何とか遍路マークを見つけてそれに従った。

今回は遍路7日目にして二つ目の寺である。延光寺は土佐国最後の霊場で、神亀元（724）年、聖武天皇の勅願により行基が開創したと伝わる。延喜11（911）年の頃、竜宮に棲んでいた赤亀が梵鐘を背負ってやってきたという。寺号「赤亀山」はこの伝説に因む。仁王門を入って右手にある赤亀の石像は、延喜11年の銘が刻まれているようだ。実物は寺宝として保管されているというが、梵鐘を背負い、首にはよだれ掛けをつけたユーモラスな姿は微笑ましい。

寺を出て山道の遍路道を少し歩き、広い道路に出たところで、妻に農作業に向かうと思われる軽トラックの男性に宿毛への道を聞いてもらう。早めの確認が大事である。再び国道に出て、まっすぐ西に進む。朝も8時を過ぎると暑くなってくる。西からやってきたサイクリングの男性は、自転車を降りてバッグから何かを出そうとしている。マスクを探しているのかと思っていたがそうではなかった。すれ違う際に「歩きですか」と声をかけてきて、チョコビスケットを差し出しながら、ここからだとどこどこに何時頃に着くといったことを話す。その人は自転車遍路であろうか。だが、こちらは何も聞かず会話の時間を極力短くしようとした。お接待をしてもらい申し訳なかったが、コロナ禍のもと仕方ない。

9時過ぎに宿毛インター近くのコンビニで、アイスコーヒーを買って飲む。宿毛大橋を渡って市街地に入る。10時過ぎにまたコンビニに寄って、昼食用

39番延光寺の梵鐘を背負う赤亀（宿毛市）

のパンを買い足す。遍路地図を見ればその先にもコンビニがあるが、たまに店舗を閉めている場合があるので、必要なものは先に買っておくのがよいと思った。そこから20分ほど歩いて、またぞろコンビニに寄って、水と健康飲料を買った。この先、峠越えでしばらく店はないので、飲み物を余分に買い備えたのだ。今や全国津々浦々にコンビニエンスストアが網の目のように張り巡らされているが、文字どおり便利で、歩き遍路には何かと重宝である。食料、飲料の調達はもちろん、手洗いが借りられるのが何よりもありがたい。

松尾峠「Take care!」

市街地を抜けて山間部へ入っていく。しかし上ったと思いきや、それ以上の距離を下っていく。同じような進み方を2度、3度と繰り返す。山裾の小さな集落をつなぐ山道なのだろう。田植えの準備に忙しそうな農家の人が狭い道に軽トラックを停めていたので、体を横にして通り過ぎる。すると「ごめんなさいね」と女性が声をかけてくれ、男性は頭を下げている。軽く会釈する。峠への登り口には、「頂上から宿毛湾がキレイに見えますよ」などと書かれたイラスト入りの看板が設置されている。登山道にはいくつも小学生の応援看板が設置されていた。学校をあげてお遍路さんを温かく迎えてくれることがうれしい。急な上りが続き、あえぎながら上っていく。頂上近くにベンチがあったので、ここで昼食にする。小学生が書いていたとおり「宿毛湾がキレイ」であった。

昼食を終えて、しばらく休んでから歩き始めるとすぐに大師堂跡と松尾峠の説明板があり、さらに「従是西伊豫國宇和島藩支配地」と記された大きな石柱が立っている。「予土国境松尾峠」と記された表示板では、昭和4年に一本松町と宿毛間に道路が開通するまで、この峠道は伊予と土佐を結ぶ街道として利用されたとの説明。ここで高知県とも別れて、いよいよ愛媛県である。徐々に下り坂になっていくが、愛媛県側の登山道は草を踏む足にやさしい道である。きれいに整備されている。山道を出

松尾峠の国境の石碑
（宿毛市・愛媛県愛南町）

咸陽小学校児童の応援板
（宿毛市）

てから広い道を延々と歩く。途中に大きくて美しい手洗いがあり、ベンチも置かれていたので少し休憩する。松尾大師の手前で左にとって、国道56号線へ出るつもりであったが、その分岐がわからず結局直進する。56号線に出会ったところにコンビニがあったので休憩がてらに寄って、アイスを買った。この日4回目となる、まさにコンビニ三昧の日である。

伊予の平城

もう3時半になろうとしている。観自在寺まであと10キロ近くある。国道56号線をひたすら歩く。川をいくつか渡り、蓮乗寺トンネルをくぐる。このあたり一帯は、現在は愛南町となっているが、合併前の旧町名でいうと、歩いてきた順に一本松町、城辺《じょうへん》町、御荘《みしょう》町となる。観自在寺や今夜の宿である「山代屋旅館」の住所は、御荘平城《ひらじょう》という。「御荘」の名は、平安時代に比叡山延暦寺ゆかりの荘園がこの地にあり、あがめて「御」を付したものという。また、観自在寺は大同2（807）年、弘法大師が平城天皇の勅命を受けて開創したものであり、さらに平城天皇は、勅額「平城山《へいじょうざん》」を下賜し、次の嵯峨天皇とともに親しく行幸され、御朱印を下されて『一切経』と『大般若経』を奉納し、毎年勅使を遣わして護摩供の秘法を修されたとのことである。こうしたことから、観自在寺の門前町として成立したこの町を、勅額の山号に因んで「ひらじょう」と呼ぶようになったという。父桓武天皇の崩御を受けて即位した平城天皇は、その諡号《しごう》が示すように京の都よりも、自らが生まれた平城京への思い入れが強かったようである。

観自在寺をこの日のうちに参拝するのは時間切れとなった。それは仕方ないとしても、宿には早く着きたい。だが、御荘の町に入っても宿にはなかなかたどり着かず、つらい思いを引きずって歩く。やっとこさ到着するともう5時45分になっていた。「山代屋旅館」は昔ながらの宿である。夕食は鯛そうめんをメインにエビフライなど品数も多くおいしくいただいた。ただ、あぐらで長く座っていると、首が痛く頭が垂れてくるので、食べるのにどうしても時間がかかる。宿の主人は、もう食べ終わったかと、2度ほどのぞきにきた。

5月31日(月)（8日目・通算30日目）　晴れ　25・1km

四国の裏関所に参拝

6時半に予定されていた朝食を10分ほど早めてもらい、食後7時15分に宿を出る。昨日、時間切れで参拝できなかった40番観自在寺をお参りする。200mほどの距離である。観自在寺は1番の霊山寺から最も距離が離れているため「四国の裏関所」と呼ばれているようだ。メモに記していた平城天皇の遺髪を埋めた五輪石塔や芭蕉句碑を探したが、わからなかった。帰ってからネット検索でその写真を見つけ、これは見ていないなと妙に納得した。納経所にいたお坊さんに聞けばよかった。後悔先に立たず。山門を出たところで、すれ違った女性と妻が話している。お接待に手作りのコースターをいただいたと言う。参道を下っていくと男女ペアのお遍路がやってきた。大きなリュックに菅笠姿である。立派なお遍路さんだ。夫婦遍路であれば出会うのは初めてである。

宿に戻って荷物を引き取り出発である。この宿では、次の宿泊地となる岩室の宿まで、荷物を送り届けてくれるサービスがある。代金はひとつ1000円と少し高いが、二つお願いした。もう8時前だ。急がなければならない。国道56号線を北西に進み、緩やかな坂を上っていく。もはや妻に先導されるのが常態になっている。時間のある時は、道が広ければ並んで歩くが、急ごうという時は、典子さんが前に出て引っ張ってくれる。四国へ来て歩きが遅くなっている

40番観自在寺仁王門の扁額（愛南町）

ことに気づかされたが、首が前に垂れてまっすぐにできず、前かがみになりがちである。歩きもさることながら、姿勢を正すことができず苦しい。手を上や横にあげ、首を回してみるなど歩きながら運動を繰り返しているが、楽にはならない。いつもブツブツ言いながら歩いている。これまで歩くことが好きだと言って憚らなかったが、今は歩きが辛いという有様だ。困ったものである。

河内晩柑のお接待

八百坂峠を過ぎたあたりだろうか、建物は大きいのだが、商品が少ししか並んでいない店があった。外にベンチが置かれていたので10分余り休憩する。ダラダラとした上りがまだ続いている。室手のバス停近くで、私たちが歩いている側と反対車線の脇に、無人販売で晩柑が並べられていた。買いたいなあと思ったが、どれも5個ほど入っている。これは重いだろうとあきらめて歩き出した。すると後ろから声をかけられ振り返ると、買うかどうか迷っていた私たちを見ていた無人販売所の家の人であろうか、男性が晩柑2個を差し出して「お接待です」と。大変ありがたかったが、物欲しそうに無人販売所を見ていたことが恥ずかしくなった。

道路は下り坂になってきて、やがて左手に海が見えてきた。沖合に小さな島が三つ並んでいる。やや離れて大きな島もかすんで見える。複雑に入り組んだリアス式海岸と相まって、風光明媚な土地である。土佐の海は美しいが、南伊予の海も負けずと美しいと誰かが言っていたのを思い出した。「室手海岸」と古びた看板が立っていた。一帯は足摺宇和海国立公園に指定されている。私が子どもの頃は、足摺は国定公園であった。確かその記念切手を持っているはずだ。今は国立公園に格上げされ、宇和海が含まれることになったようだ。

柏の町に新しくできたコンビニで、アイスコーヒーを飲み、昼食のパンと飲み物などを買う。この店は遍路地図には載っていないが、昨夜、宿にあった資料に記されていたので、主人に確認したところ最近できたそうだ。柏郵便局の前で国道56号線から脇道に入る。「四国のみち」の道しるべに矢印をつけた「柏坂休憩地2・5㎞」の表示。案内が丁寧で分かりやすい。柏坂登り口には英語表示も加えた道しるべの看板が設置されていた。11時40分、いよいよ登り始める。手入れされた歩きやすい山

国道56号線から内海を望む（愛南町）

道である。戦後間もない頃までは地域の人々の往来に利用されていたという。海岸部を走る国道が整備されるにつれ、生活道路としての役割を終え荒廃していったが、地元の人々の奉仕による整備事業で旧遍路道「柏坂」として復活させたそうである。

柏坂　野口雨情に導かれて

柏坂には野口雨情の詩の木標があることはネット情報で知っていた。だが、何本も何本もあるとは思いもしなかった。登り始めてしばらくすると「沖の黒潮荒れよとまゝよ　船は港を唄で出る　野口雨情」の木標があった。続いて、

「雨は篠つき波風荒りよと　国の柱は動きやせぬ」
「松はみどりに心も清く　人は精神満腹に」
「空に青風菜の花盛り　山に木草の芽も伸びる」
「松の並木のあの柏坂　幾度涙で越えたやら」
「梅の小枝でやぶ鶯は　雪のふる夜の夢を見る」
「遠い深山の年ふる松に　鶴は来て舞ひきて遊ぶ」
「山は遠いし柏原はひろし　水は流れる雲はやく」

七七七五のリズムは、口ずさんでみると軽やかな響きを残す。野口雨情の名前は聞いたことがあったが、どのような詩人かは知らなかった。調べてみると『十五夜お月さん』『七つの子』『赤い靴』など私たちが小さい頃、誰もが口ずさんだことのある懐かしい童謡の作詞家であった。創作活動を続けていた雨情は1943年に軽い脳出血で倒れ、それまで全国を駆け巡っていたのだが、四国などへの揮毫旅行を最後に、療養に専念する。その際、内海村《うちうみ》に立ち寄り、亀屋旅館に投宿したという。内海村も現在は愛南町で、旧御荘村の北に位置する。

登山道でもある遍路道には「柏坂休憩地2・3km」などと案内板がこまめに設置されている。自分なりに距離を目算し、だいたい100m進んだのであと2・2キロだ、などと計算しながら進む。こんなことで気を紛らわして登り続ける。しかし、次に出てきた表示板では、残りの距離が自分の計算よりも多く示されていると、がっ

野口雨情の歌碑が立つ柏坂（愛南町）

くりしてしまう。早く着きたいという思いが強いため、甘く見積もってしまうのだろう。柳水大師を過ぎたところの休憩所で昼食をとり、お接待でいただいた晩柑も食べた。30分ほどの休憩後、再び歩き出す。午後1時45分になっていた。しばらく上りが続き、やがて遍路道が下りになり、清水大師を過ぎて「つわな奥」という展望台に出た。多島海である宇和海の一端である内海が昼下がりの陽光に輝いている。絶景が手に取るように眺望できる素晴らしいスポットである。この風光のなかに身を置いて、暫し時間を忘れていたいという思いにとらわれるのだが、今夜の宿がある岩松まではまだ7〜8キロほどある。惜しみながら歩を進める。

奈良のゼニタニさん

山のなかをひたすら下って行く。3時過ぎ、茶堂という休憩所で休む。山道はまだ続きそうである。さらに1時間以上歩いただろうか。やっと平地に出た。畑地という地区だ。遍路道はその後、芳原川《ほわら》に沿って続いている。疲れもあってゆっくりとしか進めない。途中、農作業をしている男性から声をかけられることが連続してあった。最初の人は「どこから来たのか」とだけ尋ねたが、2番目の人は、「奈良ならゼニタニさんという人がいた」と言う。ゼニタニという姓はどこかで聞いたような気がする。典子さんも同じようなことを言っている。遍路から帰って彼女に話を聞くと、「ゼニタニさんは大学の先輩だ」と言っていたそうだ。ゼニタニさんに関しては、後日、アッと、思うことがあった。

岩松に入って国道56号線を行く。津島大橋の手前で右折し、岩松川を左に見て進む。「大畑旅館」に着いたのは6時10分であった。部屋は1階玄関からまっすぐ奥へ行った突き当たりだ。トイレ付きでありがたかった。ロビーには獅子文六に関する新聞記事などが掲示されている。今も文六が『てんやわんや』を書いた部屋が残されているとのことだ。夕食には鯛の煮つけが出た。愛媛県では鯛料理は定番のようである。

6月1日㈫（9日目・通算31日目）　晴れ　16・0km

獅子文六の愛した岩松

今日から6月。今回の遍路も9日目となる。今年は5月15日ごろと観測史上最も早く梅雨入りしたようだが、足摺岬へ向かった5月27日以降は晴天が続いている。梅雨時の四国入りであったが、初日と4日目を除いて好天に恵まれている。幸運というほかない。

岩松は周囲を山に囲まれ、その間を川が流れる美しい町である。この山間の町が海に近く海抜3～10mの立地であるとは想像できない。豊かな自然の恵みを感じさせる風土である。「大畑旅館」では、文六が使っていた部屋は宿泊客がいて見学できなかった。宿の主人に玄関で写真を撮ってもらい、出発した。ほどなく左に折れて橋を渡っていく。通学の小学生が子ども見守り隊の年輩の男性に誘導されて信号を渡ってくる。その男性は、「国道でなく右の道を行く方がよい」と教えてくれた。国道56号線に出てからしばらく行って、コンビニでコーヒーブレイクにした。まだ8時前だが、今日も暑くなりそうだ。

道路は徐々に上り坂になっていく。遍路地図にベーカリーと記されていたので、昼食のパンをと期待していたが、残念ながら休業であった。松尾トンネルの手前で遍路山道に入る。急な上りがしばらく続く。木々がうっそうと茂りうす暗い。上りきったところの遍路小屋で休む。「わん屋」と名づけられた小屋は、地元の町おこし団体が建設したとのことだ。獅子文六の小説『てんやわんや』に因んだネーミングである。休憩所を出てしばらく行った先では、草が伸びきって道がどこかわからなくなりそうであった。広い舗装道に出て安心するが、遍路表示もなく進行方向がわからない。道はだんだんと下っていく。地図にある砕石場なのか工事現場のような音が聞こえる。幸いトラックが上ってきたので、妻に宇和島への道を聞いてもらう。どうやらこのまま下っていけばよいらしい。

県道から国道56号線に出て、北に向かって歩き続ける。昼前になったので国道端のコンビニに寄ってパンと牛乳を買い、店先で昼食にする。いよいよ宇和島の市街に入っていく。宇和島城に寄ってみたいと思いながら、城山を回り込むようにして進んだが、城を通り過ごして歩き続ける。すると道路を横断したところで車の女性に呼び止められた。近づく妻に「暑いので」と言って、スポーツドリンクの小さいペットボトルを2本お接待してくれた。歩いているところを見かけ、追いかけてきたそうである。さらに五叉路で右折しホテルに向けて歩いていると、車から降りてきた女性が「どちらから来られたのですか」「私の妹が奈良市に住んでいて、大神神社のゆり園が好きなんです」などと話し、フィナンシェを2個お接待してくれた。立て続けにお接待を受けて、宇和島の女性の心の優しさに感謝する。

宇和島　歴史探訪

今夜の宿は宇和島駅向かいのビジネスホテルである。まだ2時半にもなっていなかったが、部屋に入ることができた。狭い部屋だがしばらく休憩し、その後、夕食を兼ねて散策に出かけた。こちらへ来て宇和島駅は予讃線の終着駅であると知った。駅舎の後ろ側は高層ビルのホテルになっている。オレンジ色の建物の前に植えられたフェニックスがすっと伸び、南国情緒を醸している。夕食場所を探して歩き回る。ホテルで教えてもらった宇和島名物の鯛めしの店があったが、大層そうなのでパスし、そば屋へ行った。だが、まだ開店前であったのでブラブラし、番外霊場６番龍光院をお参りする。高台からは宇和島駅や今夜のホテルが見える。対面の小山にある宇和島城はＮＴＴであろうか鉄塔が邪魔をしてうまく望めない。もう少し景観に配慮してほしいものである。そばで夕食をすませ、ケーキ屋でショートケーキとシュークリームを買う。さらにコンビニでカップのインスタントコーヒーやヨーグルト、パンを買う。これで今夜のデザートと明日の朝食は充実したものになりそうだ。

穂積橋　橋の近くに案内板があり、「当市出身で近代に活躍した法学者、『穂積陳重《のぶしげ》』ゆかりの橋である。大正13（1924）年、市民は氏の功績を記念すべく、銅像の建立を申し出るが、『老生は銅像にて同郷萬人に仰ぎ視らるゝよりは公衆に履んで渡らるゝを以て無上の光栄といたし候』と固辞。氏の没後、昭和５（1930）年、

穂積陳重の意思を刻んだ石碑
（宇和島市）

辰野川にかかる本開橋の架け替えの際、愛媛県の許可を得て、宇和島市が『穂積橋』と命名したものである」と説明されている。橋のたもとの小公園に穂積の意思を刻んだ石柱がある。民法学者の穂積の名は聞いたことがあったが、この年のＮＨＫ大河ドラマ『青天を衝け』で主人公渋沢栄一の娘婿であったことを知った。

高野長英の居住地跡　高野は幕末の蘭学者。長崎でシーボルトに医学・蘭学を学び、後に江戸で開業した。幕府の対外政策を批判する「夢物語」を発表したため、蛮社の獄で投獄されたが出火に乗じて逃亡した。嘉永元（１８４８）年、宇和島藩主伊達宗城《むねなり》は彼の才能を惜しみ、ひそかに宇和島に呼び寄せ家老桜田佐渡の別邸に居住させた、と説明されている。

臨海山　福寿密寺　龍光院　四国別格霊場６番札所　元和元（１６１５）年、伊達秀宗が建立し宇和島藩の祈願寺として定められた。境内で四国ミニ１０８か所巡り（88か所及び別格20霊場）もできるとあったので、さっと回った。

6月2日㈬（10日目・通算32日目）　曇りのち晴れ　25・5㎞

ホテルで菓子パンとコーヒー、ヨーグルトで朝食をすませ、6時15分に出発する。歩行距離が長い日の場合、前夜はビジネスホテルに泊まり、朝食は部屋で簡単にすませて1分でも早く出発するのがよい。今日は三つの寺に参拝するので、その分時間もかかる。

龍光寺まで10キロ余り

ホテルから市街地の生活道路を経て、ＪＲ予讃線に沿って国道56号線を北上する。やがて道路は二手に分かれ、右側の県道57号線を行く。並行して走るのはＪＲ予土線に替わり、時折、列車の音が聞こえる。緩やかな上り道は郊外から山間部へと延びている。集団登校する小学生は徒歩で、中学生や高校生は一人ずつ自転車で下ってくる。「おはようございます」彼らの多くは私たちにも挨拶をしてくれる。車谷長吉は「愛媛県に入ってから気がついたのだが、愛媛県の子供はお遍路さんに逢うと、必ず『今日は。』と挨拶してくれる。県の教育長が学校の先生を指導しているのだろう」（前掲書88頁）と書いている。ことの真偽はわからないが、確かにこの先も出会った子どもたちの多くは大きな声で挨拶をしてくれた。

２時間ほど歩いて遍路小屋があったので休憩する。さらに県道を歩き続けて坂を上りきる。地図を見ると標高は１６０ｍを超えているようだ。峠の分岐を左に取り、幹線道を離れ水田に囲まれたのどかな田舎の道を進む。41番霊場龍光寺まで２キロ足らずである。

石の鳥居と狛犬と

41番龍光寺には9時20分に到着。山門が石の鳥居になっている珍しい寺で、地元では「三間《みま》のお稲荷さん」と呼ばれているらしい。石段を50段ほど上がると仁王像に代わる守護役・狛犬が迎えてくれて境内に到る。左手に本堂、右手に大師堂があり、正面上手には赤い鳥居が見える。かつて稲荷寺といわれ神仏習合の寺であったが、廃仏毀釈により旧本堂は「稲荷社」となり、新たに本堂が建立されたという。三間平野が見下ろせる小高い山の中腹にある境内は、落ち着いた雰囲気であったが、納経をすませて先を急いだ。

駐車場から墓地に入り、その間を上っていく。やがて山道になるがそのまま進み、下って県道31号線に合流する。その後は、ほとんど平坦でしっかりした歩道が設けられた県道を二人並んで歩く。遍路地図では41番から42番まで2・6㎞と書いてあるが、英語版では

41番龍光寺　右上に稲荷神社の鳥居が見える（宇和島市）

2・9㎞となっている。下ノ加江の宿の主人が言っていたように、どうやら遍路地図の距離は少なく記載されているようである。妻も帰宅後、次の行程を考える際に、両方のガイド本を比較して、遍路地図はどこで比べても距離が短いと言っている。ともあれ、小一時間かかって42番佛木寺に着いた。

佛木寺の鐘楼は四国霊場では珍しい茅葺き屋根である。だが、工事中で足場が組まれていたので近づくことができなかった。本堂と大師堂で読経を終え、納経所でご朱印をいただいていると、白衣をまとった大勢のお遍路さんがやってきた。バスツアーであろうか。

歯長峠への長い道のり

仁王門の脇にあった休憩所で少し休んでから出発する。山門から直進する遍路道があるが、どこかに県道を行く方がよい、と書いてあったのでそのまま県道を進む。歯長峠は崩落で通行できない区間があるようだ。ここは素直に指示どおり県道を行く。距離は増えるがやむを得ない。やがて上りに入り、道は蛇行を繰り返して高度を上げていく。先行する妻に遅れまいと必死についていく。坂道は延々と続き気分的にもつらい。1時間ほどで休憩所のある地点に着いたので、ここで昼食にする。お決まりの菓子パンである。もう12時50分だ。先を急がねばならないが、まだ上りが続く。

それにしても「歯長」とは珍妙な名称である。西予《せいよ》市教育委員会が設置した看板「歯長峠（はなが）の由来」によると、「多分に伝説的な人物である東国武将足利又太郎忠綱は末代無双の勇士で、源氏の出自ながら故あって平氏側について功名を馳せ、その後、源氏に追われて西国に逃れ、この地に居住した。力は百人力、声は十里四方にも及び、その歯の長さは実に一寸余。又の名が歯長又太郎。ここに庵を結んだことから、庵寺にも峠にも歯長の名がついた」とある。いくら体が大きかったにしても3センチ強の歯は長すぎよう。

トンネルの先は悪路だった

歯長トンネルの入口に着く。暗そうなのでヘッドランプを出すが、車の通行が少なく安心して歩ける。トンネルの先は遍路道を行くのだが、ここで大変な目にあった。最初は手すりが設置された階段を下っていく整備された道であったが、その後すぐに進路がわからなくなる。草や小枝をかき分けて進むが、どうやらルートではないと気づいて戻る。せせらぎを渡る方へ進むのであった。さらに進むと、沢に渡された木橋が不安定ですべる。妻は瀬に渡された木と木の間に足をとられ、深みにはまったようだ。自分は倒木の下をくぐろうとして、足を滑らせ尻もちをつく始末だ。倒木が何本も重なり合って、道をふさいでいる。足をどこに置いて進めばよいのか思案し、体を前後左右に傾けながら進む。倒木の状況によっては、またいだりくぐったり大変である。苦闘の末やっと悪路を抜け出し広い道路に出られた。歩きやすい県道を行けばよかったのだが、かなり大回りになってしまうので、そちらを勧める表示は見かけなかった。それにしても相当荒れた山道で危険ですらあった。けがをしなかっただけでもよしとしなければならない。南無大師遍照金剛。

肱川《ひじかわ》に架かる橋の手前で「へんろ道　43明石寺　卯之町」と書かれたへんろみち保存協力会が設置した小さな看板を見て、県道31号線から川向こうの県道29号線へ合流する。民宿「兵藤」を確認し、さらに下り道を進んでいく。明石寺には3時には着くだろうと思っていたが、この調子だとさらに1時間ほど余分にかかりそうである。

卯之町　伊予の古い町並み

宇和の市街地に入ってからもそのまま県道を行き、「道の駅どんぶり館」からさらに進んで信号を目印に右折し、その先の宇和高校の角を左に行って、県立歴史文化博物館を目当てに坂を上っていった。館の近くまで行って、おかしいなあと思いきや、博物館から出てきたのだろうか、男性が「明石寺への道はこれではなく一筋向こうの道を入っていく」と教えてくれた。やれやれ。何という勘違いをしているのだろうか。せっかく上ってきた道を宇和高校の前まで戻り、さらに直進してから左へ曲がって進む。43番明石寺に着いた時には結局4時半を過ぎていた。石段を上って境内に入ったが、疲れてくたくたである。慌てて読経と納経をすませ、さっと写真を撮って宿に向かうことにした。

裏の山道から町を目指した。5分ほど上り、あとは徐々に下っていく。森から市街地に入って進んでいくと「宇和先哲記念館」の建物の前に出た。興味をそそるような施設だが、もう閉館していた。5時を回っているのだから当然である。目を右に向けると卯之町の美しい町並みが続いている。国の重要伝統的建造物群保存地区に選定されている。近くに松屋旅館があり、玄関に著名人の名前を列記した板がつけられている。宿泊した人として前島密、新渡戸稲造、賀川豊彦等、来館した人には、後藤新平、犬養毅、浜口雄幸、尾崎行雄、松本治一郎、浅沼稲次郎など歴史上の人物の名が連ねられている。この宿は現在、休業中なので「ビジネスホテル松屋」の方に宿泊する。部屋は広く風呂と手洗いが別になっている快適なホテルである。

6月3日㈭（11日目・通算33日目）　曇りのち雨　20・8㎞

「今日もしっかり勉強しましょう」

ホテルを7時15分に出て、重要伝統的建造物群保存地区をもう一度歩く。白壁にうだつや格子窓など和風建築の特徴を色濃く残した街並みは、情緒たっぷりで懐かしい思いがする。電線がないのがよい。

開明学校へも足を延ばしたが、この時間ではまだ開いてないので外観だけを見学する。趣のある卯之町をゆっくりと歩く。少し行くとベーカリーがあったので、昼食用のパンを買う。コンビニで売っている大手メーカーの画一的な商品と違い、柔らかくていかにもおいしそうである。店を出ると登校する小学生が次々とやってくる。先生か地域の人なのか安全誘導をしている。この時間、全国何処でも見られる光景である。その後も集団で徒歩通学する小学生、自転車通学の中高生がやってくる。「おはようございます」との声の小学生に、一度「今日もしっかり勉強しましょう」と声をかけた。「はい」という返事が聞こえた。また、低学年の男児の一人が「なんで帽子をかぶっとんの？」と問うてきた。いや、何という変わった帽子をかぶっているのかと尋ねたのかな。菅笠風のハットが珍しかったのだろうか。

雨のなか　お接待は続く

1時間ほどで休憩所に着く。遍路地図には「三好」と表示されている。周りを見渡すと三好自動車商会という事業所が見える。この三好さんが設置されたのだろう。きれいな遍路小屋は植込みの間にいくつもの石を配置し、まるで日本庭園である。外国人のお遍路にも人気があるようだ。彼らの写真がいっぱい貼ってあった。国道56号線と並行している旧道を交互に進む。15分ほど行くと、前方の道端で車が止まっている。近づいていくと、男性が出てきて、「見た目はもうひとつですが、味は間違いないです」と言って、晩柑3個をお接待してくれた。奥さんも降りてきて、「私たちも車で遍路をしたことがあります」などと親しげに話しかけてきた。優しく気さくな夫婦である。

10時過ぎ、早くも雨がちらついてきた。急遽、道路

美しい庭のある遍路小屋で休憩（西予市）

の反対側にあった喫茶店の駐車場へ移り、そこでリュックから雨具を出した。雨は本降りになってきた。10時半に休憩所「ひじ川源流の里」に着き、休憩する。この先、雨露のしのげる休憩所があるかどうかわからないので、時間は早いがパンを食べることにした。先ほどお接待でいただいた晩柑を一つむいて食べる。甘酸っぱく確かにおいしかった。果物は大好きなので、こうしていただけるとうれしい。

雨ということもあって、鳥坂峠《とさか》の遍路道は行かずにそのまま国道を進み、鳥坂トンネルを抜けることにした。トンネルは歩道がなく、どこかに最も危険なトンネルと書いてあったが、壁面に沿ってまっすぐ歩けば問題はない。反射タスキもあったので、着用して進んでいく。トンネルを出て反射タスキを収納ボックスに返却してから再び雨のなか歩き出すと、前方から女性が歩いてきた。不思議に思っていると、カロリーメイトを差し出して、トンネル内を歩いているのを見かけ、トンネル出口の少し先に駐車して、待っていてくれたようだ。愛媛県はお接待文化がしっかりと根づいているようである。挨拶してくれる子どもたちといい、お遍路さんにやさしいお国柄である。

大洲　伊予の古い町並み

引き続き国道を進む。徐々に下り坂になってきた。トラックの通行が多い。道路の一段下に大きな駐車場のある休憩所があった。手洗いをすませ、少しの休憩。雨も小降りになってきたようだ。道はなおも下っていき、肱川に架かる橋を渡って対岸の道を行き、小さな郵便局でお金をおろす。北只郵便局。車が滅多に通らない道路なので、ゆったりした気持ちで歩けるが、疲れてきた。亀岡公園という小さな公園で休憩する。もう午後1時45分である。この先には「おはなはん通り」があるので、通ってみたいと思っていたが、一筋早く左折してしまったようだ。『おはなはん』はＮＨＫの連続テレビ小説、今でいう朝ドラのタイトルである。ネットでウィキペディアを見ると、１９６６年に放送されたようだ。私は高校生になった年なので、平日は見ることができなかったはずだが、夏休みなどは見ていたのかもしれない。主人公を演じた樫山文枝の表情は鮮明に記憶している。確か木に上るお転婆娘であったと思う。実在の人物を主人公のモデルとして、ここ大洲が舞台であったことは今回知った。

「大洲まちの駅あさもや」という施設があったので休憩する。道の駅ならぬまちの駅とはおもしろい。和菓子とアイスコーヒーでおやつタイムとする。大洲の町並みを歩いていくと、時々、大洲城の天守が顔を出す。立派な城である。不勉強にして大洲が城下町であると知らなかった。

卯之町もそうだが、歴史情緒ある家並みが残る愛媛の町について、恥ずかしながらまったく無知であった。また、ここを流れる肱川で鵜飼が行われていることも知らなかった。日本三大鵜飼の一つらしい。長良川の鵜飼いは行ったことがあり、あとは宇治川を知っているくらいだ。どうやら鵜飼いは日本各地で行われているようである。ここでまた雨が強く降ってきた。

大洲の宿に着いたのは３時10分。素泊まりだが、レストランを併設しているので夕食の心配はない。遍路宿の多くは先払いで、ここもそうであった。そこでマスターが、コロナで大浴場はやっていないと言う。大きな風呂が宿選びのポイントであったのに何だ、と腹が立った。このような重要な変更点は、予約の時点で告知すべきであろう。いつもなら文句の一つも言うところだが、妻からお遍路は文句を言ってはいけない、と釘を刺されていたのでグッと我慢した。

6月4日㈮（12日目・通算34日目）　雨のち降ったりやんだり　13・2㎞

雨に打たれて十夜ヶ橋

5時前に起きると雨は降っていなかったが、7時過ぎの出発時には激しく降っていた。国道56号線を行く。40分ほどで別格霊場8番十夜ヶ橋に到着。雨脚が速いので賽銭だけあげて読経はせず、橋の下へ行く。石造りのお大師さんが横になって休んでおられる。ベンチも置かれているので、雨宿りには格好の場所である。ここでは読経し1時間近く休憩した。28番大日寺住職で高野山大学でも教鞭を執る川崎一洋は、橋の下で一夜を過ごした大師が一睡もできず、一夜が十夜の長さに感じられたとして、「ゆきなやむ浮世《うきよ》の人を渡さずば一夜《ひとよ》を十夜《とよ》の橋と思ほゆ」という歌を詠んだといい、この歌を解釈すれば「俗世の迷いの世界に苦しむ衆生《しゅじょう》を、安楽な悟りの世界へ余さず渡す方法を考えていたら、一夜が十夜のように長く感じられたことよ」という意味になり、大師が眠れなかったのは、空腹と寒さのためだけではなかったことが理解されると述べている（『弘法大師空海と出会う』岩波新書・93－94頁）。十夜ヶ橋の下は、雨に濡れてきた今の私たちには浄土のように思えた。

雨具も傘もだいたい乾いた。引き続き国道を進み、

石造の「御野宿大師像」のある別格霊場8番十夜ヶ橋（大洲市）

30分ほどで旧道へ入る。昔の街道筋であろうか、道路に沿って家々が軒を並べている。狭い道を自動車が行き交う。神南《かんなん》堂という休憩所で一息入れ、国道に戻って内子を目指す。緩やかな上りの先に「Yショップ」があり、そこからは遍路道を行く。間もなく山裾の草が生い茂る地道を進んでいくと、足元がびしょびしょになった。内子運動公園に着いて手洗いをすませたが、一瞬、進行方向がわからず、妻が散歩していた二人連れの女性に内子駅への道を尋ねた。「私たちもそちらの方に帰るので、一緒に行きましょう」と答えてくれたようだ。女性3人は並んで歩いていき、私は少し遅れてついていく。内子駅には11時20分頃に到着した。二人の女性は駅の近くにある集合住宅の方へ向かった。駅舎の前にあるベンチで休み、ジパング倶楽部の用紙に必要事項を記入して、窓口で大阪までの明日の切符を購入する。

内子散策　八日市護国伝統的建造物群保存地区

駅から市街地を少し歩き、荷物を置くためにまずホテルへ向かう。雨具を脱いで空身になって再度、町へ出かける。腹が減った。まずは昼食である。10年前に来た時に入ったそば屋へ行く。店の雰囲気は覚えていたが、名前は忘れていた。その「下芳我邸《しもはがてい》」でいただいた「季そば」は、この日初めて作ったという新作で、トマトスープにそばをつけて食べる。洋風仕立てで食べ方も一風変わった珍しいそばであったが、新鮮な味わいでとても美味であった。あまりの風変わりさに圧倒されて、写真を撮り損ねたのが悔やまれる。

食後、町並保存地区を散策する。住民の姿は少なく、旅行者もまばらである。江戸時代以来の町屋が整然と並ぶ町筋に立つと、まるで時間が止まったかのような錯覚を覚える。前に訪れた木蠟《もくろう》資料館まで足を延ばしたが、靴を脱がなければならなかったので入らなかった。ここは上芳我邸とのことだ。「でんじろう」というカフェまで戻り、お茶にした。古い町屋を活用した店は、土間に小さなテーブルを置いている。高年のマスターはコーヒーをポットのままもってきて、カップになみなみと注いでくれた。チーズケーキと一緒に時間をかけていただいた。店に貼ってあった新聞記事には、Uターンして店を開いたとある。マスターは豊中に住んでいたようだ。奈良県の今井町でも、おしゃれなレストランを開いているのは他所から来た人が多いようだが、内子でも元の住民が出ていき、都会から移住してきた人が空き家で店を開くという例が多いのではないかと推察する。

八日市護国町並保存地区（内子町）

内子は江戸時代後期から明治にかけて、木蠟の生産によって栄えた町である。八日市護国伝統的建造物群保存地区には往時の面影が色濃く残っており、約６００ｍの通りに伝統的な造りの町家や豪商の屋敷が当時のまま軒を連ねている。浅黄色の土壁が独特の風景をつくっていて美しい。芸術文化の殿堂である内子座と相まって、内子の町を特徴づけている。この内子座にほど近い旅館に宿泊すべく予約していたのだが、遍路に出かける数日前に電話があり、ゴールデンウィークから客が全くないため、休業にしたいので予約を取り消してほしいと言われた。この遍路で楽しみにしていた宿の一つであったので残念だった。

いったんホテルに戻って、シャワーを浴びてコインランドリーで洗濯機を回してから夕食に出かけた。予約していた「伍十食屋こころ」で今回の遍路を締めくくるディナーである。値段の割にエビ料理にローストビーフなど盛りだくさんの献立で満足して店を後にした。

6月5日(土)（13日目・通算35日目）　曇り　０・７km

降りしきる雨のなか、窪川の町から歩き出した今回は、土佐湾西南部をたどり、四国最南端の足摺岬（金剛福寺）から打戻りし、三原村経由で延光寺を参拝して土佐遍路を終えた。伊予には松尾峠の「従是西伊豫國宇和島藩支配地」の石碑を見て入り、宇和海に沿って北上した。お参りしたのは4寺だが、宇和島、宇和、大洲と豊かな文化に彩られた歴史ある町を歩くことができた。終着地とした内子も伝統的建造物が保存されている歴史情緒のあふれる町である。梅雨の中休みを期待して出かけたが、思いのほか好天が続き、松尾峠や柏坂などの山道も安心して越えることができた。そのうえ、峠や展望台からの眺望には目を奪われ、それまでの疲れがすっと抜けていくようであった。お接待としておにぎりを持たせてくれた民宿の女将さんや、駆け寄ってきて果物や飲み物等をお接待してくださった沿道の皆さんの温かい心にも触れることができ、感謝の念とともに穏やかに一区切りをつけられたお遍路であった。

内子駅から9時43分発の宇和海8号に乗車し、帰途についた。次は秋に、この内子から歩くことになる。暑い夏はゆっくり休養しよう。

遍路小屋の片隅で　Ⅲ

ゼニタニさんと役行者

遍路を終えた翌年（２０２２）の2月、大阪・梅田の書店であれこれ物色していて、『役行者ものがたり』という本を見つけた。著者は銭谷武平とある。奥付の著者略歴を見て、アッと思った。「奈良県吉野郡天川村洞川に生まれる」とある。あとがきには「私は、大峰山麓で役小角に因んで小角堂と名付けられた薬屋に生まれました」と記されていた。洞川には「陀羅尼《だらに》助《すけ》」という胃腸薬を製造・販売する店が何軒かあり、私も知人からもらったことがある。役行者本の著者としてピッタリではないか。銭谷氏は九州大学農学部を卒業し、長崎大学名誉教授、農学博士とある。これを見てとっさに大畑旅館（愛媛県宇和島市津島町岩松）への途上で、話しかけてきた農作業中の男性の「奈良ではゼニタニさんを知っている」「大学の先輩だ」という話を思い出した。１９２０年生まれという銭谷氏がこの男性の先輩とは考えにくいが、農作業をしていた男性と農学部卒業の銭谷氏が妙に結びついたのである。銭谷という姓は珍しいが、洞川には何軒かあるようだ。銭谷氏は退職後、自らの故郷や家業にまつわる役行者について文献で学ぶとともに、遺跡や修行の地の葛城・金剛山等へも足を運んだうえで書物に取りまとめたという。

同じく夏の終わり、自宅で講演や講座の資料を整理していて、またまたびっくりした。すっかり忘れていたが、2018年に受講した講座（奈良フェニックス大学特別講座〈奈良の歴史講座〉）で「古代のスーパーヒーロー役行者――その神秘的生涯と遺徳」という話を聞いていたのである。レジュメには講師は銭谷宥司とある。略歴を見ると1937年天川村洞川生まれ、奈良学芸大学（現・奈良教育大学）を卒業し、大阪市立中学校校長などを歴任とある。「修験道の開祖〝役行者〟が開いた大峰山のふもとに生まれた宿縁から、『役行者のお陰』という言葉は物心ついた頃から聞かされてきた。私にとって守護神のような役行者を、さらに深く理解したい思いで、その事績の調査を続けている」とのことだ。洞川は人口500人程度の小さな温泉町である。二人の銭谷さんの関係は存じあげないが、同じように役行者の調査研究をされていたことに驚かされた。しかも四国遍路に出る3年前にゼニタニさんと接点があったのに、「奈良ではゼニタニさんを知っている」との話をうわの空で聞いていたのだ。何と愚かなことか。

役行者こと役小角は、舒明天皇6（634）年に大和国葛上《かつじょう》郡茅原《ちはら》郷（現在の奈良県御所市）に生まれたとされる。修験道の開祖といわれるが、宥司氏のレジュメによると、「修験道は日本古来の山岳信仰が外来の仏教・道教などの影響のもとに平安後期頃に成立した実践的な宗教形態で厳しい山岳修行とそれによって得られた超自然力（験力《げんりき》）による呪術的宗教活動を中核としている」とのことだ。したがって、「役行者は修験道が成立する以前の呪術宗教者で」、「特定の宗祖を創唱した教祖ではない」。修験道成立後に修験者の宗教活動の範とするに相応しい宗教者として崇められ、いわば創り出された開祖なのである。役行者は、少年期から山にとりつかれ葛木山（現在の金剛山・葛城山）に籠もって修行し、さらに大峰・熊野や生駒、箕面などの山々で修行を重ねたという。多分に伝説的な人物で、葛木山と吉野の金峯山の間に橋を架けようと葛木山の主である一言主神をはじめ鬼神に命じたが、謀反を讒言《ざんげん》され伊豆大島に流されたという。当地で夜は富士山で修行したとも言われているが、海上を歩いて行ったとか、飛んで行ったとか、まるでウルトラマンのようである。

私も御所市で生まれ、若いころから時には葛城山や金剛山に出かけ、大峰山にも登ったことがある。役行者が生まれたとされる吉祥草寺には何度か足を運んだ。だが、銭谷さんのように役行者について詳しく調べることはなかった。この度、四国八十八か所を巡拝して知ったのだが、役行者が開基したとされる霊場が四つもあった。遍路転がしで名高い12番焼山寺、山号が同じ石鉄山《いしづちさん》で霊峰石鎚の中腹とふもとにある60番横峰寺と64番前神寺は、修験道の関係から開基者とされたのだろう。一方、松山市郊外にある47番八坂寺は、伊予の国司・越智玉興が堂宇を建立したというが、武平氏によると、役行者が謀反の疑いで捕らえられた際、伊予国大領である越智氏が役行者に関係あると調べられたという。伊予の越智郡加茂郷に住む賀茂一族と役行者との関係が疑われたというのだ。その繋がりで開基者とされたのだろうか。役行者が四国に渡ったという伝承には接していないが、ウルトラマンであるので、一っ飛びで四国へも行っていたのかもしれない。遍路道で耳にした「ゼニタニ」さんは、役行者についてあれこれ考えるきっかけを与えてくれたのである。

パートⅣ

仲秋　伊予から讃岐へ

2021. 10. 1～10. 15

65番三角寺の石段を上る
（愛媛県四国中央市）

パートⅣで巡拝した霊場（□は別格霊場）

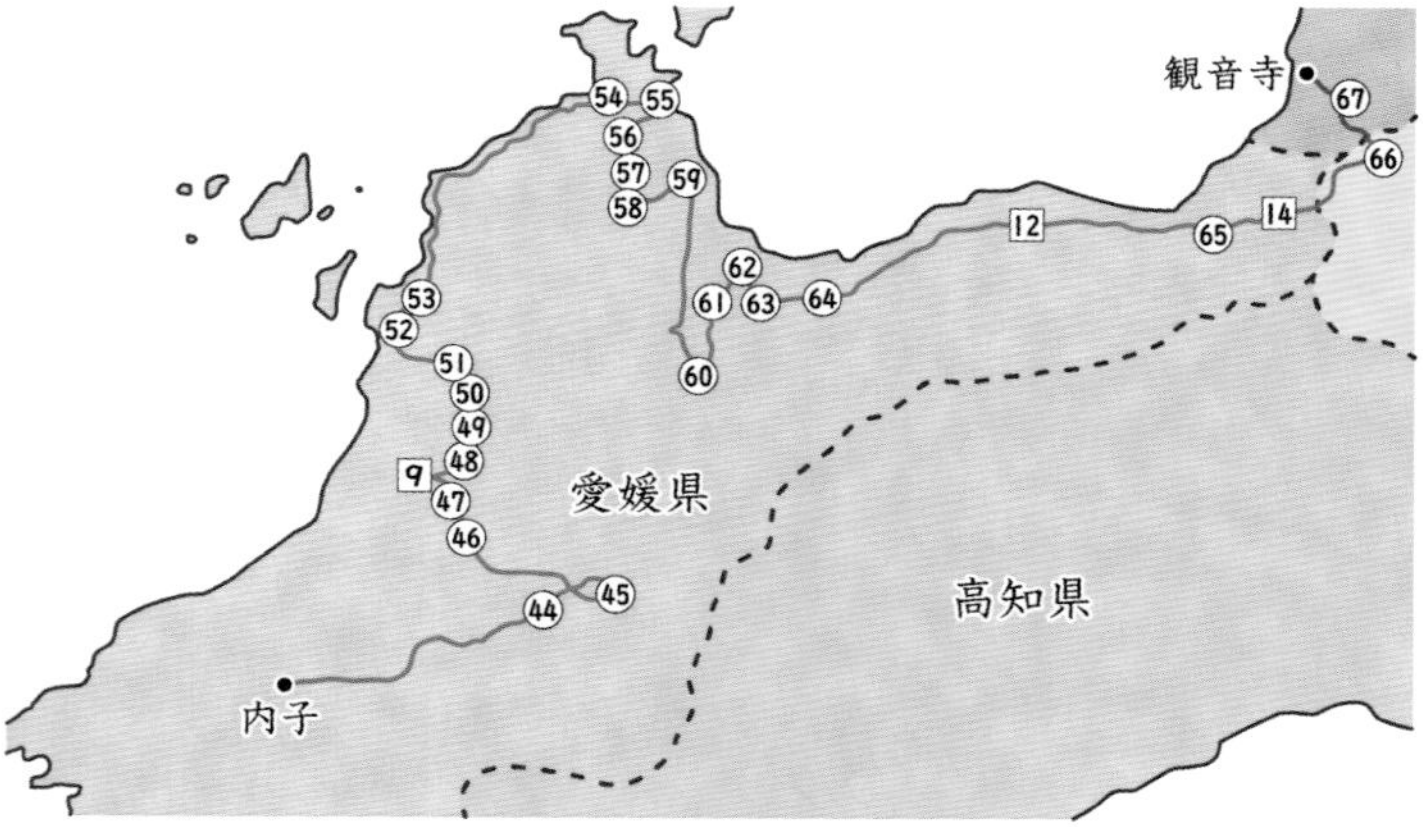

44 大寶寺《だいほうじ》
45 岩屋寺《いわやじ》
46 浄瑠璃寺《じょうるりじ》
47 八坂寺《やさかじ》
48 西林寺《さいりんじ》
49 浄土寺《じょうどじ》
50 繁多寺《はんたじ》
51 石手寺《いしてじ》
52 太山寺《たいさんじ》
53 圓明寺《えんみょうじ》
54 延命寺《えんめいじ》
55 南光坊《なんこうぼう》
56 泰山寺《たいさんじ》
57 栄福寺《えいふくじ》
58 仙遊寺《せんゆうじ》
59 国分寺《こくぶんじ》
60 横峰寺《よこみねじ》
61 香園寺《こうおんじ》
62 宝寿寺《ほうじゅじ》
63 吉祥寺《きちじょうじ》
64 前神寺《まえがみじ》
65 三角寺《さんかくじ》
66 雲辺寺《うんぺんじ》
67 大興寺《だいこうじ》
9 文殊院《もんじゅいん》
12 延命寺《えんめいじ》
14 椿堂《つばきどう》

夏の4か月近い休養期間を終え、秋遍路の出発である。今回は内子から香川県の観音寺まで15日間の長丁場だ。もっとも、通し遍路の人から見れば大したことのない行程であろう。4回のつなぎで結願を企図したが、1回目の阿波遍路で首を痛め、面積の広い土佐や伊予を一国遍路で回るのは日程的にもきついだろうと、無理せず5回のつなぎに変更した。春3回、秋2回である。恒例となった朝一番の電車で大阪へ。岡山、松山を経由し、内子には何とか昼までに到着する。

10月1日㈮（1日目・通算36日目）晴れ　10・0km

再びの内子駅と「下芳我邸」

内子の街はすっかりなじみになった。まず、ビジターセンターに寄る。前回の見学で、大江健三郎の出身地が大瀬の何という地区であったか見ていたのだが、忘れてしまったので再度確認するためである。パネルには大瀬の空撮写真とともに「ノーベル文学賞受賞作家大江健三郎さんのふるさと（大瀬〈おおせ〉成屋地区）」とあった。

昼食はやはり「下芳我邸」だ。今回はスダチそばである。スダチは皮ごといただく。ほのかな酸っぱさがそばの味を引き締め、口中から心地よさが広がる。おいしかった。町の観光案内をしていると思われる女性が、私たちに説明を始めたが時間がない旨伝えた。歩き始めてしばらくすると妻に呼び止められた。家先にいた男性が「こっちの道だ」と教えてくれたようだ。後で妻に聞いた話では「お遍路さん、お遍路さん」、「岩屋寺へ行くんやったら、あっちやで」と言われたとのこと。「道の駅に行きたいと思って」と言うと、「それもあっちやで」と教えてくれたそうだ。耳が遠い私は、聞こえなかったのでまっすぐ進んでいた。本当に一人では心もとない限りである。

「道の駅内子フレッシュパークからり」ではあちこち見て回り、夕食に豚肉生姜焼き弁当を、そして明朝のパン、飲み物を購入する。

「下芳我邸」のそば（内子町）

小田川沿いを歩く　大江健三郎が通った道か

国道379号線を小田川に沿って歩く。ほぼ平坦な道である。日差しは強く暑い。まるで夏のようだ。日陰に出くわすとほっとする。やはり首が重く、歩くのが苦痛である。1時間余りで長岡山トンネルに至る。さらに川沿いに進み、和田トンネルを過ぎて、バス停の待ち合い小屋で休憩。そこから10分ほどで、国道は橋を渡って左岸へ行くのだが、お遍路は右岸の旧道を進む。そろそろ大瀬ではと思っていると、前に一人のお遍路が大きな荷物を背負って歩いている。ほどなく休憩所に着くと、その男遍路が休んでいた。野宿遍路であろうか。私たちは道路の反対側の案内看板がある場所で少し休んだ。川の向こうに大瀬中学校があるので、そちらに向かって歩き出すと、男遍路が「そっちではない」と言ったと解釈し、「中学校を見に行く」と返して橋を渡っていった。大瀬中学校は大江健三郎の母校である。大江は卒業後、松山東高等学校に進学したのだが、*車谷が書いているように大瀬から内子駅まで歩き、そこから汽車で通学していたのであろうか（前掲書90頁）。

＊2023年3月、大江の死を伝えるニュースによると、大江は当初内子高等学校に入学し、1年後に松山東高等学校に転校したとのことである。

大瀬中学校の校舎は、大江の友人である原広司が設計したことはどこかで読んで知っていた。

原は京都駅ビルや梅田スカイビル、札幌ドームを設計した著名な建築家である。大阪教育大付属池田小学校での児童殺傷事件の後、学校の敷地内には自由に入ることはできない。多くの学校では校門を閉じている。その校門の外から眺めると、グラウンドの後方、山裾に校舎が並んでいる。コンクリートの打ちっ放しの校舎群は、遠目にはよくわからないが、典子さんはノートに「山間部にあるが、宇宙か未来から来た建築のような学校」と記していた。原の独創的な校舎で学ぶ子どもたちに嫉妬の念を覚えた。

「えひめ建築めぐり」というサイトで大瀬中学校が紹介されていて、大江の一文が載っていた。

ここに新しく建築された中学校を先頭にした集落が，村の風景を新しく整えているのである。破壊されたものを恢復させる仕方で。その中学校を中心にすえた風景が，新しい意識において総合されなおした，つまり新しく社会化された自然の景観を村にもたらしているのである。

（大江健三郎）

「GA JAPAN 01創刊号」（1992）エーディーエー・エディタ・トーキョー　39頁

大瀬の館　大江文学の原点にふれる

「大瀬の館」は国道から山側に少し入った高台にあった。階段を上ると古めかしい立派な建物が迫る。旧大瀬村役場を改修し、地域の交流の場として地元のボランティアが運営しているという。その2階を宿泊施設に活用している。靴を脱いで階段を上がると、ふすまで仕切られた3間続きの和室になっていた。廊下から入る部屋は共用で、本来は左右の2室を提供しているのだろう。コロナ禍の今は、1グループしか宿泊できないようだ。したがって、私たちは広い3室を二人占めである。結果的には、館全体を独占した形になる。これでひとり3000円とは安い。

しばらくして係りの女性がやってきて、部屋の説明などをしてくれた。やさしくて丁寧な接し方であった。柿を2個お接待してくれた。入浴、洗濯、夕食をすませ、布団にもたれて体を横にする。1階の土間に面した和室は、書棚に大江の著作がたくさん並べられ

「大瀬の館」（内子町）

ライブラリーのようになっている。わが蔵書にある小説やエッセイは当然として、書店で見かけたこともない書籍を含めて数多くの著書がきれいに並べられている。懐かしい心安らぐ時間が流れる。

1時過ぎに目覚め、宿ノートを書く。

「大瀬の館」で大江健三郎の著書にふれる（内子町）

深い眠りを打ち破るように、ド、ドドドーッとけたたましい音がした。目をあけるとチョーソカベが数人、刀を振りかざして立っている。するとどこからか大江さんの御母堂が現れて「土佐へ帰んさい」とやさしく諭された。連中はすごすごと退散した……。

こんな夢を見ました⁉　四国の山深い森と谷間の村。大江文学の原点にふれることができた大瀬の館での一夜でした。営業再開の初日にお世話になり感謝申しあげます。温かいお心遣い、ありがとうございました。

「何かを残せ」と言われていても、「ゴミは残すな」とも言われています。でも弁当がらなどゴミをいっぱい残し、申し訳ありません。

10月2日㈯（2日目・通算37日目）　晴れ　25・2km

4時45分起床。宿にあったスティックのコーヒーと道の駅で買ったパンで朝食。身支度を整えて出発。もう6時になっていた。風情ある大瀬成屋の町並み。大江燃料店があった。大江の生家はどこにあったのだろうか。館のスタッフに聞いておくべきであった、と後悔する（後日、ネットで見た公認先達・山下正樹さんの資料に「大瀬の館の斜前」とあった！）。大瀬小学校

早朝の大瀬成屋の町並み（内子町）

の前で写真を撮る。国道379号線を小田川に沿って進む。歩道が広く歩きやすい。ほどなく「曽我十郎五郎首塚登山口」の標識があった。確か仇討で名高い兄弟か。さらに進むと、千人宿大師堂。善根宿として利用されているが、コロナ禍で現在は利用できないようだ。7時半に梅津停留所に着き、休憩所と書かれたバスの待合所があったので少し休む。納札がいっぱい貼ってある。「一休み・一休み」である。7時45分に突合の分岐を通過し、左側の鴇田《ひわだ》峠遍路道をとる。

「およりんか」に寄りました

30分余り歩いて、「なみへいうどん」の前で休憩。そこからまた30分余り行くと、滝ノ上薬師堂の手前で反対車線に店があった。道路を渡って覗いてみる。「およりんか」という名で土曜日のみ営業しているという。おばあさんとお嫁さんでやっているらしい。せっかくなので餅5個入を買う。典子さんが店の女性と話している。「1番から歩いているの」「姉が北葛城の広陵に住んでいる」「実家は久万高原」などと。コーヒーを入れてくれた。これもお接待である。その後、すぐ先に休憩所と手洗いがあったので改めて休憩する。地図には滝ノ上橋休憩所と書かれている。そこに「18歳と81歳の違い」と題した紙が掲示されていた。「○恋に溺れるのが18歳、風呂で溺れるのが81歳　○道路を爆走するのが18歳、逆走するのが81歳　○心がもろいのが18歳、骨がもろいのが81歳……」うまい!!　二人して腹を抱えて笑った。

国道をさらに進み、落合トンネルを抜けてしばらくすると分岐があった。お遍路は右手の県道42号線を行くのだが、その前にまた休憩である。10分ほど休み、木々に覆われてうす暗くなった県道を進む。やや上り坂になってきた。時折トラックや乗用車が追い越していくが、数は多くない。30分ほど歩いて臼杵という地区の休憩所でまた休む。出荷する野菜であろうか段ボール箱が積まれている。

そこから10分足らずで三嶋神社に到着。休憩所はどこかと探していると、神社を越した先にあった。向かいには手洗いもある。日本版の地図にはトイレの表示はないが、英語版には記載されている。きれいなトイレであった。さらに42号線を進むと、ほどなく高台にお堂があった。典子さんは上っていって写真を撮っている。「延命山厄除大師」の額が掲げられている。しばらく進むと県道と分かれ山道に入っていく。下坂場峠への上りだ。かなりの急坂である。息を切らせて上りきると車道に出た。県道42号線に合流したのである。ここからは県道を少し下っていく。その先に神社があった。これも日本版には載っていないが、英語版には「Katsuragi Jinja　葛城神社」と記載されている。多くのお遍路が英語版を持っているのがよくわかる。わが故郷「葛城」と同じ名を冠する神社である。お参りしたかったが疲れて石段に座ったまま動かず、典子さんに任せることにした。もう1時になっていたので、石段に腰掛け「およりんか」で買った餅を一つ食べたが、食欲はあまりない。水分ばかりとっているせいだろう。典子さんは二つ食べた。

「カメさんは休まないよ」

その先で左に折れ、少し行って右に曲がる。なおも広い道路を上っていく。由良野休憩所でまた休み横になる。男性の遍路がやってきて、「大丈夫ですか」と声をかけてくれた。妻は立って、「どうぞ」と席を譲ろうとしたが、そのお遍路は休まずに進んでいった。私が横になっていたので遠慮したのだろう。まだ若く品のある賢そうな人である。先へ進むと地鶏が放し飼いされている。典子さんは「本当の平飼い」と言う。この先は本格的な上り、いよいよ鴇田峠への山道である。ゆっくり休み休み上る。典子さんはまた「カメさんは休まないよ」と言う。私はカメではないので、のろいうえによく休む。首も重く、しっかり歩くのも難しいのだから仕方がない。汗だくになって息も絶え絶えで峠にたどり着く。だが樹林帯のなかで、展望はきかない。例によって横になって休み水分を摂る。もう3時になっている。ひょっとしてこの日に大寶寺を参拝できるかと思っていたのだが、やはり厳しそうである。

下りは楽だ。膝痛の妻を気にしながらも先へ先へと下り、しばらく待つことを繰り返す。手洗いに寄ってから、なおも下っていく。集落に出てきたあたりで、男性遍路が小走りで追い越していく。おそらく大寶寺へ行くのを急いでいるのだろう。私たちはこの日の参拝はあきらめて、市街地から国道33号線を南へとり、宿には4時10分に到着した。チェックインした妻に女性スタッフは、「岩風呂はコロナでやっていない」と言ったようだ。大洲の宿と同じだなと思った。コロナを理由にしているが、要は客が少ないので、大きな風呂を用意するのがもったいないとの考えであろう。いずれも事前告知はない。不満であるが、今さら宿を変えるわけにもいかない。

10月3日(日)（3日目・通算38日目）　晴れ　17・7km

3時起床。7時にレストランで朝食。7時30分出発。30分足らずで44番大寶寺に着く。八十八か所のちょうど半分にあたり、中札所と呼ばれている。仁王門には大きな草鞋《わらじ》が吊るされていた。信者から寄進されたもので、100年に一度取り替えられるという。山あいの静寂な朝の寺だが、日曜日なので車で来たお遍路が次々と納経していた。

大寶寺の裏手から遍路道に入り、山道を上っていく。朝は調子がよい。かなりの急坂である。上り坂が平坦になると、妻はいつも「上りはここまで?」と聞いてくる。そう思ってもしばらく行くとまた上りになることも多く「山は上ったり、下ったり」と答える。そこで彼女は私の口調をまねて「はっきりさせろよ」と言う。峠御堂のピークで、彼女は下りに備え両膝にサポーターをつける。この峠を「とうげみどう」と読んでいたが、英語版に「Tōnomidō Pass」とある。「とうのみどう」だったのか。英語版は便利だ。

山道を下りきると、ちょうど峠御堂トンネルの入口であった。ちょっとした空き地にベンチがあったので休む。ここからは県道12号線を北東方向へ進む。道は徐々に下り坂となり、やがて町に下りて平坦となった。前方から昨日久万高原の下りで追い越していったかけ足の男遍路が、やはり小走りでやってきた。前日に44番を参拝し、今朝早くに45番岩屋寺に参ってきたのだろう。スニーカーで軽装に見えるが、若いせいかどんどん進んでいく。羨ましい。「民宿和佐路」を見て、今夜の宿である「いやしの宿八丁坂」はまだかと思っていると、妻に「ここよ」と言われた。この宿に用意されているロッカーにリュックを一つ入れて預かってもらうことにする。

八丁坂を見逃して

引き続き県道を歩く。しばらく行くと、「狩場苑」という宿の標識があったので、その方向へ歩いていき、また県道に出た。そのまま進んでいくが、八丁坂へ通じる遍路道の入口がなかなか見つからない。車道の左を歩いていた妻が、前方からやってきた男性遍路に八丁坂への道を尋ねている。昨日、由良野休憩所で追い越していった賢そうな人のようだ。古岩屋荘の横から入っていけばよい、と聞いたようである。とっさにその意味することがよくわからず、その先の遍路小屋で休んでいた男遍路にも尋ねた。だが、どうも要領を得ない。さらに妻は、農作業をしている夫婦にも尋ねに行った。すると別の男性が、地図をながめて思案顔の私をちらちら見ながら近づいてきた。道路を渡って聞いてみると、「この道は古岩屋荘に通じ、ここは嵯峨山だ」と言う。地図を見るとバス停のマークに「嵯峨山」とある。われわれは八丁坂への遍路道の入口を見落とし、県道12号を延々と歩いてきたのだ。今さら八丁坂へ引き返すのではなく、このまま古岩屋荘経由で45番へ行き、帰路に八丁坂ルートをとることにして歩き出した。

古岩屋遍路坂をゆく

国民宿舎古岩屋荘に着く。大きな施設だ。後ろを振り返ると切り立った岩峰が奇観を呈している。2千万年前の地層が残る礫岩峰は、それゆえ古岩屋と呼ばれるのだろう。県道をそのまま進み、やがて遍路道に入っていくが、その手前にあった休憩スポットのベンチで休む。あたりは朝露でべっとりと濡れている。車の喧騒から解放されるが、この道の足元はかなり悪い。注意しながらゆっくりと進む。岩石を洗って流れる直瀬川の清流が美しい。典子さんは撮影スポットを探している。古岩屋トンネルの直前でいったん県道に出てトンネル内を歩く。抜けた先の橋の手前でまた遍路道をとる。坂を下ったり上ったりと気が抜けない。ようやく悪路をぬけると、小さな社があり瀧池神社とある。前方に岩屋寺へつながる道があるらしく、数人が歩いている。

45番岩屋寺へはこのあたりに駐車して、坂道を上っていくようだ。参拝する人、終えた人が多く行き来する。途中に小さな土産物店があったので、和タオルを買う。山門をくぐり参道を上っていくが、かなり急な坂で息が絶え絶えになる。

梯子を上って仙人堂へ

本堂にたどり着きベンチで休憩する。奥には梯子がかけられた岩屋が見える。高い岩屋に上れることもあってか、老若男女に人気があるのだろう。寺のホームページには、「岩屋寺独特の奇岩が並び立つ景観は、古第3紀中部始新世（今から5000万年前頃）に、海（入江）の凸凹の激しい結晶片岩の基盤の上に堆積した結晶片岩類を含む礫岩層が、断層運動による地盤の隆起、その後の浸食作用の結果、現在のような地形を呈するようになったものと考えられています」と紹介されている。山号が海岸山であることも納得できる。

納経を終え、人が途絶えたタイミングを見計らって岩屋へ上る。岩峰を刳りぬいたような空間は法華仙人堂跡といい、阿弥陀如来像が安置されている。巨岩と木々に囲まれた境内と山々が一望できる。交代で妻も難なく上った。岩屋寺ではずいぶんゆっくりした。後は宿まで戻るだけだ。

帰路は八丁坂を経由して行こうと、仁王門から出る。細い山道には三十六童子の石造仏が祀られているが、妻はその一つ一つに手を合わせながら上っていく。尾根道に出てしばらく歩くと、八丁坂の分岐に出た。もう4時になっていた。案内板には「昔の人は、急なこの延長2800mの坂道を、修行のへんろ道として選びました。弘法大師が開かれた岩屋寺は、霊場中最も修行に適した場所であるから、参道は俗界の道を行かず、峻険な修業道として八丁坂を『南無大師遍照金剛』を唱えながら登りました」とある。私たちはこの坂を下っていくのである。

45番岩屋寺の本堂と仙人堂跡
（久万高原町）

県道はどっちだ⁉

八丁坂を一気に下る。右へ行けば古岩屋荘だ。私たちは左へ進む。英語版の地図には、少し先の右手に浄水場があると記されている。そこからしばらく進むと、住居か小屋かを建てている人がいた。周りには畑しかない。その先で道が二手に分かれていた。遍路マークはない。右へ行くがどんどん山へ入っていくようなので、引き返して妻に先ほどの家を建てている人に県道に出る道を聞いてもらった。左に橋を渡って行くとのことであった。広い林道をどんどん進むが一向に県道に出ない。車の音もしなくなってくる。おかしいと思い宿に電話してもらったが、向こうも私たちの現在地が正確にはわからない。とにかく下へ下るように言われたので、それに従って十数分ぐらい行くと、やっと県道に出ることができた。やれやれ。

後で地図を見直すと、山へ入っていくような右側の道が遍路道となっている。迷ったときはまず落ち着いて、現在地を押さえたうえで地図をしっかりと読み取ることが必要だ。人に尋ねるのも聞き方によってはこちらの意図が正しく伝わらず、また相手の言わんとすることを誤解してしまうこともあるので注意しなければならない。わかっているのだが、実際の場面では不安になって、すぐ誰かに助けを求めてしまうのである。

「いやしの宿八丁坂」の部屋は狭いながらも、前室に洗面があり手洗いはゆったりしている。

風呂もひとりでゆっくり入ることができた。食事は和室の部屋でいただく。とてもおいしく満足した。典子さんは、「久万高原の米はおいしい」と言う。スタッフも感じのよい人たちでサービスの行き届いた、まさに癒やしの宿であった。

10月4日(月)(4日目・通算39日目) 晴れ　19・1km

昨夜から今朝にかけて2度ほど目覚めたが、そのまま眠り5時まで寝た。6時から朝食。妻はたっぷり食べて、おいしかったと言う。「八丁坂」はいい宿であった。6時55分出発。宿の人に聞くと、予定していた千本峠越えは夏の大雨で道が荒れ、お遍路さんも少ないため草がボウボウで倒木もあるそうだと言う。昨日、遍路道を見失いルートを外れてしまったこともあり、安全のため県道を行くことにした。

峠御堂トンネルを抜け、車道から遍路道に入る。典子さんは、草も刈ってあり気持ちのよい道だと言う。ただ下りが続いたので膝にこたえたようだ。県道に戻ってしばらく行くと、海洋センターというスポーツ施設があったのでトイレ休憩をとる。そこには昨日、岩屋寺へ県道を歩いていた時、小屋で休んでいた男遍路が荷物の整理をしていた。野宿遍路のようである。久万高原町の中心街に下りてきて、コンビニでアイスコーヒーを飲む。まだ8時半だが、汗をかいて喉が渇いていたので、とてもおいしかった。ここからは国道33号線を北西に三坂峠を目指す。

通過地点を地図で確認しながら、緩やかな上り道を歩き続ける。日差しが強く日陰が欲しい。高殿神社、「たかどの」でなく「こうどの」と読むようだ。明神小学校を過ぎていく。道路わきに横断中と書かれた旗を持つ子どもやおばあさんの縫いぐるみ人形が腰掛けている。上手に作ってある。長い長い上り坂はつらい。私が遅れると例によって妻が前に出る。やがて国道は左へカーブしていくが、私たちはまっすぐ上っていき、その先のレストパーク明神という大きな休憩所で休む。ベンチに横になり首を休める。休憩後、ひと踏ん張りで三坂遍路道との分岐に着く。自販機で買ったジュースを一気飲みした。

三坂遍路道をゆく

ここから松山へは山道を下っていく。整備された遍路道である。「三坂峠」の説明板を読むと「伊予と土佐を結ぶ土佐街道にある急峻な峠」とあり、「江戸初期に久万の商人山之内仰西《やまのうちこうさい》によって拓かれました」とある。そういえば、久万高原から国道をしばらく行くと、仰西というバス停があった。そのあたりに住んでいた人であろうか。樹林帯の歩きは涼しくて心地よい。

妻は膝痛で少し遅れるがしっかり歩いている。「お遍路さん、寒い中おつかれさまです。」など坂本小学校6年生が書いた激励文が数多く吊るされていた。1時間ほどで一ノ王子社跡に着き、少し休む。誰か野宿しているのだろうか、シャツなどが干してある。少し下の水場にいるのか、私には聞こえなかったが、典子さんは「ずっと鼻歌が聞こえていた」と言う。さらに下り、コンクリートの道になる。硬い急なコンクリートの下りは膝痛のない私とてつらい。どんどん下っていく。徐々に俗界へ戻っていく感じである。

世界へ届け　遍路文化

やがて大きな家屋が見えてきた。かつての遍路宿の「坂本屋」である。正面の左側の軒先に腰掛けてパンを食べる。もう12時半になっていた。乗用車が1台やってきて、人が降りてガラガラと音がする。雨戸を開けてい

かつて遍路宿であった「坂本屋」（松山市）

るようだ。何か営業を始めるのだろうか。中年の男性が「こちらで休まれてもいいですよ」と声をかけてくれた。さらに車がやってきて男3人で何やら話し込んでいるようだ。妻はすべてを聞き取り教えてくれた。それによると外務省がサンパウロ、ロンドンともう1か所どこかに、日本文化を発信するアートギャラリーを設ける予定とのことだ。その文化の候補として「遍路」をとり上げて応募するという。彼らはその撮影隊のようであった。私たちの後ろ姿を撮影してよいかと問われ、オーケーした。次は浄瑠璃寺へ行くので、よければまた撮影させてほしいと言われた。

暑い暑いなか田舎の車道を歩く。まだ下り道が続く。すると道端に大きな石があった。「網掛け石」である。遍路道の邪魔になっていた二つの巨石を、大師はかずらで作った網で運ぼうとしたが、天秤棒が折れて一つは川に一つは榎という村の遍路道に転げ落ちたという。それが「網掛け石」として大師像とともに祀られている。石の表面にはカメの甲のように網目がびっしりついている。ご丁寧に説明板にも網目模様が施されている。10月というのに夏のような日差しを浴びて、昼下がりの田園地帯をただ歩き続ける。あたりは徐々に町の景色になってきて、児童が山道にお遍路さんへの激励メッセージを吊るした坂本小学校があった。そこからしばらく行くと右に「長珍屋」、左に46番浄瑠璃寺が見えてきた。

永き日や　衛門三郎　浄瑠璃寺

浄瑠璃寺には山門はない。入口の石段の左に「永き日や衛門三郎浄瑠理寺」と彫られた正岡子規の句碑がある。このあたりは遍路の元祖とされる衛門三郎の故郷といわれている。境内に入り、リュックを下ろしてベンチに腰掛け、一休みしてから読経・納経をする。着いたのが2時15分とまだ早かったので、木立の下でゆっくり休憩した。目の前には樹齢千年の伊吹柏槙《いぶきびゃくしん》の大木があり、その根元には、延命・豊作にご利益があるといわれている「籾大師」が鎮座している。その後、仏足石や説法石、さらになでて身心堅固文筆達成を念ずべし、という仏の指紋である仏手花判《ぶっしゅけはん》などの見どころを回る。坂本屋に来ていた撮影隊がやってきて挨拶をしてくれたが、入れ替わり立ち替わりうろうろしていて、具体的な撮影の話が無かったので引き上げて宿へ向かった。

46番浄瑠璃寺の籾大師（松山市）

「長珍屋」はいかにもザ・遍路宿といえる宿である。玄関を入るとフロントの前は売店で、遍路用品が数多く並べられている。広い風呂に入り、いつものように洗濯をする。洗濯機は何台も並べられていた。夕食は大広間でいただく。食事をしていたのは、お遍路さんが3人ほど、仕事で来ている人が5~6人ほどであった。食後は大広間に展示してある遍路関係の地図や書、写真などをさっと見て回った。この日は9時過ぎに床についた。

10月5日(火)(5日目・通算40日目) 晴れ 14・8km

早朝のノート騒動

1時過ぎに目覚め、寝つかれないので起きて記録をメモする。二度寝から起き出してスマホで女性のお遍路日記のサイトを閲覧する。6時半になって朝食に向かおうとすると、妻がメモのノートがないという。リュックをひっくり返し、布団をめくり、物入れを含め部屋を隈なく捜してもない。いったいどこにあるのだろうと困っている。私は例によってがみがみ言いながら、ふと、本か何かに挟まっているのではとあれこれひっくり返すと、英語版の地図にノートも広げて挟んであった。朝早くから疲れてしまった。典子さんはそのノートに、この朝の様子を「朝食をしっかりとってから出発」とだけ書いていている。やれやれ。

出発が少し遅れて7時5分となる。浄瑠璃寺を素通りし、田園地帯を進んでいく。真っ青な空のもと、長い影を引きずるようにして歩く。気持ちのよい朝である。今日は五つの寺を参拝する。3月3日の6寺に次いで多い。15分で47番八坂寺に着く。山の際に建つこぢんまりとした寺だ。同宿の男遍路が二人ともやってきた。ふっくらとした方の男がいろいろ話しかけてきて、妻が応対した。今回は車遍路だが、以前歩き遍路したことや奥さんや息子さんとも来たことがあるなど話していたようだ。一人で遍路をしていると人恋しくなって、誰かに話しかけたくなるのだろうか。

早朝47番八坂寺への遍路道で（松山市）

衛門三郎の故郷を巡る

西林寺までは4・4㎞。八坂寺を出てすぐに池があり、その先で男の人が数人、祭りの準備をしていた。近くに小さな神社があった。しばらく行くと文殊院。別格霊場9番札所である。この地は衛門三郎の屋敷跡といわれている。三郎は自らの非を詫びるため大師を探して21回も四国巡拝をしたというが、これが「四国遍路」の原型とされる。彼が「四国遍路の元祖」といわれる所以である。また、21回目の巡礼で大師と遭遇するのだが、この時は逆に回った(逆回り3回目とする説もあり)。この逆回りはご利益が3倍あるといわれる逆打ちの始まりとされている。境内に「遍路開祖河野衛門三郎生誕壱千百有余年記念」と記された石柱と三郎と妻が並んで座っている石像があった。台座には「われ人をすくはん為の先達に導きたまう衛門三郎」という歌が刻まれている。

札始大師堂(松山市)

文殊院のご詠歌とのことだ。

さらに北へ進み、札始大師堂に寄った。ここでも「四国霊場　遍路開祖　衛門三郎　札始大師堂」と刻んだ石柱があった。衛門三郎の出身地であるこのあたりでは、三郎は遍路の開祖として崇められているようだ。ネット情報によるとこの場所は、大師が川の中州で野宿しようとしたがにわか雨で水があふれ、身の置き場がなくなったため法力で草庵を造って一夜を過ごしたところという。また、衛門三郎が四国巡礼に出発した際、この地で大師自刻の尊像が祀られているのを見つけ、大師が現れるのを待って一夜を明かし、翌朝出発する際に木を削いで札を作り、自分の住所氏名を書いてお堂に貼ったといわれている。これが納札の始まりとされることから「札始大師堂」と呼ばれているそうである。

杖の淵から西林寺　そして浄土寺へ

48番西林寺へお参りする前に杖の淵に寄る。広い公園になっている。干ばつで苦しんでいた村人を救うため大師が錫杖を突いたところ、水が湧き出て淵になったという。この湧水は全国の名水100選に選ばれていて、市民の憩いの場となっているようだ。ここは西林寺の奥の院とのことで、小さなお堂と並んで大師像が建っている。ゆっくり休みたい場所だが、先を急いで西林寺へ向かう。

平坦な地にある西林寺へは、小川に架けられた石造りの太鼓橋を渡っていく。きれいに整った印象の寺である。仁王門を入ってベンチで休む。昨夜同宿のもう一人の男遍路が読経していた。

西林寺を出て、北に道をとってほどなく県道を離れる。集落が点在するのどかな遍路道を進む。次第に市街地に入っていき、小高い山を背景にした49番浄土寺に着く。本堂の甍が美しい。また寡黙な男遍路と一緒になった。読経をすませて納経所へ。植込みをきれいに整えた庭園を抜けていく。妻は受付の女性と話し込んでいた。歩きであること、奈良から来たなどと言うと、奈良はいいですね、毎年行っているとか、阿修羅が好きだとか、妹が西大寺にいるので……などいろいろ話してきたそうだ。

48番西林寺奥之院　杖の淵（松山市）

浄土寺から県道40号線に出てしばらく行くと、「東道後のそらともり」という温泉宿泊施設の黒い建物が見えた。当初、ここで昼食代わりのモーニングサービスをいただこうと考えていたが、終了時間の11時に間に合わなかったので、カフェを利用する。靴を脱いで受付をすませレストランへ。天気がよかったのでテラス席に出た。タッチパネルでメニューを見て注文する。バーコードを読み取らせるなど年寄りには難しいシステムだ。あれこれやってみてようやく注文完了。私は「無花果のかき氷」９８０円。典子さんは「珈琲と胡桃のパウンドケーキ」とホットコーヒーで７８０円。無花果は甘く、かき氷も冷たくて火照った体に沁み込む。おいしい。１時間近い休憩となった。

繁多寺から石手寺　そして道後温泉へ

50番繁多寺へは県道から遍路道に入り、墓地の横などを通っていく。門前の駐車スペースとなっている空地から10段余りの石段を上り境内に入っていく。見どころの鐘楼の天井絵は、中国で孝行が優れた人物を24名選び後世の模範とした「二十四孝」をモチーフにしたもので、色鮮やかに描かれている。首が痛くしっかりと鑑賞できないので、写真に収めた。梵鐘は元禄９（１６９６）年に建立された鐘楼と同時代に造られたもので、現在も使用されているという。休憩したベンチから南に展望が開け、池の向こうにのどかな郊外の風景が広がっていた。

繁多寺を出てまっすぐ池に沿って歩き出す。前方に松山市街が広がる。遠く小さな山の頂に松山城の天守が望まれる。県道に戻ると車の騒音が大きい。市街地を歩くのは進路がはっきりしてわかりやすいが、車両に気をつけなければならず気分的に負担が増す。石手川手前のコンビニでアイスコーヒーを飲む。渇いた喉に沁み込み清涼感に包まれる。51番石手寺へは県道１８７号線を横断して入っていく。仁王門は二層入母屋造で、瓦葺きの鎌倉時代の傑作といわれ国宝に指定されている。大きな草鞋が吊るしてあった。仁王門に続く参道には土産物店が軒を並べているが、素通りする。本堂では数人のグループが読経している。鉦の音やご詠歌の声も聞こえる。長い時間続いている。その間、広い境内を回ってあちらこちらのお堂を見ておくべきであったのだが、疲れていたのでベンチに腰掛けて待つ。その後、本堂と大師堂でお参りをし、納経所へ。

50番繁多寺鐘楼の天井絵（松山市）

道後へは遍路山道を行きたいと思っていたので、受付の女性に伊佐爾波《いさにわ》神社への道を尋ねた。だが、よくわからずここでも車道を進むことになった。やはり地図をしっかり見て確認すべきであった。

この日は15キロほどの行程であったが、寄り道や休憩も多かったので、宿に着くと午後4時になっていた。今夜は素泊まりのビジネスホテルだ。ゆったりとした部屋でテーブルにイス、ワークコーナー的に机もあって、洗面、トイレ、風呂が独立している。使い勝手のよいとても快適な空間である。しばらく休憩してから道後温泉へ向かい、２０１７年に開業したという新しい「飛鳥乃湯泉《あすかのゆ》」に入る。足を思いきり伸ばし、マッサージをする。首もしっかり揉もうとするがどうもうまくいかない。ただ、終日歩き続けた体を休めるには、やはり大きな湯船で体を伸ばして温めるのが一番である。頭も洗ってさっぱりした。脱衣場から外に出ると、まわりには休憩できるところもないようだ。ホテルに戻り、妻が帰ってから洗濯機を回し、その後、食事に出かけた。調べてあった店「おいでん家」で二人とも宇和島風鯛めしを食べて、愛媛みかんサワーを飲んだ。

10月6日㈬（6日目・通算41日目）　晴れ　24・0㎞

山頭火の終の住処

3時過ぎに目覚め、地図などを見るが、頭がすっきりしないので二度寝した。6時に出発。笈摺を裏返して着ていたため、フロントで着なおした。後々、妻が遅れた時や何か失敗したことを指摘すると、彼女はきまってこの笈摺の着なおしを持ち出す。やれやれ。外はすでに明るいので、もう少し早く出てもよかったかと思う。ホテルの前の道路を西進し、ほどなく一本北の道に入る。立ち止まって地図を見ていると、男性が「川沿いをまっすぐ。ご苦労さま」と声をかけてくれた。右に「一草庵」の表示板があり、川を渡った角に「俳人山頭火の一草庵みち」の石柱と「御幸寺山」と刻まれた大きな石が置かれている。さっと見て先を急ぐ。放浪の俳人であった山頭火が終の住処として10か月ほど暮らし、この地で永眠したという。その後、道は進路を北に取り、川を挟んで国道196号線と並行する。歩行者と自転車の専用道路だ。6時45分国道沿いにあるコンビニに寄り、パンやおにぎりに牛乳、ジュースを買って駐車場で食べる。

遍路道に戻ろうと横断歩道で信号を押して待っていると、小学生らの見守り隊の男性が「まっすぐ行きなさい」と言っている。渡ってそちらの道を行きたいと答えると、うなずいてくれた。「どちらから」と尋ねられ、妻が「道後温泉から」と言うと、「そうじゃなくて、お国」と。まあ、普通に知りたいのは何県から来たのかということだろう。さらに北へ向かって歩く。登校する中学生や高校生が自転車で走ってくる。すれ違いざまに「おはようございます」と挨拶を交わす。集団登校する小学生を見かけるのもおなじみの光景となった。潮見小学校の手前の交差点で進路を西に変える。車が前後左右から次々とやってきて、非常にややこしい場所である。しばらく行って右折した先の志津川池を過ぎる手前で西に折れて進む。

天平の甍か⁉

川を渡り予讃線の踏切を過ぎて集落に入っていく。その先は山裾を巻くようにして進む。車道を横断してしばらく歩くと52番太山寺の一の門があった。門前の家並みを２００ｍほど行くと、石段の上に二の門、仁王門である。寺の説明板では「二王門」と表記されている。本堂はさらに上である。５７０ｍあるという坂道をあえぎながら上っていく。さらに急な石段を上がって三の門（山門）をくぐると、正面に国宝の本堂が目に飛び込んできた。大きな屋根で左右の裾を広げた様が美しい。和・唐・天竺の折衷様式の鎌倉時代の作風というが、つい「天平の甍」と声に出る。今まで名前さえ知らずまったくなじみの無かった寺が、広い境内に立派な堂宇を構えていることに感動を覚えた。納経を終えた後も、ベンチに座って休みながら、ぼんやりと境内を眺めていた。

キリシタン石塔とスタール博士

次の圓明寺までは2・7㎞と近い。県道183号線をまっすぐ進み、コンビニに寄ってアイスコーヒーを飲む。しっかり歩いたので汗をかいた体に沁み込むようだ。10時50分、53番圓明寺に到着。仁王門は簡素な造りだが、こぢんまりした境内の中央にある中門には「遍照金剛」の扁額が掲げられ、小さいながらもバランスよくすっと建つ姿は見事である。読経を終え、仏足石やキリシタン石塔を見てまわる。「キリシタン灯ろう『十字架形灯ろう』」と題した説明板には、「高さ四十㎝　合掌するマリア観音とおぼしき像が刻まれ隠れキリシタンの信仰に使

52番太山寺の本堂（松山市）

われたとの説もある」と書かれている。キリシタン禁制の江戸時代に信者の礼拝を黙認していたようだが、異教徒を受け入れる懐の深さには神仏習合を超える宗教的態度がうかがえ興味深い。また、納経所の壁にお遍路姿の男の人の写真があったので近づいて見ると、本堂の本尊阿弥陀如来を安置している厨子に打ち付けてある札を見つけたシカゴ大学教授の写真と説明であった。そこには「スタール博士（通称お札博士）は大正十年三月（一九二一）四国八十八ヶ所霊場遍路のみぎり五十三番圓明寺にて慶安三年（一六五〇）の銅製納札を見て感激し世に紹介せられた」と説明があり、「奉納四国仲遍路同行二人今月今日平人家次」と記された銅板と完璧なまでのお遍路姿であった。

圓明寺を出て引き続き県道を行く。両側に民家や商店が並ぶいわゆる生活道路である。時折走ってくる車に留意しながら歩く。右に左にと折れながら進み大きな道路に出る。県道３４７号線。昼近くになり気温も上がってくる。それに比例するか

53番圓明寺のキリシタン燈籠
（松山市）

のように疲労が蓄積してきた。首も重く下がってくる。予讃線の線路をまたぎ、その先の大きな建物の1階駐車場の日陰で休憩を取る。が、いつまでも休んでいるわけにはいかず歩き出す。ほどなく海が見えてきた。南予で見た宇和海以来の瀬戸内海の光景である。さらに県道を進む。やがて道路に面して列車型の建物が見えてきた。英語版に載っている「Cafe Train」という喫茶店である。もう12時40分になっていた。メニューを見てみるとモーニングサービスが午後3時までとある。ラッキーと、ここで昼食をとることにした。玉子サンド、サラダ、ヨーグルトを注文し半分ずついただくことにした。私はオレンジジュース、妻はホットコーヒーをつけた。ジュースもうまかったし、妻のコーヒーを味見するとこちらもおいしかったが、何よりも冷たい水が思いっきり汗をかいた体に沁み込むので、何杯もおかわりをした。冷房がきいた店内は心地よくすっかり生き返った。

丸さん角さん

右に予讃線の線路、左に瀬戸内海を眺めながら歩く。昼下がりの陽光を全身に浴びるが、渡っていく潮風が肌に心地よい。調子が戻って快調になってきた。歩道の前面に歩いている私たちの影がくっきりと映る。二人とも菅笠風のハットをかぶっているが、妻は姿勢よく歩いているので頭の形は丸い。私は首を垂れているので、頭の形は三角に映っている。並んで歩く様は、丸さん、角さんである。

市街地に近づくと、海は見えなくなり道路の左右の家並みが増えてきた。昼食後30分も経っていないが、コンビニでアイスバーを買って食べた。オレンジ入りの天然水も買う。日差しのなかを歩いていると体はとにかく水分を要求する。地図を見ていて、まだかまだかと思っていた北条病院が右手に見えた。典子さんは「なぜアルファベット?」と言っている。病舎の壁面には「Hojo Hospital」とある。確かに不必要な英語表記と思える。そもそもテイクアウトやイートイン、シェアする等々やたらと外国語を使いたがる昨今の風潮は、置き換える日本語を考えようともせず、そのまま原語を使う方がかっこいいと思っているようだ。かつての福沢諭吉とまでは言わないにしても、日本語を育てようとしない傾向は、軽薄としか言いようがない。

河野川という小さな川を渡ると、

「Cafe Train」を出て北条へ（松山市）

西ノ下大師堂という小さなお堂があり、なぜか高浜虚子の句碑があった。工事中の道路を迂回しながら、北条港に近づくと大きな鳥居の向こうに、手が届くほどの距離で丸い小山のような鹿島が見えた。

この日の宿「シーパMAKOTO」は、温泉施設である。受付は妻にまかせ、腰掛けて休む。疲れた！　2階の部屋は和室だった。一瞬、えっと思ったが、宿の名前から勝手に洋室と思い込んでいただけのことだ。風呂には入浴客が大勢いた。海に臨む露天風呂にも入った。食堂で定食風の夕食をとった後、宿泊客は割引になるというのでマッサージをした。何十年ぶりだろうか。首痛には効果は見込めないが、体がほぐれ少し楽になった気がする。

10月7日㈭（7日目・通算42日目）　晴れ、薄曇り　27・7km

今回の最長区間を歩く

二度寝から4時頃に起きて、部屋の風呂に入る。眠っていた細胞が徐々に覚醒していく。オーシャンビューだが、真っ暗で何も見えない。妻は5時に起き、一緒に弁当を食べる。朝が早いので朝食は弁当にして昨夜のうちに届けてくれたのだ。これはいい。宿を6時に出る。漁港の集落を抜け、立岩川を渡ってまずは鎌大師を目指す。稲田のなかのビニールハウスが広がる向こうの山並みから、真っ赤な朝日が昇ってくる。雲一つない大空に後光がさすかのように美しい。そのわずかな時間に思わず道中の無事を祈る。今日は今回の遍路で最長区間を歩く。

広い舗装道路を真っすぐ坂を上って行くと思っていたが、鎌大師は右とある。旧道を進むとほどなく着いた。さっと見学する。松山市が立てた説明板に、悪疫《あくえき》が流行していたこの地に、大師が行脚の途次、鎌で刻んだ大師像を村人に与えたところ無事に平癒したので、その大師像を本尊にして堂を建て「鎌大師」と呼んで深く信仰されてきた旨記されている。四国では至る所に大師伝説が残っているようである。

鬼だ、干支だ、ドラえもん

上り坂の道を進んで峠を過ぎると休憩所があった。遥か西の方に海が広がっている。思わずスマホの画面をタッチした。この峠は鴻之坂峠というようだ。坂を下って集落に入っていくと、隊列を組んだ通学の小学生が道路に沿った小川をのぞいている。何をしているのかと気になったが、どうやら子亀がいるようだ。小学生の時、学校までは徒歩で40分ほどかかった。そのため、下校時はよく道端で休んだり寄り道をしたなあ、と懐かしく思い出しながらその光景を眺めていた。浅海《あさなみ》の町に入って国道１９６号線を行く。ＪＲ予讃線の踏切を渡った先の北条浅海郵便局で荷物を下ろし、少し休んだ。7時半なので郵便局はまだ開いていない。ここからはしばらく瀬戸内海に沿って歩く。

やがて菊間の町に入っていく。現在は今治市になっている。瓦で有名なことはインターネットに多くの人が写真をアップしていることで知った。どの家の屋根も瓦が立派である。国道沿いに次から次と、これ見よがしに瓦の作品が並べられている。鬼瓦、干支、招き猫、ドラえもんまである。これはおもしろい。孫に見せてあげようと、二人でスマホのシャッターを押しまくった。

弘法大使空海!?

菊間の旧道から海岸線に出て再び196号線を北東へ進む。太陽石油菊間製油所の巨大な工場群の脇を通って、青木地蔵に寄る。「弘法大師　御加持水」と

瓦の町　菊間　ドラえもんが手を振っている（今治市）

刻まれた石柱があり、また、板に打ち付けた瓦製の馬の顔のレリーフとその下に青木地蔵の説明板が付けられている。「弘法大使空海が杖で水の湧く所と示された清流が湧き、『御加持水（ごかじすい）』と呼ばれています」と書かれている。「大師」が「大使」と誤記されている。中国語も同様に「大使」となっている。まあ、唐の国で学んだ密教を日本に伝えた空海は「大使」でもあったといえようか。それにしても変な日本語の変な説明文である。

青木地蔵から国道に戻り、しばらく坂を上っていくと「峠のアイス」の店があったので、立ち寄る。アイスは1段（シングル）、2段（ダブル）、3段（トリプル）盛りがあるようだ。2段で我慢する。熱い体にじわっと冷気が沁み込む。そこから1時間ほど歩いて星の浦海浜公園に着く。広い公園だ。東屋が三つほどあってベンチとテーブルが置かれている。何組か座っていた。私たちも空いているテーブルに腰かけ、パンを食べる。公園を出て、国道ではなく県道15号線を取る。

旧大西町を過ぎて、また国道196号を行き、今度は県道38号を進む。この区間は、遍路地図を見ると目印になるスポットが少ない。地図に載っていたガソリンスタンドと今治延喜郵便局を目指して歩く。その後、集落のなかをくねくね歩き、2時35分に54番延命寺に着いた。星の浦から2時間の行程であった。

20キロ以上を歩いてきての参拝である。疲れているので納経の後、ベンチで休憩する。さて、次の55番への道を地図で確認するが、どこを進むかわからない。妻に駐車していた軽トラックの高齢の男性に聞いてもらった。境内の中から墓地の間を抜けて行くようだ。ルートに入ると、ポイントに遍路マークがあって、わかりやすい。瀬戸内しまなみ海道の高架下を抜け、石段を上って大谷墓園のなかを進む。四国の墓を全部集めたかと思うほど広大な墓地である。

「納経が先！」

墓地を抜け今治の市街に入る。少し行くと今治北高校があり、下校する女生徒が挨拶していく。県道38号線を北東に進み、右折して駐車場の脇から55番南光坊の境内に入った。ベンチで休もうとすると、妻が「山門から入ると言ってなかった？」と聞く。仕方なくいったん外へ出て、大きな通りに面した仁王門から入り直した。私が何気なく話したことをしっかりと覚えている。ベンチに腰かけ、自販機で飲み物を買おうとすると、「納経が先！」と、典子さんは厳しい。長距離を歩いてきての読経は、どうしてもおざなりになりがちだ。早口であったり、間違ったりと。典子さんは立腹気味であった。納経所の年配の女性は、ゆっくり丁寧に筆を走らせ、ご朱印を押してくれた。このような振る舞いをこそ見習わねばならないのだろう。

南光坊から20分ほどでホテルに着いた。今治の市街は思いのほか賑わいが感じられない。夕刻の市街は人影も少なく静かだった。大きな町での宿泊なので、ビジネスホテルにした。ここは大きい風呂があるのが決め手であった。独り占めでゆっくりと浴槽に浸かりほっとしたのだが、洗い場の鏡の位置が高かったのと脱衣場に椅子がなかったのが難点であった。入浴後、夕食に出かけたものの、ＪＲの駅前にもかかわらず適当な店を見つけられず、やむなくコンビニでカップ麺やおにぎり、バナナなどを買う。

10月8日㈮（8日目・通算43日目）　晴れ　19・3㎞

ゼミはやめました

1時45分に目覚める。その直前に見た夢――子どもの頃、住んでいた実家（今はもうない）の居間でひとり本を読むかくつろいでいる。すると中学時代からの友人Aが声をかけてやってくる。黙っていると居間に上がり、納戸をのぞく。そこではかつて祖父が寝ていたこともあったが、散らかっていた。Aは私に気づいて資料をいっぱいに広げ、ゼミの発表に関する説明を始めた。B氏の発表はこの本のどこをどうとか言っている。私はレポートを書かないと決めているので黙って聞いている。すると「ガク」（?記憶があやふや）がどうとか、官僚制がこうとか話す。わからないと言うと、もうひとりAの友人が出てきた。高校の同級生で、かつてAが彼をゼミのメンバーに加えたいと言ったが、私は拒絶していた。彼はテクノクラート、官僚、ガク……としゃべりだす。私は官僚制、テクノクラートはわかるが、「ガク」は聞いたことがないと言う……。そして、私はAにゼミ仲間のC氏が、なぜゼミの連絡ツールのLINEのメンバーから退会したのか問おうとするが……。

ゼミというのは、数年前からAの発案でAの友人らと2か月に一度の頻度で開いている勉強会のことである。メンバーは5人で、岩波新書の「シリーズ日本古代史」をテキストに学習していた。ゼミでは、例えば今回、Aが第1章の内容を発表すると、次回はBが第2章を発表するというやり方で進めていた。シリーズ③の『飛鳥の都』から始め、④『平城京の時代』、⑤『平安京遷都』と順に進んできて、このシリーズの最後となる⑥『摂関政治』の学習が、四国を歩いたこの年の7月に終わった。私はこのタイミングでゼミを辞めた。表向きは耳が悪くなり皆の話がよく聞き取れないという理由からだが……。

伽藍配置にうっとり

7時15分に出発する。JR今治駅の構内を抜け、南西に進む。今治明徳高校、常盤小学校、そして文武両道で甲子園でもおなじみの今治西高校。文字どおり学園通りである。子どもらが挨拶していく。40分ほどで56番泰山寺に着く。何人かのお遍路さんを見かけたが、歩きの人は一人か。小さくまとまった寺である。納経所のおじいさんが、丁寧に時間をかけて墨書、ご朱印をしてくれた。

泰山寺に30分ほど滞在し、次に向かう。もとの広い道路に戻り、少し進んで左折する。のどかな田園風景のなかを歩く。道は広かったり、細くなったりするがまっすぐ進む。蒼社川の手前で右折し、しばらく川に沿って歩き、やがて橋を渡って対岸を行く。栄福寺へは左折していくのだが、どこで曲がるかわからない。妻が軽トラのおじさんに聞いてくれた。57番霊場の栄福寺はこぢんまりした寺であった。納経を終えてベンチで休み、7段ほどの石段の向こう左に本堂、右に大師堂が並ぶ姿にうっとりする。落ち着きがあり、なぜか心なごむ景色だ。体とともに心も休ませる。

57番栄福寺の境内（今治市）

補陀落山へのきつい上り

次の仙遊寺までは２・５㎞だが、ここでもルートを誤ったようだ。地図を見て歩いているのだが、どこで間違ったのか。犬塚池の近くを通るはずであったが、気づけば自動車道を歩いている。ちょうど休憩所があり、それがヘンロ小屋第23号だったので、現在地を確認できた。まだ30分しか経っていなかったが、休むことにした。ここからは車道を上っていく。徐々に勾配がきつくなってきて妻に遅れる。ゆっくりゆっくり上り、少し先に休憩所があるにもかかわらず、手前の広いスペースにあった石のベンチにどっかりと腰を下ろした。10分ほどの小休止のあとも車道を行く。

ほどなく金文字で「補陀落山」と書かれた扁額のある山門があった。仁王像も網戸越しでなくじかに拝観できるが、その余裕もなくさらに車道を上っていった。汗にまみれて到着した58番仙遊寺の境内からは、今治

ヘンロ小屋第23号　仙遊寺接待所（今治市）

市街とその向こうに瀬戸の島々やしまなみ海道が望まれる。また、御本尊の千手観世音菩薩が拝観できた。納経所にストラップが置いてあり、「お一つどうぞ」と声をかけられたので、ありがたくいただいた。車遍路だろうか、大阪ナンバーのセダンで夫婦連れがやってきた。

車道を下って山門まで来て、やはり門をくぐって石段を上るのが本来の参拝道だったと気づいた。坂道を上るのに必死で、冷静に判断できないのか。情けないことだ。往路で休憩した石のベンチで再び休んだ。その反対側の脇から国分寺へ向かう遍路道がある。木立のなかをいく気持ちのいい山道は涼しくて歩きやすい。急な坂も妻を待ちながらゆっくり下っていく。「安政七年」と刻まれた石碑がある。古くから歩き続けられてきたのだろう。どんどん下って集落を過ぎて、平地まで来た。松木という地区に「パンハウスしらいし」というパン屋があった。何種類か買って店の前のベンチで食べた。やわらかくとてもおいしかった。遍路地図にはパン屋は記載されていなかったが、英語版には「Bakery」とあった。

お大師様は忙しい？

さらにまっすぐ行った後、県道156線に出てそれを右に進む。コンビニでアイスコーヒーを飲み、今治国分郵便局に寄ってお金を下ろす。59番国分寺に着いたのは午後2時40分であった。本堂と大師堂でお参りをして、ベンチで休もうとしたが、日陰はない。昼下がりの強い日差しに照らされて汗ばんだ体は火照ったままだ。石像の握手修行大師の右手を握ると温かかった。傍らに札が立てられていて、「お大師様と握手をして　願い事を一つだけ　あれもこれもはいけません　お大師様も忙しいですから　五十九番　国分寺」と書かれている。妻は先月生まれた6人目の孫が、漏斗胸の可能性があるといわれて心配なので、元気に成長するようにお願いしたと言った。私はこのお大師様はずっとここに立ったままなので、そう忙しいとは思えないが、などとバカなことをつぶやく。

国分寺を後にして、今夜の宿へ向かう。引き続き県道156号線を南東へ進む。JR予讃線が並行して走る。遮断機の音が鳴るたびに、妻はスマホのカメラを構えて写真を撮ろうとするが、たいていは2両編成で何の変哲もない普通列車だ。特急の写真を撮れずじまいである。疲れもピークである。桜井小学校の前を通る。下校する子どもたちとすれ違う。挨拶する子、しない子いろいろだ。道は国道196号線に合流し、漆器会館の前を通過する。歩道は雑草が背丈以上に伸びていて、歩きにくい。宿は国道から海側へ少し入ったところだが、その手前の「道の駅今治湯ノ浦温泉」で休む。ネットですごく酸っぱいと書いてあった「島レモン生しぼりジュース」を注文した。店の女性は、よかったら使って、とシロップをつけてくれた。確かに酸っぱい。超酸っぱい。それが時間とともに口の中に広がってきて涙が出てくる。値段は

６００円也。典子さんの飲んだみかんの生ジュースの倍だった。申し訳ありません。

道の駅から国道を横断して、宿に向けて坂道を上っていく。「ホテルアジュール汐の丸」はリゾート的で立派な造りだが、老朽化している。部屋は洋室で、風呂は大きな湯船に露天も小さいながらふたつあり、いろいろ入って独り占めした。ゆっくりできたが、湯を出していなかった。夕食は村上水軍料理というのだろうか。尾頭付きの魚などが盛られた豪快な料理であった。

10月9日(土)(9日目・通算44日目)　晴れ　15・7㎞

１時40分に起きてメモを取る。５時前にフロントへ行って朝食の弁当を受け取る。部屋で弁当を食べてから、身支度を整えて売店へ。土産を買って自宅へ帰る翌日に着くように発送を依頼し、７時５分にホテルを出る。その直後、妻は英語版をフロントのデスクの横に忘れていることに気づき、取りに戻る。やれやれ。

昨日、酸っぱいレモンジュースを飲んだ道の駅は朝市で賑わっている。今日も暑くなりそうだ。国道から離れ、緩やかな上りを30分ほど行くと世田薬師に着く。水分補給と手洗いをすませ、遍路道を行くべきところ県道を行ってしまい、「東予学園」の看板であれっと気づき、地図で確認してコースへ戻る道を進む。道安寺で休憩後、しばらく行って「臼井御来迎」という表示があったのできょろきょろしていると、妻が「こちら」と教えてくれた。道路下にちょっとした参拝スペースがあったが、素通りした。帰宅後に調べると、大師が老婆の願いで臼のなかに加持水を湧かせた霊跡のようだ。一心に拝むと七色の輝きのなかに諸仏の御来迎が拝められるという。何も知らずに通り過ぎたことがまたまた悔やまれる。

「肩を触らせて」

その先の「そごうマート」に寄って、フルーツゼリーを買った。妻はジョア。みかん水が79円と安い。コンビニや自販機では150円ほどする。店前で慌ただしく食べて身支度していると、老婆元へ高齢の女性が「小銭だけですが」と典子さんにじゃらじゃらと何枚も手渡している。昔、お遍路をしたことがあるので懐かしがっていたようだ。「肩を触らせて」と言って、なでている。小銭はあとで数えると625円もあった。ありがたいことです。歩き出してから、妻は名前を聞いておけばよかったと反省。「横峰寺でさい銭にして、おばあさんの分もしっかりお参りしなければ」と言う。

三芳《みよし》という町を抜けて、県道150号線を進む。角を2か所で曲がって、民家の塀に寄りかかり小休止をとる。10時になるともう暑い。その先は県道155号線を進んでいくのだが、ちょうど太陽に向かって歩くので、日差しを正面に受ける。暑い。体中に汗が噴き出している。この道はどこまで続くのかと思いながら黙々と歩く。やがて県道48号線に出た所で、座るところはないかと物色すると、愛媛信用金庫のATMコーナーに椅子があったので勝手に腰掛けて休んだ。暫しの休憩であったが、冷房が入っていて気持ちよかった。

少し先にあったドラッグストアに寄ってパンとコーヒーを買い、駐車場の日陰になっている場所で昼食にした。食後、もう一度入店して飲料を2本購入した。ところが遍路地図にはこの店は記載されていない。若い男性の店員に地図を見せながらこの店の場所を尋ねると、しばらく地図を見つめてから「ここにミニストップがあるので、このあたり」と指をさして教えてくれた。

ミニストップの手前を左に折れて、今度は県道147号線を南東に向かって進む。中山川に架かる石鎚橋を渡ってさらに歩き続け、ドラッグストアから1時間ほど要して、宿に通じる国道11号線に出た。コンビニで、アイスコーヒーと「アイスの実」を買って、イートインで喉を潤した。この日の宿「湯の里小町温泉しこくや」にはすぐ着くかと思ったが、コンビニから25分もかかってしまった。ただ、この日は15キロ余りと歩行距離が短かったので、到着は午後1時40分と早かった。

「しこくや」騒動

まだチェックインできる時間ではない。土産物店を併設しているので、店内をブラブラする。ほどなくチェックインできると声掛けがあった。風呂は3時からとのこと。ここも日帰り入浴ができる温泉施設だ。洋風の部屋でゆっくりくつろぐ。だがこの後、またトラブルが発生する。

部屋の冷房は到着当初は気持ちよかったが、徐々に冷えすぎてきたので温度を上げようとリモコンの温度調節ボタンを押すが、一向に作動しない。何度やってもダメなのでフロントで申し出ると、じいさんが「部屋の温度を上げたいなら暖房のスイッチを押す」とへんてこな回答。それは違うと、冷房の温度を今より上げたいだけなどとしつこく言って、部屋へ見に来てほしいと伝えると、「私が行く」とそのじいさんがついてきた。最初、リモコンでいろいろ操作していたが、おかしいと言って、リモコンを交換すると平常に作動した。おそらく電池切れであったのだろう。簡単なことだが、えらく時間がかかった。とんだ「エアコン騒動」であった。

一方、宿の自販機でアイスコーヒーを買って部屋で飲んでいたのだが、テーブルに載せるのを誤ったのか、じゅうたんの上に落としてこぼしてしまった。妻は濡れたじゅうたんをきれいにするのが大変とぼやいている。こちらは「コーヒー騒動」になってしまった。申し訳ないことです。

10月10日(日)(10日目・通算45日目)　晴れ　26・9㎞

1時15分頃に目覚める直前の夢――武田鉄矢だったか赤頭巾ちゃんの庄司薫かが、これまでの対決型の考えを改めたいというようなことを主張している。それに対して私は新聞に投書するように文章化し、「そうだ。対決ではなく対話、協働していくことが重要だ。〇〇君、一緒にそのような社会を目指そう」てなことを口走っている……。

「しこくや」を5時45分に出発した。朝食をとっていると早くても7時半になってしまう。今日は横峰寺への山登りなので極力早く出たい。宿の主人は昨夕、朝食なしの料金で精算してくれた。昨日も寄ったコンビニでいちごジャムバターパンと牛乳で朝食にした。

四国山地に向かって

大頭《おおず》の交差点から県道147号線を南下つまり四国山地に向かって歩く。平坦な道が続いている。沿道の柿の木は枝もたわわに大きな朱色の実をつけている。やがて幟がたくさん立つ妙雲寺、そして松山自動車道の高架下を通っていくと人家は疎らになってくる。40分ほど行くと東屋の休憩所があったので横になる。その後、道は徐々に上りになって左右に蛇行していく。時々、車が追い越していく。道路わきに「山の喫茶店てんとうむし」の看板の建物があった。自家焙煎珈琲の看板もある。人里離れたこんな所で営業は成り立つのだろうか、などといらぬ感想を抱くが余計なお世話であろう。さらに歩を進め、湯浪《ゆうなみ》の集落を過ぎたあたりで、数人の男性が何か作業をしているようだ。神社が見えたので祭りの準備をしているのだろうか。道路を少し上っていくと、道路の山側斜面に積まれたブロックを刳りぬいて地蔵と石碑が置かれ、男の人が掃除をしていた。「毎日の日課です」と言う人を典子さんは「お大師様に見える」と。石碑には「文化十四年」とあった。

湯浪休憩所に8時15分に着く。宿を出て2時間半経っていた。トイレの建物は大きく、中もきれいである。小屋のベンチで横になって首を休める。三原さんが「88ヵ所中で一番なんぎしましたよ」とLINEで知らせてくれていたことが脳裏から離れず、横峰寺までの上りに備えてゆっくり休憩をとった。乗用車がやってきて夫婦らしき男女が山道を上っていく。もうひとり中年の女性が車で来て上っていく。いずれもハイカーのようだ。さらに同宿であった女性が追いついてきた。やはり来たか、と思いながら出発した。

同行三人　横峰寺への登り

「60番横峰寺　２・２㎞」と書かれた矢印の標識に促され、階段を上っていく。急がずゆっくりと進む。登り口と同じ標識の距離が「１・６㎞」などと減っていくのが励みとなる。遍路道に沿ってせせらぎがあり、それを渡って進んでいく。とても歩きやすい山道である。あと何キロという標示も多く安心して歩ける。休みをとりながらゆっくり登っていく。典子さんは「しっかり歩けてるね」と言う。自分でも思いのほか元気に山登りができていると思う。三原さんが「同行三人がんばれますよ」と励ましてくれたのが効果を発揮したのか、お大師様はもちろん妻にも支えられ、さらに三原さんにも見守られてのお遍路、これが力となっているのだろう。感謝！　感謝！　である。

60番霊場の横峰寺は、石鎚山系の標高７５０ｍに位置している。

60番横峰寺へ続く山道（西条市）

役行者が石鎚山の遥拝所である星ヶ森で修行中、山頂に現れた蔵王権現の姿をシャクナゲの木に刻み、安置して開創したと伝わる。境内に入って右に石段を上るとすぐ右に本堂があり、大師堂は反対側にある。今日は日曜日だ。多くの参拝者が来ていた。若い人が多い。納経所は先ほどの石段を下った所にある。妻が住職に香園寺への道を尋ねると「歩いて来られたのですか」と言って、サラダ味のおかきをくれた。

「香園寺へは左へ左へ」

横峰寺には45分ほど滞在し、再び石段を上って大師堂から左へ道をとる。車やバスで来た人が行き来している。バス乗り場への道との分岐で、「香園寺へは左へ左へ」と言った住職の案内を心して進んでいく。横峰寺から次の香園寺までは9・7㎞の道のりだが、ひたすら下っていくことになる。山道は緩やかな下りや急な坂、枯れ草が積もった道や岩場もあって変化に富んでいるが比較的歩きやすい。それでも転ばぬように慎重に下っていく。ずっと下りかと思っていたが、一度上り返しがあり、それがかなりの距離であった。三原さんは採石場の方へ下りてしまってロスしたとLINEに記していた。その分岐もはっきりわからずさらに下る。横峰寺から1時間半で東屋の休憩所に着いた。パンで昼食にする。

道は徐々に広くなってきて、やがて舗装道路に出た。しかし香園寺奥之院へは長い道のりであった。そこで10分ほど休憩し、町に向かって進んでいく。そろそろ香園寺に着くのではと思っていたが、進むべき方向がわからなくなり、妻が自転車に乗っていたおじいさんに聞く。その後で、青い乗用車から背の高いやさしそうな男性が降りてきた。「お接待です」と言って、「遊心庵休憩所」と書かれた般若心経を写したしおりをお接待してくれた。そのビニール袋には百円玉が二つ入っていた。本当にありがたいことです。その人は妻の地図を見て、「英語のですね」と言ったそうだ。

61番香園寺は鉄筋コンクリート造りのモダンな大聖堂だ。その2階に本堂と大師堂がある。靴を脱いで入っていくと、薄暗い堂内で黄金色に輝く大日如来像が鎮座している。正面に向かって右隣に大師堂があるのだがわかりにくく、何人かの参拝者に尋ねられた。子安大師堂には赤ちゃんを抱いた大師の像が安置されている。妻は納経所で9月に生まれた孫に御守を求めた。

64番は時間切れ

ここから宝寿寺、吉祥寺まではそれぞれ1・5キロほどで、いずれも国道に面している。ただ、もう午後3時20分である。急がねばならない。30分かかって62番宝寿寺に着く。こぢんまりした寺である。狭い境内は多くの参拝者で賑わっている。15分で納経をすませて次を目指す。国道11号線を東にまっすぐ進む。20分で63番吉祥寺に到着したが、もう4時25分だ。こちらも境内はそう広くないが、本堂の甍は左右に尾を引くように流れて美しい。早々に納経を終える。予定では宿の手前にある64番をお参りすることになっているが、今日は無理だ。山門側に回って門前の手前、小さな石橋のたもとに対で据えられた象の石像を見る。非常にユニークである。

吉祥寺を出てそのまま国道を歩き、コンビニに寄ってアイスコーヒーを飲む。もう夕方5時だが、体はまだ熱を帯びて熱い。この後、旧道の遍路道に入り、東へ進んでいく。段々薄暗くなってきた。道路の分岐点で地図を見ていると、車に乗った若い男性が「どちら

63番吉祥寺山門前に置かれた象の石像（西条市）

まで行かれるのですか」「車に乗っていかれませんか」と声をかけてきた。妻が歩きですので、と断ると丁寧に道順を教えてくれた。前神寺の手前を素通りする。ほどなく道路の一段下にある「湯之谷温泉」の灯りが見えてきた。もう6時15分だ。到着するなり、宿の主人は「夕食の最終は6時半から」と言う。2階の部屋に案内され、すぐに食堂へ向かう。休む間もなく風呂、洗濯と迷路のような館内を行き来する。

10月11日(月)(11日目・通算46日目)　曇りのち雨のち回復　17・5km

石鎚山が奥の院

今日の歩行距離は20キロに満たないので、朝はゆっくりめの出発だ。宿にリュックを預けて、昨日時間切れで参拝できなかった64番前神寺に打戻りする。10分ほどで到着。前神寺は真言宗石鉄《いしづち》派総本山である。役行者が石鎚山で修行を続けると、釈迦如来と阿弥陀如来が衆生の苦を救済するため合体し石鉄山蔵王権現となって現れたのを感得し、その姿を刻んで祀ったのが始まりという。もとは常住（成就）にあったとされるが、役行者がその地まで下山してきて、「わが願い成就せり」と言ったと伝わる。以前、ツアーで石鎚山に登った際、ロープウェイを下車して少し行ったところに石鎚神社中宮成就社があったのを思い出した。空海も修行した霊峰石鎚山は、横峰寺と同様に前神寺の奥の院である。

参道を奥へ奥へと進んでいく。昭和47（1972）年に再建された本堂は、入母屋造りでどっしりとして青い銅板屋根が美しい。朝の冷気も心地よい。御瀧行場不動尊は、かつて滝打ち修行が行われていたそうだが、今では水量が少ない。一円玉を投げ入れてくっつくとご利益があるという。一円玉だけでなく、五円玉や十円玉も張りついている。

宿でリュックを引き取り、東に向かって遍路道を歩いていく。山中や田舎道ではマスクを外して歩いているが、人がやってくると慌ててマスクをする。思えば、3月から始めた四国八十八か所巡拝は、当初から「マスク遍路」である。道中で出会うほとんどの人はマスク姿で、今や当たり前の光景となってしまった。マスク掛けで歩いていると息苦しく蒸し暑い。人が過ぎ去ってマスクを外すと、ほっとする。吸い込む空気がさわやかで、胸いっぱいに気持ちよくいきわたる。

うんこ遍路

山裾に広がる田園風景のなかを進み、加茂川に差しかかった。大きな川である。伊曽の橋の欄干に小さな鉄の板が吊るされている。この鉄琴を備え付けの打棒で叩くと「さくらさくら」や「ふるさと」の曲を奏でられるようだ。メロディ橋ともいうそうで、おもしろい仕掛けである。橋を渡って右折すると武丈《ぶじょう》公園に着く。9時半過ぎである。ここで便意を催した。私は夜型なのでいつも宿で用を足すのだが、昨夜はしなかったのだろうか。幸い公園に手洗いがあったので助かった。遍路に来て初めて日中に大便をした。やれやれ。

実は、車谷長吉の『四国八十八ヶ所感情巡礼』を読んで驚いたのだが、彼は「山道でうんこ」「野道でうんこ」「徳島市内の目抜き通りで」「交番の前で」と、所構わずうんこをしているのだ。結願して高野山への途中の極楽橋駅で、駅の手洗いが塞がっていて待っている間に出てしまった「お遍路の最後が地獄駅」というのを含めると、ざっと数えて65回もあった。びっくり仰天である。それを臆面もなく明け透けに綴っている。まさに「うんこ遍路」である。笑いを禁じえずに読み進めたのだが、本人にはつらいことであろう。車谷によると「強迫神経症の薬を服《の》んでいる。これを服むと便秘になるので、下剤もいっしょに服んでいる。ために、しばしば時ならぬ時に便所に行きたくなって、パンツの中で脱糞してしまう」（前掲書・85頁）ようだ。だが、「野糞をした」「今日はうんこを五回した」「人の目を気にせず、パンツを脱いで大便小便をした」とか、しゃがんでいると、百姓のおじさんに話かけられたり、あとから来たお遍路さんが挨拶して通ったなどといかにも楽しそうな書きぶりなのだ。これはもう脱帽である。

11日目にして初めての雨

その後は気持ちよく歩けた。住宅街を抜けると再び田畑の広がる田舎の道だ。10時を過ぎると、いよいよ雨が降り出してきた。道端でリュックを下ろして雨具を出す。いくつかの集落、そして里山の風景。ところどころで進路がわかりづらく、地図で確認して進む。雨脚が速くなってきたので西条飯岡《いいおか》郵便局のひさしを借りて雨宿りをする。雨だけでなく自分の汗も加わって体中がびしょ濡れである。タオルを出して拭いたが、タオルもびしょびしょになってしまった。

10分ほど休んで再び歩き出す。20分余り進んで、ここまで歩いてきた旧道が国道11号線と合流する。この後、並行して旧道の遍路道があったのだが、なぜかずっと国道を歩いた。そのため自由文庫や萩生庵というよく耳にする休憩所をスルーしてしまった。国道は歩道が広くて歩きやすいが、トラックやダンプカーが次々やってきて轟音を響かせて走り去る。今まで何回も経験しているが、この日はなぜ遍路道でなく国道にこだわったのだろうか。ただ惰性で国道を進んでいっただけかもしれない。

新居浜市の中心部に近づいてきたようだ。自動車販売店や金融機関、医院、飲食店などあらゆる店舗が国道の両側に連なっている。そしてさらに進むと、川の手前で国道を左に少し下ったところに、今夜泊まるビジネスホテルがあった。

今夜の宿は「CLOSE」?

午後2時、宿に到着。だが、クローズの札が掛けられ中は真っ暗である。入口は裏側かと回り込むが洗濯場である。反対側かと思って建物の周りを一周するも入口はここだけである。おかしい。電話をしてみるとホテルの中で呼び出し音がなっている。建物には足場が組まれ、何か工事中のようでもある。てっきり廃業したと思い込んだ。幸い、近くには遍路宿がもう一軒ある。妻に電話してもらうと、宿泊できるとのこと。やれやれとその宿へ移動しようとすると車がやってきて、その後、「中から声がして呼ばれたような気がする」と典子さん。事情を説明すると、ホテルの主人は「CLOSE」の掛札に、小さく「16：00オープン」と書いてあるのを指す。別の宿をとったので行こうとすると「キャンセル料が発生する」と言う。やむなくせっかく予約した宿に断りの電話を入れると、感じのいいやさしい女性は嫌味も言わずに了承してくれたようだ。それにしてもそれなりの規模のホテルを営業しているのに、日中は誰もいないなどと思わないだろう。せめて電話ぐらいは通じるようにしておいてほしい。

この日は雨に濡れていたので、入館後にまずシャワーを浴びる。そして洗濯機を回してから夕食に向かう。11号線沿いのチェーン店で牛丼を食べた。

10月12日(火)(12日目・通算47日目)　曇り時々小雨　22・5㎞

遍路地図にない道面地蔵堂

ホテルを6時に出る。南東の山並みの上が明るくなってきて、ちょうど太陽が顔を出そうとしている。ただ雲に覆われてその姿は確認できない。国領大橋を渡って国道11号線を東へ進む。50分でコンビニに着いてパンと牛乳で朝食にした。その後、国道から一旦旧道を歩き、また国道に戻る。上り坂になってくる。遍路地図は関ノ戸の峠まで国道を行くようになっているが、英語版は右に旧道を行くように指示し、「道面地蔵堂」と小さく記載されている。ここは英語版に従って進む。老夫がやってきたので妻が確認すると間違いなかった。小さなお堂と六地蔵であろうか、石仏が横に並んでいる。これでは海外の人の方が遍路道のあれこれを詳しく知ることになるではないか。地蔵堂の前で暫しの休憩をとった。

国道に出て、さらに坂道を上る。峠を過ぎて、やがてのどかな風景が広がる遍路道を進む。9時前に関川のたもとにある熊谷地蔵尊に着き、そこから20分ほど行くと関川公民館があった。玄関先のベンチで休憩させてもらう。妻が中にいた職員に声をかけると、「お手洗いもどうぞ」と声をかけてくれた。2階建ての側面に「愛顔つなぐえひめ国体」とイラストを入れた大きなボードが取り付けられている。「土居中美術部」とあるので、地元の中学生の作品とわかる。後日調べると、「えひめ国体」は２０１７年であったから、このボードはそれ以来、設置されたままなのか。「愛顔」で「えがお」と読ませるようだ。伸びをして、またリュックを背負い歩き出した。

グラウンドゴルフ帰り？

田舎町の静かな遍路道をゆっくり進んでいく。「四国霊場三度栗旧跡」と彫られた石碑が立っている。三度栗大師ともいうようだが、四国にはいたるところに大師に因む旧跡が残されているのを実感する。さらに歩を進めると、前方の川に沿って左手から小さなリュックを背負った高齢の女性が二人急いでやってくる。金剛杖ではないスティックのような物を持っている。お遍路ではないようだ。ゲートボールかグラウンドゴルフの帰りだろうか。その一人は私たちの前に出て、さらに駆けるように橋を渡り、その脇に止まっていた軽トラックに向かった。その後で「ちょっと待って」との声。近づいてきて「どうぞ」と、ドリンク剤を2本差し出した。お接待である。温かい心遣いに感謝して先を急いだ。

10時過ぎに別格霊場12番延命寺に到着。まずは遍路小屋で横になる。首が重く前に垂れてくるので、横になると楽なのだ。目の前に枯れた巨木の大きな幹が横たわっている。屋根をかけ大切に保存している。大師お手植えの松で、いざり松とあった。幹の直径が5m、枝張りは東西30m、南北20mであったが、昭和43（1968）年に枯死したという。道路向こうの延命寺へ。賽銭だけで読経はしなかった。

「私は川之江から嫁いできた」

引き続き旧道の遍路道を歩く。しばらく行くと、美しい築地の角に鳥が大きく翼を広げた珍しい瓦が飾られている。鋭い嘴に眼も怖い。これも鬼瓦の一種だろうか。その先に、遍路宿「つたの家」があった。行程を組む過程で宿泊先に検討したように思う。とてもきれいな宿に見えた。さらに東へと進む。道端に赤い毛糸の帽子をかぶせられたお地蔵さんがあった。妻はいつものように手を合わせ、写真を撮っていると中年の女性がやってきて「この辺に大きな松が植えてあって、……私は三

翼を広げた鳥の瓦（四国中央市）

角寺近くの川之江から嫁いできた」などと話した。川之江は現在では四国中央市だ。ここは旧土居町で今夜のホテルは旧伊予三島市である。合併によって「四国中央」という大雑把な地名になってしまった。歴史ある地名を消していくことは、その地域の歴史までも消し去りかねない、とつくづく思う。いったん国道11号線に出て、その先のコンビニに寄って、腹ごしらえにおにぎりとバナナ、ついでに「アイスの実」も買った。

12時5分前になった。しばらく国道を進み、30分余りでまたコンビニに着いた。イートインでアイスコーヒーを飲む。リュックを置いていた店外の窓枠の隅に、アマガエルがちょこんと座っている。わが家の玄関先でも同じようなカエルが、じっと座っていることがあったので親しみを覚えた。遍路道に戻ると左の下手に国道が見えて、その先には瀬戸内海が顔を出してきた。

寺の参拝がない日は、次に向かってただ歩くだけなので、どうしても単調になる。段々と疲れが重なり、首の重さもあってしんどい。「みかんや」という果物屋を確認し、地図を見ながらもうここまで来たとか、まだこんなところかなどと一喜一憂している。スマホの地図を見ると、この旧道は讃岐街道のようだ。この街道に沿って民家が軒を連ね、町は発展してきたのだろう。とぼとぼと歩いていくと、小さなお堂があったので荷物を下ろし座り込む。諏訪神社というようだ。小雨がパラついてきたので、雨具の上着だけを羽織って歩き出した。寒川小学校や郵便局と地図で確認しながら疲れた体を前に進める。「ヘンロ小屋第43号　しんきん庵・秋桜」に着いた時には3時になっていた。

栄枯盛衰　時代の流れか

休憩の後、伊予三島の市街に入っていく。郵便局のある交差点を左折しJR予讃線の踏切を越えて、少し迷ったが「旅館つるや」の前に大きなビルの「ホテルリブマックス」があった。実は当初「つるや」に宿泊するつもりで、妻が2日前に電話を入れた。だが現在使われていないとのメッセージが聞こえ、廃業したと受け取ったのである。焼山寺や延光寺の近くでも遍路宿が廃業したとの話を聞いていた。コロナ禍で客も減って経営が大変であろうし、後継者の問題もあるだろう。厳しい経営環境のもとで、昔ながらの生業を繋いでいくことはどれほど難しいことだろうか。ましてや向かいに機能性の高い近代的なホテルができると、立ちゆかなくなるのは必然だ。時代の流れとはいえ、一抹の寂しさを覚える。

ホテルでチェックインする前に、近くのパン屋に寄る。ホテルの部屋は大きなベッドに浴室、洗面、トイレが独立していた。部屋の窓から見えた「スーパーフジ」へ買い出しに出かける。旅先で知らないスーパーへ出かけ、ご当地グルメや珍しい商品を見て回るのは面白くて楽しい。

広い売り場をあちこち回って、寿司、ワイン、牛乳、チョコレート、コーヒー、みかんなどを買い込んだ。

10月13日㈬（13日目・通算48日目）　曇り　19・8㎞

4時45分、起床。12時半過ぎに目覚めたが、そのまま横になっていると再び眠ってしまった。よく眠る。疲れがたまっているのだろう。コーヒーをいれてパンで朝食をとり、6時20分にホテルを出る。ここから三角寺までは7キロ足らずだが、350ｍほど上らなければならない。住宅街に入ると、地蔵さんや道標が目につく。国道11号線を横断し、さらに民家が軒を連ねる集落へと進んでいく。松山自動車道の高架下を進み、坂道をかなり上まで来て、どうやら遍路道からはずれていることに気づいた。やむなく戻り、先ほどの高速道路に沿って少し行くと、説明板に（四国中央）市内には道標が約50基あり、うち38基がお遍路のために造られた旨書いてある。右手に進路をとって進んでいくと、ようやく川の向こうに公園が見えた。「戸川疎水公園」と表示された緑の木立の中の休憩所である。東屋でリュックを下ろし10分ほど休憩する。

「Purify, Polish the Henro trail.」

さらに坂道を上っていく。すると道の脇にプレハブの小屋があり、その壁面に漫画チックなお遍路のイラストが描かれていた。「三角寺への歩きへんろ道」と矢印で示し、3人のお遍路さんが「あと3分でひびき休憩所じゃ」「休憩所から三角寺までは30分ぐらいですよ」「頑張りましょう」と話している。頑張って坂を上っていくと、展望が開けた休憩所に出た。薄曇りのためはっきり見えないが、伊予三島の市街地や紅白の高い煙突のある工場が望める。白く蒸気が上っている。そろそろ出発しようとすると、男遍路が一人やってきた。

ここからは樹林帯の中を進んでいく。枯れ枝の間にサワガニがいる。青く美しいカニだ。妻は写真を撮っている。さらに上っていくと、今度は黄色い英語表示

三角寺への山道で見つけたサワガニ（四国中央市）

の札が枝にくくりつけられている。「Purify, Polish the Henro trail. Meizen, SABADAISHI」とある。典子さんにどういう意味か尋ねると、purifyは浄化する、清めるの意。polishは磨くという意味とのこと。おそらく「心を清め、心を磨く遍路道」ぐらいの意味合いだろうか。四国遍路は海外の人にも人気があるようだ。徳島大学で教鞭を執るモートン常慈は、２０１８年に四国遍路を巡った外国人は３４５人で、国別ではフランス、アメリカ、ドイツ、カナダ、デンマーク、台湾の順と紹介している（愛媛大学四国遍路・世界の巡礼研究センター編『四国遍路の世界』ちくま新書・２０１頁）。現在はコロナの影響で外国人のお遍路は皆無と思われる。コロナが落ち着いて、遍路道が再び国際交流の場になればと思う。

桜の季節であったなら……

山道を上りきり、車道を少し進むと65番三角寺に着く。伊予国最後の霊場である。72段の石段を上ると、鐘楼門が迎えてくれる。鐘をついて境内へ。まずはベンチにリュックを下ろして休憩する。本堂は休憩所の奥、大師堂は本堂の手前から十数段の石段を上った先だ。今は紅葉のシーズンだが、四季桜がちらほら咲いていた。大きな杉木立に囲まれて、落ち着いた風情の古刹である。納経所は本堂と反対側、山門を入って右である。対応してくれた女性は、墨が写らないようにと納経帳の袋とじの間にも新聞紙を丁寧に挟んでくれた。やさしい心配りに敬服する。妻に「歩きですか。今日は岡田さんまでですか」と尋ね、「4時間ほどで行けますよ」と教えてくれたそうだ。年少の孫二人に御守を買った。三角寺には俳人の小林一茶も訪れ、「これでこそ登りかひあり山桜」と詠んだという。花咲く春であれば、息を切らせて上ってきて、満開の桜に迎えられたならどれほど感動するであろうか。遍路には桜が似合うとどこかで読んだ気がするが、私たちは春遍路でも、桜が咲き乱れる時季に歩くことはなかった。

三角寺からは右へ進む。車が通れる広い舗装道である。二人並んで歩く。椿堂に向かってどんどん下っていく。ひびき休憩所で、そして三角寺でも追いついてきた男遍路が追い越していく。彼はなぜかレジ袋を手にしている。林に覆われた道には枯れ枝、枯れ草に交ざって、アケビの実がたくさん落ちている。もちろん汚れて傷んでいるので口にはできない。上を見ても実がなっているか確認できないし、木々は石垣が積まれた高台にあるので探しにも行けない。中学生の頃、近くの山へよくアケビをとりに行った。甘い果汁を吸って、大量の種を吹き飛ばす。まさに自然の恵みであった。どんどん下っていく。足が勝手に前に出るのでらくちんである。1時間ほど歩いて、ようやく集落に出た。平山というバス停で休憩し、自販機でオレンジジュースを買って一気に飲んだ。その先の「ゆらぎ休憩所」でまた少し休んだ。

納経しなかった椿堂

引き続き車道を下っていく。高知自動車道の高架下を通って、さらに歩を進めて、やっと椿堂に着いた。もう12時半になっている。三角寺から2時間強かかっている。ひなびたお寺を想像していたが、きれいに整った寺である。真っ赤な火伏不動尊が目に焼きついた。椿堂、常福寺は別格霊場14番札所であるが、庫裏の前に置かれたベンチで休ませてもらい、本堂で賽銭だけあげた。レジ袋の男遍路は、追い越して行ったはずなのに遅れてやってきて、納経している。別格霊場では八坂寺鯖大師と須崎の大善寺で納経したが、宇和島の龍光院と大洲の十夜ヶ橋、松山の文殊院、そして昨日の延命寺では納経をしていない。納経帳に余分のページがなかったせいだが、惜しいことをしたと思う。

椿堂から東へ少し下って国道192号線に出る。ここからは金生《きんせい》川を右に左に見ながら延々と上り坂を進む。今日は曇り空だが、歩いているとやはり暑い。水分補給は怠れない。自販機で飲料を買っていると、そこでまたレジ袋の男遍路が追い越していく。だらだらとした国道の上り。トラックの往来が激しい。1時間ほど歩いて「ヘンロ小屋第37号　しんきん庵・法皇」に着く。休憩所のベンチに座り込んでパンを食べ、横になったりしてちょっと長めの休憩にした。国道をさらに上っていく。道路工事に出くわすと、反対側の路肩に移動する。50分ほどで境目トンネルに着く。菩提の道場の次は涅槃の道場・讃岐であるが、ここでいったん徳島県に入る。今夜泊まる「民宿岡田」もそうだが、あす参拝する雲辺寺も便宜上、香川県の扱いであるが、その寺域は徳島県にある。境目トンネルは855m、文字どおり国境のトンネルである。一段高い歩道を慎重に歩いていく。

93歳翁との楽しい語らい

トンネルを出た後も東へ進んでいく。国道の峠越えをずっと歩いてきて、うんざりしてきた。午後3時を回って、「民宿岡田」の看板が見えてきた。だが、どこから入るのか。そのまま行くと、川に架かる小さな橋があった。その先の畑で高齢男性と中年女性が野菜を収穫している。どうやら民宿の方のようだ。会釈をして玄関へ案内してもらう。上がって部屋に入ると、網戸越しに心地よい風が吹いてくる。

風呂をすますと食事の声がかかり食堂へ。客はレジ袋の男性ともう一人の男性。高齢の主人がエプロンをかけて給仕をしてくれる。食事が終盤になると、主人は手書きの遍路道の略図を2枚配りファイルを片手に立ち上がって話し出す。1枚は民宿から雲辺寺へのルートで、郵便局や寺のマークに墓地、集会所の表示、「急なコンクリート道」「右に行かない」などと丁寧に案内している。この親父さんはポイントとなる場所の写真をかざしながら、流暢な話しぶりで「ここは間違いやすい」などとレクチャーしてくれる。もう1枚は66番雲辺寺から70番本山寺までのルートの略図で、最寄りの宿と電話番号も書いてある。「大平正芳記念館」の表示もあり、大平のことも話してくれたと思うが記憶が飛んでいる。聞き手の客に観音寺ではどこに泊まるのかを尋ねて、あれこれ講釈する。食堂には壁面いっぱいに宿泊客の写真が貼ってある。元首相の菅直人もいる。話はあちらへこちらへと飛び、親父さんが若い頃、広島で被爆したという話を聞いて、レジ袋男性が「私の父は当時、広島にいたが小倉へ転勤になって助かった」と話した。私が、広島の後、長崎に落とされたが当初は小倉の予定だった、と言うと、レジ袋は「そうそう」とわが父は2度命拾いした旨を話した。

「ごずと読んだのはあんたが初めて」

親父さんに年齢を尋ねると「昭和3年、1928年」と答える。とっさに計算して「93」と言えば、「93と1か月」と言う。また、箸袋の住所に「池田町佐野牛頭」とあるのを見て、「ここはごずというんですか」と聞くと、「ごずと読んだのはあんたが初めてだ」と言った。牛頭《ごず》天王《てんのう》について調べたことがあったので読めたまでだ。以前ゼミでの発表にあたって、平安時代の自然災害や疫病の流行に関して御霊会とりわけ祇園御霊会について調べたことがあった。そこで学んだことは以下のようなことである。

古代において疫病の流行は疫神がもたらすものと信じられており、非業の死を遂げた早良《さわら》親王（桓武天皇の弟）や伊予親王（平城天皇の弟）らの怨霊が原因とされた。そこでこれらを手厚く祀れば防げると考えられ、朝廷が神泉苑などで御霊会を行うようになったという。「貞観十一（八六九）年の悪疫流行に際して、日本六十六ヵ国の数に準じて六十六本の鉾を造らせて牛頭天皇を祭り、神泉苑へ送ったのが、祇園御霊会のはじまり」（林屋辰三郎『京都』岩波新書・64頁）で、これが祇園祭の起源と言われている。なお、六十六か国とは律令制の国の数である。

新型コロナウイルスもそうであるが、疫病は外国から来て流行するものが多く、疫病神として入ってきたとされ、その代表が牛頭天王であった。牛頭天王は、もと天竺（インド）の王であったが、南海の龍王の王女のもとに妻訪《つまど》いに行って八王子を儲けて帰ってくるが、行きに宿を貸してくれなかった金持ちの巨旦将来《こたんしょうらい》なるものに仕返しをして一族郎党を全滅させる。一方、親切にしてくれた蘇民将来《そみんしょうらい》という者の娘には、「蘇民将来子孫」という護符を付けさせて救ったという説話がある。報復に全滅させるというのは、衛門三郎伝説を上回るほど残忍な話である。ここでは疫病によって報復したのだが、良い行いをしている者で、牛頭天王を信仰して護符を付けている者は救うということになった。中世史研究者であった脇田晴子は、「疫病にかかった人が悪い人ということになるのは困るが、これによって牛頭天王信仰は、疫病神から疫病除災神に一八〇度転換した」（脇田修・脇田晴子『物語　京都の歴史』中公新書・102頁）と言っている。

首を痛めていることを親父さんに話すと、「これ、あげるわ」と湿布薬をくれた。ペースメーカーを入れているとのことだが、肌艶もよく、しわもない。かくしゃくとして、とても93歳には見えない。民宿は、もとは奥さんがやっておられたのだが20年ほど前に亡くなられ、その後を引き継いだそうだ。今は息子さん夫婦が手伝っているという。

10月14日㈭（14日目・通算49日目）曇りのち晴れ　21・9km

「大和国忍海郡」読めますか？

昨夜、部屋にあった辰濃和男『歩き遍路』（海竜社）をパラパラと読んでいたので、辰濃さんのことやそこに書かれていた話について、親父さんに聞いてみたかったが、一度の縁であれこれ尋ねるのは憚られたのでやめにした。納札を親父さんに渡し、住所の「大和国忍海郡」を示して「読めますか」と問うた。私は納札には自分の住所を空海の時代の地名で記入している。親父さんは「?」という表情だ。「やまとのくにおしぬみのこおり、今は『おしみ』と読みます」と説明する。妻は「これが今の住所です」と言って「奈良県葛城市」と書いた納札を渡した。そこで親父さんは、「牛頭を読めたのはあんただけや」とまた言ってくれた。出発前、玄関先で若女将に親父さんとの写真を撮ってもらった。二人はいつまでも立って見送ってくれた。

雲のほとりへ

「民宿岡田」のすぐ先の交差点の自販機で飲料水を調達する。親父さんにもらった地図を見ながら進んでいく。20分ぐらいして坂道にさしかかったところで、同宿の男が追い越していく。妻によれば、東京の60代で、ペースメーカーを入れているらしい。今は調子がよいと言っていたそうだ。高速道路の下をくぐり、少し行くと山道に入っていく。この遍路道は佐野道というようだが、道沿いには石仏や石碑がたくさん置かれている。「六根清浄」と赤書きされたボードも吊るされている。昔から多くのお遍路がこの山道を上っていったのだろう。上りは本当につらい。妻に遅れ、しょっちゅう足を止めて休み、呆れられる。それでも歩き続けねばならない。

66番雲辺寺は、標高911mと四国霊場で最も高い位置にある。勤めていた時に団体の旅行でロープウェイを使って来たことがある。八十八か所で唯一訪れていた寺だ。遍路では一番の難所と思っていたが、その後、焼山寺や横峰寺の話をいろいろ聞くうちに、大したことはないのでは、と高をくくっていた。だが、歩いてみるとやはり苦しい上りであった。

山道から車道に出る手前で、レジ袋の男性が追いついてきた。今日もやはりレジ袋を手にしているる。妻によると、茨城県の50代とのことだ。昨日の夕食時の会話を聞き取って教えてくれるのである。私は耳が遠いが、それ以前に人の話をしっかり聞こうとしない、といつも指摘される。車道に出てまっすぐ進む。山の霊気が冷気となって汗にまみれて熱を帯びた体に心地よい。この車道がまた長い長い道のりであった。寺に近づいていくと、杉木立が霧でかすんでいる。厳かな雰囲気のなか参道を進んでいく。

はるばると雲のほとりの寺に来て月日をいまはふもとにぞ見る

夫婦杉という大木を左に見て進んでいくと、仁王門の右手の建物の軒先でレジ袋の男性がガイドブックを見ていた。どうやらレジ袋に地図やガイドブックを入れていたようだ。私たちも少し休んでからまず本堂で読経する。続いて上手にある大師堂へ。読経の後、写真を撮ってから納経所でご朱印をいただいていると、私は気づかなかったが担当の人が「車遍路の方には駐車場の協力金をお願いしている」と言ったようだ。隣から典子さんがすかさず「歩きです」と返した。「失礼しました」と詫びたが、車で来たと決めつけたような言いぶりは感心しない。何か土産物でも買おうかとあれこれ物色していたが、典子さんに「もう出よう」と促された。納経所の反対側に「おたのみなす」がある。真ん中を刳りぬいた茄子の形をした石造のオブジェは、願い札がいっぱい貼ってあり白い布をかけられたように見える。くぐった先に茄子をリアルにかたどった黒い石があり、そこに腰掛ける。「くぐって腰掛ければご利益倍増」とある。茄子の花はひとつの無駄なく実になるという。それと「成す」との語呂合わせで、努力が報われて願いがかなうという。今はただ、首の痛みが癒えるようにとお願いした。

雉を撃って、花を摘む

歩き始めると若い女性遍路が、大きなリュックを背負って会釈し追い越していった。私たちは五百羅漢を眺め自分に似た羅漢はないかと探すが、そう簡単に見つけられるものではない。適当に写真を撮って、寺を後にした時には10時45分になっていた。結局、1時間以上滞在したことになる。67番大興寺までは9・8㎞もある。先を急ごう。ほどなく遍路山道に入る。枯れ葉に覆われて歩きやすい。あたりは霧が立ち込めて幻想的である。小松尾寺道と刻まれた道標が立っている。大興寺は、地元では山号にちなむ「小松尾寺」と呼ばれているとガイドブックに書いてあった。山道は徐々に下りになり、やがて坂も急になってくる。遍路マークや案内標識が多いので、わかりやすく歩きやすい道だ。そのなかに「心をあらい心をみがくへんろ道」「鯖大師　沙門　明善」とある小さなボードが道端の枝にくくりつけられていた。三角寺の手前で見た英語表記のボードはこれを英訳したものだと気づいた。そこにも「Meizen,

SABADAISHI」と書かれていた。おそらく鯖大師の「めいぜん」というお坊さんがお遍路をして案内札をつけているのだろう。「心をあらい心をみがく」とは、含蓄のある言葉である。

12時頃になって、山道沿いのちょっとしたスペースに置かれていたベンチに腰かけ、「岡田」でいただいたお接待のおにぎりを食べた。やはりパンに比べご飯は力が出るような気がする。妻は「野鳥を観察しよう」という香川県が設置した説明板を写真に収めている。30種の野鳥をイラストで紹介している。ゆっくり休憩し、妻は遍路に来て初めて花摘みに行った。私が雉撃ちに行くのは3回目か。

50年ほど前、大学で山歩きのサークルに入っていた。山では手洗いのない区間が結構あるので、野郎どもは「雉を撃ってくる」と言って用足しに行き、女性部員は「お花を摘んできます」と言いながら草むらに消

66番雲辺寺の五百羅漢（徳島県三好市）

えていくのである。だが、高山植物を摘んではいけないと言われだしてから久しい。現代の山ガールは何と言って草むらへ入っていくのだろうか。

その後、また坂を下っていく。延々と続いている。妻は膝が痛くなってきたのか、階段を横歩きで下りてくる。ペースも遅れてきた。ゆっくりと進んでいくとやがて視界が開け山道を抜け出した。ここからは車道を進むが、それが単調でどうしてもだらだらとした歩きになってくる。疲労もたまってきた。岩鍋池という大きな池に沿っていくと、一軒家の休憩所があったので、軒先に座って休憩した。善根宿として利用されているのだろうか。英語版には「Tsuchibotoke Kannon 土佛観音院」と記されている。秋の日ののどかな昼下がり。ゆっくりしたいが、先はまだ遠い。重い体を起こして再び県道を歩いていく。田園が広がり集落が見える。大興寺にはなかなか辿り着かない。さらに進んでいくと正面は大興寺の境内のようだ。ここからでも行けそうだが、表示に従って仁王門から入ることにした。

仁王門にある金剛力士像は運慶の作と伝わるが、頭部は江戸時代に替えられたという。雰囲気が東大寺南大門のそれに似て、いかにも古めかしい。像高は３１４㎝あり八十八か所で最大という。緑に囲まれた石段を上って境内へと進む。樹齢１２００年余りとされるカヤの巨木は、県の自然記念物に指定されている。納経をすませると、担当の僧は、今夜はどこに泊まるのかと尋ねて、そこへの道順を教えてくれた。妻がはい、はいと言って真剣に聞いている。

ホテルにコインランドリーはない！

観音寺市のホテルに着いたのは5時半近かった。シャワーを浴びて洗濯をしようと思ったが、ホテルに洗濯機はないという。コインランドリーは２００ｍほど先のショッピングセンターにあるらしい。21時で閉店と聞き、妻は夕食が19時半であることと洗濯と乾燥の推定時間を勘案し計算をしている。夕食前に洗濯機を回して終わるまで待ち、それを乾燥機に移してからホテルに戻って食事をとり、その後に再度ランドリーへ行くという段取りだ。ホテルの裏口から出て駐車場から道路を渡り、さらにその先でまた道路を渡る。ショッピングセンターは灯りに照らされているが、あたりは暗く道はがたがたである。信号のないところをさっと横断する。コインランドリーはショッピングセンターの一角、西松屋の隣にあった。新しくて洗濯機と乾燥機がずらっと並んでいる。洗濯は30分。その間、飲み物でも買おうと、スーパーへ向かう。ランドリーに戻って、椅子に座って飲みながら洗濯ができるのを待つ。しばらくして洗濯が終わり、乾燥機に移して店を出た。

危険!!　暗い道でアクシデント

スーパーの駐車場から歩道に移り、横断歩道の少し手前で車道と歩道を仕切っているブロックを越えて道路の向こう側へ移るや否や、後ろで「バタッ」と大きな音がして妻が倒れている。痛いのかなかなか立ち上がらない。私の後をついて道路を渡ろうとしたが、暗くてブロックがわからずに足を取られ、前かがみに倒れて顔面を強く打ちつけたようだ。手を貸して何とか起き上がると、マスクが真っ赤である。一瞬、歯が折れたのではと思ったが、鼻からの出血のようだ。右膝も打ったようでいかにも痛そうである。誰かがやってきて「大丈夫ですか、どうされました」と声をかけてくれた。警ら中の警察官であった。事件性がないか確認し、ポケットティッシュをくれた。私はハンカチもティッシュも持ち合わせていなかったので助かった。妻を抱えるようにしてホテルへ戻ったが、その道すがら2019年に亡くなった彼女の母が存命中であれば、「うちの典ちゃんをどうしてくれた！」ときつく叱責されただろうなあと思った。ホテルに戻っても出血はなかなか止まらなかった。つなぎ遍路パートⅣの最後の夜にとんだ事故に見舞われてしまった。

それにしても、いつも文句を垂れ、悪態をついている私ではなく、なぜ妻がけがをしなければならないのか。これでは衛門三郎の子どもと同じではないか。大師はどうしてこんな理不尽な仕打ちをされるのであろうか。

夕食後、バスタブに湯を入れ「まだ満杯にならないと思う」と言って1階まで飲み物を買いに行った。戻ると、典子さんが「満杯になっていないけど、洗面室の入口付近に水がにじみ出ているのでバスマットで拭いて下を向いたら、また血が出た」と言う。よく見ると壁面から漏れている。上の階から流れてきているようだ。ホテルに伝えると部屋を変えると言う。荷物を広げているので移るのは大変なのでそのままにした。典子さんの事故に加えホテルの漏水と、何という災難であるか。そもそもこの遍路で、洗濯設備のない宿は他にはなかった。明日、電車で帰るので毎日はいていたトレッキングパンツも洗いたかった。そうでなければ暗い夜道を歩いて、コインランドリーへ行くことはなかったのにと悔やまれる。ホテルも事前に部屋のチェックをしておくべきである。観音寺の一夜は、暗い思い出しかない。

10月15日㈮（15日目・通算50日目）晴れ　0・4㎞

帰る日は、観音寺ではゆっくりして12時頃の列車に乗る予定であった。考えようによっては、68番神恵院と69番観音寺をお参りすることもできた。そうすれば次回は、観音寺駅から直接70番の本山寺へ行くこともできただろう。だが、このホテルに長居はしたくなかったし、妻は負傷し歩き回れる状態でない。膝も心配だと言う。調べてみると、幸い9時53分の特急に乗れば昼過ぎに大阪に着く。朝食後、早々にホテルを出た。今日も朝から日差しが強い。10月も中旬だというのに、まだ暑い日が続くのだろうか。

観音寺を午前中に発ったので、帰宅時間は当初の予定より2時間ほど早かった。妻は夕方に近くの医院へ出かけた。転倒して鼻のあたりと膝を強打したので、診察してもらうためである。医院の受付でその旨伝えると、「院長と整形の先生のどちらにされますか？」と聞かれたという。典子さんは当然のように「整形の先生で」と応じたそうだ。2か所のレントゲンを撮って、右膝は骨折やひびは入ってないので大丈夫だが、鼻は骨折しているようだった。「痛いでしょう。痛いけど処置方法はないので自然に治るのを待つだけです」「膝には湿布薬を出しておきます」と言われたという。妻は毎日湿布を貼り、鼻は痛くて顔を洗うのも苦労していたが、大事には至らなかったのでほっとした。

後日談——ゼミは辞めたけど

今治のビジネスホテルに宿泊した夜、ゼミと呼んでいた勉強会のメンバーが夢に出てきた。このことは既にふれたが、なぜそんな夢を見たのか。私は遍路の間も、ゼミのことやメンバーのことをあれこれ考えながら歩いていた。6年間続けてきたのに辞めてしまったこと、メンバーとのやり取りなど様々なことが頭から離れなかった。そのせいで夢まで見てしまったのかもしれない。ゼミは2015年3月から当初、中学時代からの友人Aとその知り合いで2学年上のB氏の3人で始めた。同年中にはAの元同僚を加えて5人となり、2017年からは岩波新書のシリーズ日本古代史『飛鳥の都』をテキストにし、その後も同シリーズを使って古代史の学習を続けてきたのである。

『飛鳥の都』の学習が終わって、Aの元同僚のC氏が、「勉強会の成果をレポート集にまとめてはどうか」と提案した。私も勉強してきたことを何か形あるもので残したいと思っていたが、製本するとなれば業者に頼まざるを得ず、それなりの費用を要するので躊躇していた。ところがC氏は、レポートを印字した紙を裁断し背を糊付けにして製本できると言うのである。彼の好意に甘えて製本作業をお願いし、２０１８年7月にレポート集が完成した。文字どおりの手作りである。ゼミの進捗に合わせ、２０２０年2月には2冊目となる『平城京の時代』のレポート集を「発刊」したが、この時は、C氏の指導を受けてメンバー全員で製本作業を行った。レポートの内容は、学習した時代に関することであれば何でもよいとし、銘々が関心をもつテーマで書いた。私は、『飛鳥の都』では「天皇号はいつ成立したか」とやや硬い筆致の文章をしたためたが、『平城京の時代』では、女子大生の天平美弥子《あまひらみやこ》が祖母・藤原京子と東大寺や興福寺などを巡って、奈良時代の仏像について語り合う物語風にして少し面白く書いた。

レポート集の第2巻が完成した同じ月に、このシリーズの最後となる『摂関政治』の学習に入った。折しも新型コロナウイルスの感染が拡大し、その後しばらく休会を余儀なくされたが、

11月には再開して学習を続けた。そして2021年2月のゼミで、第3巻となる『平安京遷都』のレポート集を発刊することを決めたのである。またこの日、ゼミの連絡ツールとして全員がLINEでつながるようにした。Aと二人の同僚は、すでにLINEのグループを作っていたので、そこにB氏と私が加わったのだ。数日後、Aら3人のトーク履歴をテキスト化したものが送られてきた。送信者はそのLINEグループの管理者となっているメンバーであろう。そこには私に関するAとC氏のやり取りが残されていたのだが、それを読んで即座にゼミを退会しようと決心したのである。私はゼミの運営でAの提案を退けることが多く、そういう進め方ならゼミを辞めるなどと口走ったりしていた。彼の発表についても厳しく批判していた。Aにすれば楽しく勉強したいと思って始めたのに、苦痛の種になってしまったのだろう。私とのやり取りに困り、C氏などに相談していたようだ。それは容易に推察できるし、そのことをとやかく言うつもりはない。ただ、そのやりとりを私本人が読めるように公開する無神経さに腹立たしさを禁じえなかったのである。

私たち夫婦は、『摂関政治』の学習の合間を縫うように、2021年の3月、4月、5月から6月と3回に分けた春遍路に出かけた。遍路の少し前にゼミを辞めると決めていたので、第3巻のレポートを書くつもりはなかった。ところが、5月の末に40番霊場観自在寺を参拝して、「平城山」という山号や、この町の地名も平城《ひらじょう》ということを知って、なじみのなかった平城天皇に関心が向いたのである。そもそも平安時代の天皇が、なぜ「平城」なのか。春遍路の整理をそこそこに、夏の期間を利用して図書館で平城天皇の評伝などを借り、少し調べ始めた。在位がたった3年であること、太上天皇として平城京への遷都を企てたことや弟の嵯峨天皇との確執などから、ユニークな天皇の姿が浮かびあがってきたのである。そうなればこれまでゼミでやってきたことの延長で、レポートとしてまとめるほかないとキーボードをたたき始めたのだ。勝手に書き始めたレポートであるが、ゼミとして学習してきたことの締めとしてまとめられ、ひとり満足しているのである。

遍路小屋の片隅で IV

おててつないでケンカして

そもそも私たちは、なぜ夫婦で遍路をしているのか。私はそれなりの時間をかけて、遍路に関する書物を何冊か読んできた。新聞の遍路特集の記事を切り抜いて保管もしていた。遍路への思いを温めてきたともいえよう。だが妻は、本は読んでいたようだが特に関心を示していなかった。阿波一国参りを始めるに際し、「一緒に行こう」と誘うと、「そうやね」「まあ、阿波ぐらいは歩いてみてもいいかな」「面白かったら続けてもよし、嫌ならやめてもよし」といった反応であった。ところが阿波で、私は背負っている荷物が少し重すぎたのか、ずっと下を向いたまま地面だけを見つめて歩いていた。遍路マークを見落として進行方向を誤ったり、赤信号に気づかず横断したりと、はた目にも危なっかしかったのであろう。結果として首を痛めたのだが、妻にすれば、それでも私が阿波だけで断念するとは思えず、ならば「ついて行くしかない」と意を決したそうである。そんなことで夫婦《めおと》遍路は阿波から土佐、そして伊予へと続いてきた。ありがたいことである。感謝!!

コロナ禍さなかでの遍路であったので、歩いていてもたまにしかお遍路さんを見かけず、宿でも客は少なかった。宿泊は私たちだけのこともたびたびあった。夫婦のお遍路と同宿したことは知りうる限りない。記憶に残るのは、40番観自在寺の近くで出会った菅笠を被った立派な夫婦遍路さんである。二人並んで仲睦まじく参道を上ってきた。私たちも道幅の広い所では、横に並んで歩いた。傍目には仲のいい夫婦に見えるだろう。29番国分寺で出会った男性遍路は「夫婦でよろしいですね」「前回は妻と一緒でしたが、今回は来てくれなかった」と言っていた。手洗いが心配なので、躊躇するとのことだ。実際、私たちの夫婦遍路はどうであったのか。歩くだけで精一杯という場面が多いのだが、時折は話しながら歩いた。大抵はたわいもない会話である。徳島や高知の山間部で廃校（休校）となった小学校を見かけた時などは、私はもはや児童を学校に集めて教えるというのではなく、オンラインや高齢者など地域の人材や施設を活用した形態も取り入れるべきだなどと自説を唱える。妻は日本の学校は上から教えるだけで、子どもに自ら考えさせることに力を注がない、とこれまた持論を述べることもあった。

また妻は、金剛杖で「トントン、ツーツー」などと自分でリズムを取り、「歩こう歩こう……」というトトロのテーマ音楽や「ロシアのおじさん言うことにゃ……」とパルナスピロシキのコマーシャルソングに合わせて歩いていると言う。歩いているといろんなメロディが浮かんでくると楽しそうに話してくれた。だが、四六時中一緒で、それが何日も続くのである。いさかいは絶えない。大概は私がこうしろ、ああしろと指示を出すことに「なんで合わさないとあかんの」と妻が反発することだ。45番岩屋寺へ参拝する前、「いやしの宿　八丁坂」は荷物を預かってくれるというので、リュックを預けウエストポーチだけで行こうとすると、妻は納経帳などが入りきらないとリュックも持っていくと言う。そこで私は「一つにしろよ」と言い、言い合いになるのである。46番浄瑠璃寺の門前の宿「長珍屋」で、朝食に行こうとすると妻は「ノートがない」とリュックや布団をひっくり返して捜している。私は「どこへやったんや」「出発が遅れるやないか」などとがみがみ言う。後で妻は、「自分もしょっちゅうものを無くしたりするくせに、私の時はうるさく言う」と指摘する。私はキャッシュカードを置き忘れ、ピタパというICカードを落としてしまった。図星である。「自分に甘く、人には厳しい」とも言う。さもありなん。

観音寺市での夜のこと。ホテルからコインランドリーへ行った帰り道、妻が歩道と車道を仕切っているブロックに足を取られて倒れこみ、マスクが真っ赤に染まった。歯が折れたのかとびっくりした（翌日、帰宅後に医院へ行き、鼻の骨が折れていると診断された）。右膝も強打したようで、抱えるようにしてホテルに戻った。私が横断歩道ではなく、少し手前でブロックを飛び越えたのがいけなかったのだ。私と同じところを渡ろうとして、妻はブロックに気づかず足を取られたのである。60番横峰寺への登りを心配していたとき、三原さんはLINEで「同行三人がんばれますよ」と励ましてくれ、「奥さんのおかげです」と送ってくれた。ここまで遍路ができたのは文字どおり妻のおかげである。私がけがをするのならまだしも、妻を痛い目にあわせたことに本当に申し訳ないと思った。だがそんな気持ちとは裏腹に、日が替わらぬうちにも悪態をついてしまうのだ。全くもって困った人間である。

パートＶ

晩秋の讃岐路

2021. 11. 24～12. 3

84番屋島寺本堂の前での読経
（香川県高松市）

パートⅤで巡拝した霊場

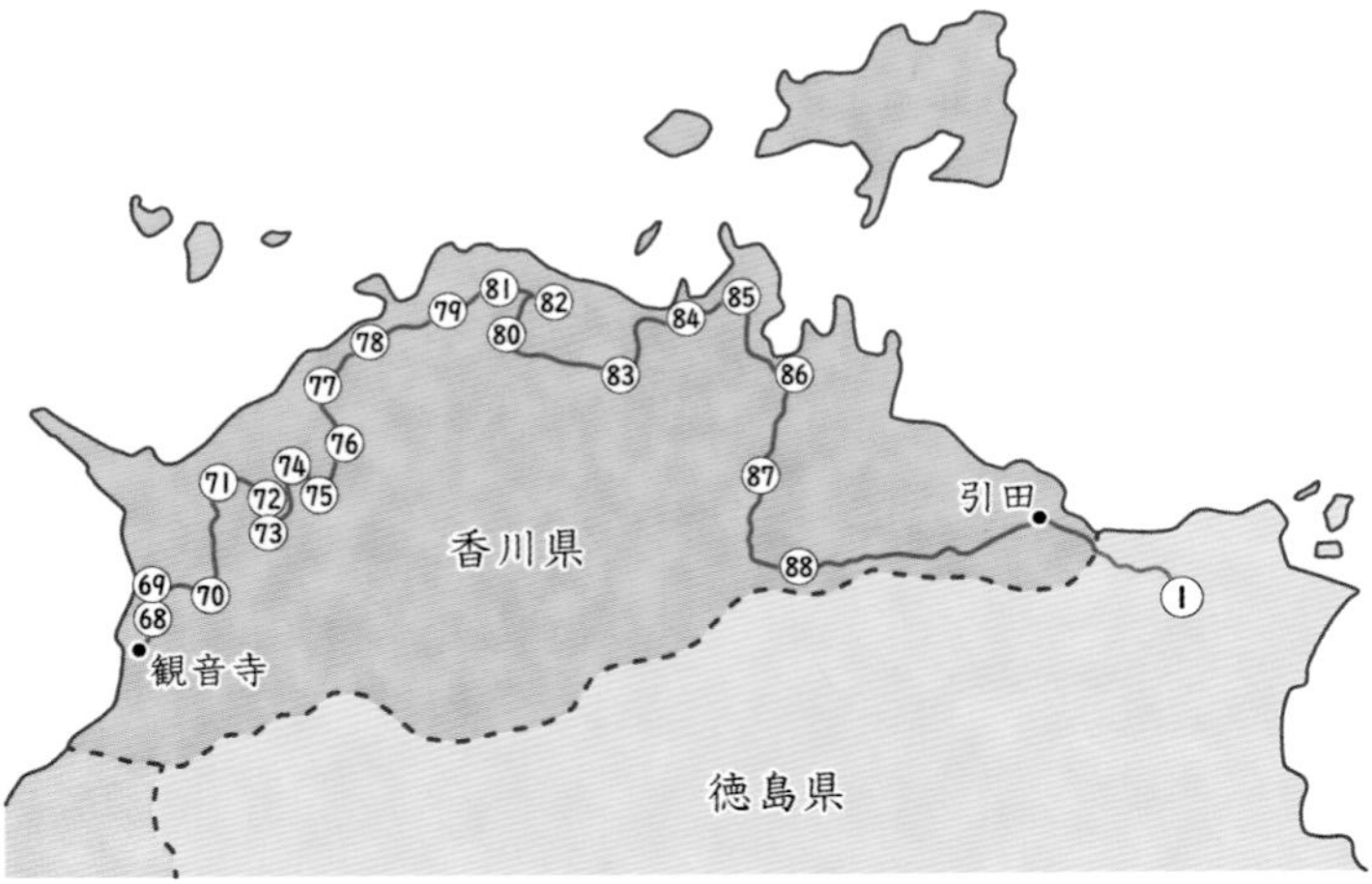

68	神恵院《じんねいん》	75	善通寺《ぜんつうじ》	82	根香寺《ねごろじ》
69	観音寺《かんのんじ》	76	金倉寺《こんぞうじ》	83	一宮寺《いちのみやじ》
70	本山寺《もとやまじ》	77	道隆寺《どうりゅうじ》	84	屋島寺《やしまじ》
71	弥谷寺《いやだにじ》	78	郷照寺《ごうしょうじ》	85	八栗寺《やくりじ》
72	曼荼羅寺《まんだらじ》	79	天皇寺《てんのうじ》	86	志度寺《しどじ》
73	出釈迦寺《しゅっしゃかじ》	80	国分寺《こくぶんじ》	87	長尾寺《ながおじ》
74	甲山寺《こうやまじ》	81	白峯寺《しろみねじ》	88	大窪寺《おおくぼじ》

10月の遍路を終えてから1か月余り。結願に向けた5回目、最後のお遍路である。晩秋の讃岐路を歩くのだが、コロナ感染が落ち着いているので少しは気楽にできるだろうか。あと21か寺も残っているが、全国で最小面積の香川県なので歩行距離はそう長くない。第1番霊山寺に戻り、さらに初回時に高速バスが運休となったため行けなかった霊山寺奥の院の東林院と、1番前札所の十輪寺にお参りする行程を組んだ。それでも日程的にはゆったりしている。ただ、これで最後かと思うと、やれやれという気持ちとともに一抹の寂しさを覚える。

11月24日㈬（1日目・通算51日目）　晴れ時々曇り一時小雨　12・5㎞

今回も5時22分発の始発の電車で出かける。晩秋のこの時期は、1回目の早春と同様にまだ真っ暗だ。小雨がぱらついていたが、傘はささずに濡れて駅へ行く。近鉄の大阪阿部野橋駅からJR天王寺駅へ出て、そこから環状線で大阪駅、乗り換えて新大阪駅へ。新幹線の改札構内は、遍路で利用した前4回と比較にならないほどの旅行者でごった返していた。

参拝順序がめちゃくちゃ

香川県の観音寺駅には9時38分に着いた。金剛杖の梱包をほどき、菅笠を出す。笈摺を羽織り、輪袈裟を身に着ける。55分に駅舎を出て、歩きはじめる。空はすっかり晴れわたっている。68番神恵院と69番観音寺は同じ境内にある。それは事前に知っていたのだが、いざ現地に着くとろくに確認もせずに、勝手に本堂と思い込んで読経を始め、さらに隣の大師堂で読経したのだ。そこでやっとおかしいと気づいた。寺の配置図で確認すると、どうやら68番大師堂、69番大師堂、68番本堂、69番本堂の順でお参りをしていたようだ。お恥ずかしい限りである。

一つの納経所で二つの寺の納経を終え、スマホを片手に境内を行き来しながら、石段の上にある薬師堂を撮ろうと後ずさりをしているとバランスを崩し、思わずベンチに手をかけたのだが、ベンチともども倒れこんでしまった。大事には至らなかったが、こんなことで倒れてしまうとは、本当に情けない。あわてずに年相応の動きをしないと、そのうち大けがをしてしまう。肝に銘じよう。

「寛永通宝」は見えたが……

薬師堂の脇から坂を上って展望台へ行く。「寛永通宝」の銭形砂絵ははっきりと見ることができた。周囲345mもあり、寛永10（1633）年に造られたというから驚きである。展望台のさらに上手に鳥居が見えたが、そちらへは行かずに、右手から下る道があったので下りていった。道の駅に出て、隣に「きたのうどん」があった。どうやら琴弾《ことひき》八幡宮の西側を下りて、少し遠回りになったようだ。まだ12時前だが、せっかくなので昼食にしてうどんを食べる。支払いをすませて出てきた妻は、五円玉4個のお接待を受けたと言った。南無大師遍照金剛。

財田川に沿って歩く。気持ちのいい遍路道だ。川のある風景はいい。ただ、あたりは遍路マークが少ない。遠くに見える建物の上に五重塔の先端が見える。本山寺だろう。そこを目指して歩いていく。

70番本山寺の仁王門は、国の重要文化財に指定されており、どっしりとした構えの八脚門であるというが、

琴弾山から見る銭形砂絵（香川県観音寺市）

私には小ぶりに見えて、とてもどっしりとしたふうには思えなかった。また、車谷は国宝の本堂を「いままで歩いて来たお遍路では一番美しい建物だった」（前掲書113頁）と言うが、そのような印象をもつことができなかった。ただ、修復中であるものの、五重塔は天空にすっと伸び、美しく風格のある立派な塔であった。

本山寺からは国道11号線を歩く。広い歩道があるので歩きやすい。本山寺とその先で時折小雨が降ってきた。コンビニで雨宿りがてらにコーヒーブレイクにする。その少し先からは国道を離れて集落内の道を行く。道の左右にため池が次々と顔を出してくる。香川の名物はうどんとため池だ。歩を進めると、広い道に出たので国道と勘違いし、左に進んでわからなくなってしまった。スマホの地図アプリで確認し、高瀬駅を目指す。数年前、大学で同じゼミであった友人の墓参で訪れた際に、３人の友達と降り立った駅である。

この日の宿は、高瀬駅から少し先の「千歳旅館」だ。宿には「仲良く千歳まで」と書いた菅直人の色紙が飾ってあった。平成25年９月22日の日付で、第94代内閣総理大臣と記されていた。女将さんは親切でいろいろ話しかけてきた。亭主も気さくで楽しい夫婦が営む宿と思える。女将さんがインスタントコーヒーを入れてくれ、洗濯もしてもらえた。夕食は部屋食で、ゆっくり食べることができた。膳を片付けた後、夫婦で仲良く布団を敷いてくれるのであった。

11月25日㈭（2日目・通算52日目）　晴れ時々曇り一時小雨　16・8km

さようなら女将さん

朝食をいただき、7時10分に出発。女将さんは玄関で見送ってくれる。さらに裏口から出てきて、道はこれを真っすぐ、などと教えてくれ、いつまでも見送ってくれている。道路を渡る歩道橋の上から手を振ると、同じように振り返してくれた。「千歳」も「岡田」の親父さんの地図と同じような手作りの略図をくれた。71番弥谷寺とその先までの地図で、四国新聞店や理髪店など具体的な記載がわかりやすい。ささやかだが細やかな心遣いがうれしい、ほのぼのとする宿であった。

国道11号線に並行する集落沿いの県道221号線を行く。時折、自転車で通学する中高生とすれ違う。道はわかりやすかったが一か所行き過ぎ、大見小学校の手前で右折して遍路道に戻った。「道の駅ふれあいパークみの」で休憩し、みかんジュースを飲む。ここからは71番弥谷寺への本格的な上りである。仁王門から262段の石段を上り、さらに108段の階段を上る。6歳のころ、10、14、17、22、29、30歳……そして60歳と、そのころの自分を思い出しながら、そして72からはこれからの自分を想像して上っていこうとしたが、思い起こすより先に次の段に移ってしまい、うまくいかなかった。やれやれ。

本堂へはさらに170段上り、計540段である。この数は「四国八十八ヶ所霊場会」のホームページによるものだが、「千歳旅館」でもらった略図には計538段とある。仁王門からの石段が260段と2段少ない。ほかにもガイド本によっては「531段」や「530余」などまちまちである。

獅子の岩屋を忘れていた

弥谷寺の本堂で読経し、大師堂へ下りていく。途中、阿弥陀三尊摩崖仏などを写真に収める。大師堂は靴を脱いで入る。何組かの参拝者が、入れ替わって読経している。洞《ほら》地《じ》蔵尊《ぞうそん》を板間に座って岩壁の上方を見上げて参拝するのだが、痛い首を持ちあげ瞬間的に拝んだ。

71番弥谷寺の阿弥陀三尊摩崖仏
(三豊市)

その先、大師堂の本尊の裏に奥の院「獅子の岩屋」があるのだが、それを知らずに納経をすませて大師堂を出てしまった。「獅子の岩屋」は大師が7歳の頃に学問に励み、その後、真言密教の修行をしたところと伝わり、大師とその父母の仏像などが安置されているという。なぜ廊下をもう少し先まで進まなかったのか。惜しいことをした。参拝前にせっかく作った遍路メモを読み返すべきであった。そのわずかな時間をけちるべきでなかった。

紅葉に染まる我拝師山　曼荼羅寺から出釈迦寺へ

72番曼荼羅寺までは3・6㎞、1時間足らずの行程である。竹やぶの中の遍路道を行く。千歳旅館でもらった地図に「上り5分、下り10分」とある。かなり急な下り坂で、妻はサポーターをつける。当初、上りが5分のところをなぜ下りで10分かかるのか不思議に思っていたが、道は5分上り、次に10分下るということだと後で気づいた。とんでもない勘違いである。

曼荼羅寺を間近にして、どこから入るのか、遍路マークと地図が示す方向が異なり困ったが、地図の歩き遍路道を行って、境内に入った。納経を終えて、東側の門から出た。これが仁王門であった。ここからさらに坂道を上り、73番出釈迦寺へ向かう。こちらもこぢんまりした寺だ。納経所でリュックを預かってもらい、捨身ヶ嶽禅定へ行く。急な上りが続く。30分ほどかかっただろうか。息も絶え絶えに上りきると、紅葉で染まった我拝師山が眼前に迫る。480m余りの山だが、山容は急峻で美しい。
出釈迦寺でリュックを引き取り、曼荼羅寺の手前まで下り、東に進路をとる。のどかな田園風景のなかを歩いていく。途中、右折する地点がわからなかったので、前方からランニングでやってきた若い女性を立ち止まらせて道を尋ねた。腕に巻いていたラップメーターであろうか、スイッチを止めて適確に教えてくれた。典子さんは「賢そうな子だった」と言う。高校生かもう少し上か、ともかく時間を計って走っていたのを止めてしまったことに申し訳ない気持ちになった。どうもすみませんでした。

我拝師山の捨身ヶ嶽禅定を望む
（善通寺市）

田んぼの間の道をさらに進むと、甲山の麓に建つ74番甲山寺に着く。弘仁12（８２１）年、大師は嵯峨天皇から満濃池の修築を監督する別当に任じられ、難工事を3か月で成功させたが、その報奨金の一部でこの寺の堂宇を建立したという。ここでも毘沙門天の岩窟を見落としてしまった。

セルフでおいしい宮川うどん

善通寺まではわずか１・８㎞だ。まだ昼の２時半なので時間はある。市街地に出てきた所に「宮川うどん駐車場」の看板。店はどこかと周囲を見渡すと、進行方向の反対側に広い駐車場と不釣り合いの小さな店があった。香川のうどん屋は、２時頃に閉店する店が多いと聞いていたが、まだ営業中で席はあるとのこと。遅めの昼食をとることにした。セルフサービスになっていて、自分で麺をとって湯通しし、だしを入れてネギやショウガなどをトッピングする。初めてなので店の人が丁寧に教えてくれた。素うどんは、一杯１９０円也。しっかりした麺に出汁がうまくなじんで、とてもうまかった。

お大師さん　空海誕生の地

75番善通寺は東寺、高野山とともに大師三大霊跡の一つで、真言宗善通寺派の総本山である。まず金堂（本堂）のある伽藍と呼ばれる東院へ。多くの参拝者で賑わっている。団体客もいて、読経のタイミングを計りかねる。さっとすませ、御影堂（大師堂）のある西院へ向かう。こちらは誕生院と呼ばれている。仁王門をくぐって入り、御影堂で読経する。大師は宝亀5(774)年6月15日に御影堂の奥殿がある場所で誕生したという。納経をすませてから宿坊の「いろは会館」へ行き、荷物を預けてから宝物館へ。新聞で「幼い弘法大師も拝んだ?」と紹介されていた「如来像頭部」は、奈良時代に造られた座像の一部で1558年、兵火で焼け落ちた金堂から救出されたものと伝えられているとのことだ。

宿坊の風呂は温泉で、またもや独占入浴であった。洗濯、体をいっぱい伸ばし、ゆっくりと湯に浸かった。夕食、2日目も慌ただしく閉じた。

75番善通寺仁王門(善通寺市)

11月26日㈮（3日目・通算53日目）　晴れ　18・3㎞

朝の勤行　南無大師遍照金剛

宿坊から廊下伝いに御影堂へ。一番乗りであった。朝勤行は午前6時から始まるが、昨夜の宿泊者が全員出てきているようだ。厳かな空気のなか、読経する僧侶の声が心地よく響く。法主による法話はほとんど聞き取れなかった。あとで妻は、大師は宗派が違うにもかかわらず東大寺の別当に任じられ、真言院を建立されたことなどを話したと教えてくれた。焼香をした後で一列に並んで戒壇巡りに向かう。階段を下り地下室へ。真っ暗な闇を手探りしながら歩を進める。途中で明るい場所に出て、「南無大師遍照金剛」とお参りする。勤行が終わると7時になっていた。

朝食は予定より遅くなり、出発は7時半になった。金倉寺まで3・7㎞、約1時間の行程だ。仁王門を抜けて、中門から東院に入り赤門から出た。門前の広い通りを真っすぐ進む。ＪＲ土讃線の下をくぐり、県道25号からのどかな田園地帯を進み、高松自動車道の高架下を直進すると76番金倉寺に着く。

朝日に照らされた仁王門から境内へ入る。金倉寺は大師の甥の智証大師が誕生した地として知られる。納経を終え、本堂の横にある休憩所前のベンチで暫し休憩する。その後、乃木将軍が仮住まいとしていた客殿や訪ねてきた妻に会わずに返したという話に因む「乃木将軍妻返しの松」などを確認する。将軍は明治31(1898)年から3年ほど善通寺第11師団長を務めていたという。

「息子が作ったミニ地蔵」

道隆寺へは4キロ余り、さらに北方向に進む。金倉寺の裏手の県道に面した郵便局の前からの進路がわからずに迷っていると、自転車で通りがかりの女性が、「この先を右へ」と教えてくれた。さらに地図を見て立ち止まっていると、こちらこちらと手招きをしてくれた。英語版では微妙に細かく記されていたので、道がややこしい時は、こちらを見ればよいのだが、すぐに忘れてしまう。多度津町に入り、さらに北方向に進む。総じて香川県は遍路シールが少ないと思う。まもなく道隆寺というところで、道沿いの家から高齢の男性が出てきた。息子が作ったと言いながら、「お接待です」と小さなお地蔵さんを差し出した。私たちの後を歩いてきた男遍路をも呼び止め、その息子に「もう一つ」などと言って渡している。多くの人がブログで紹介していたミニ地蔵である。やさしい顔立ちのちっちゃい地蔵さんだ。来る日も来る日もお遍路さんを呼び止めてお接待をしているのだろうか。ありがたくいただき、持ち帰ることにした。

眼なおし薬師さま

ほどなく77番道隆寺に着く。この地方の領主和気道隆が、夜ごと妖しい光を放つ桑の大木に矢を射ると、女の悲鳴があり乳母が倒れて死んでいたという。嘆き悲しんだ道隆は、和銅5（712）年、その桑の木で小さな薬師如来像を彫り、草堂に安置したのが始まりと伝わる。道隆の子朝祐は唐から帰朝した大師に懇願し、大師は自ら彫像した薬師如来の胎内に道隆の像を納めて本尊とした。それゆえ、腹ごもり薬師、二体薬師とも呼ばれている。

また、本堂の左裏手にある潜徳院殿堂は、江戸後期に丸亀京極藩の典医を務めた京極左馬造公の墓所である。幼少の頃に盲目だった左馬造公が、この薬師如来に祈願したところ全快したという話に因み、本尊の薬師如来は「眼なおし薬師」とも呼ばれている。妻は熱心にお参りしていた。

道隆寺から丸亀の市街地に向けて県道21号線を東に進むのだが、何か所か県道に並行する旧道を歩く。丸亀の中心部に入り、「ヘンロ小屋第18号　丸亀城乾」で休憩する。日差しは強くなってきて、11月下旬というのに暑いほどである。この遍路小屋のファサードは、全国シェア9割で丸亀の伝統工芸品でもあるうちわをイメージしているらしい。もう12時前である。昼食をどうしようかと思いつつ、丸亀城を右に見て歩き出す。友人の墓参に来た際、宿は丸亀であった。三豊市内の墓地に行った後、丸亀に戻って駅近くのビジネスホテルに泊まった。翌朝、丸亀城まで散策したのだが、桜がきれいに咲き誇っていた。

土器川という変わった名前の川を渡って、市街地から遠ざかって行く。あれこれ迷ったが、久しぶりに喫茶店に入る。店内は若い女性客で賑わっていた。地元の人気店なのだろう。いちごバタートースト、アップル&マンゴーバタートーストにコーヒーを注文した。値段はちょっと高めであったが、とてもおいしかった。

「うたんぐら」 遥かスペインから

78番郷照寺は、坂道の上の高台にある。大勢の参拝客でにぎわっていた。本堂とその一段高い所にある大師堂で読経し、納経を終えて手洗いの前にあったベンチで休憩した。だが、一万体の観音像があることを思い出し、妻に納経所でその場所を尋ねてもらい、大師堂の奥へ向かう。「万躰観音洞」の看板があり、うす暗い地下のお堂には信者が寄進したという数多の観音像が安置され黄金に輝いていた。大師堂の入口では、天井画というか立体レリーフで花や草が描かれていたが、これも妻に教えてもらうまで気づかなかった。納経にだけ気を取られ、境内をしっかりと見学できないでいる。

郷照寺を後にして宇多津の「古街」を歩いていくと、ある建物の前で妻が「善根宿！」と教えてくれた。「うたんぐら」という奇妙な名前である。中を覗いていると女性が来て「お茶かコーヒーでもどうですか」と声をかけてくれた。せっかくなのでコーヒーをお願いすると、もみじ饅頭も出してくれた。どちらから来たのかなどと尋ね、その後「うたんぐら」の名前の由来や宇多津の町のことなどを話した。「うたんぐら」は「ＶＴＡＮＧＲＡ」と表記するスペイン語のようだ。16世紀の大航海時代のスペイン王室専属の地図作成者テイセイラの「日本諸島図」には、讃岐（Sanuqui）の表記があるという。また同時期、帰国する天正遣欧使節とともにイエズス会巡察使が２度目の来日を果たした際に、同行していた海図技師のモレイラが作成した日本図には、讃岐で唯一寄港した地として「ＶＴＡＮＧＲＡ」が記されているようである。

「うたんぐら」でゆっくり休憩して、坂出の町を目指す。この日の宿は臨海部のホテルである。15時20分に着く。20キロ足らずであったので、まだ早かった。

11月27日(土)(4日目・通算54日目) 晴れ　24・5km

しゃべってばかりじゃありません!

この日は、79番天皇寺の参拝の後、80番の国分寺ではなく81番白峯寺と82番の根香寺を先にお参りすることにしている。五色台の山間部から下りてきて、当初、国分寺近くの旅館に宿泊しようと思い、遍路に出る前に妻が予約の電話を入れると、宿の女将さんが、夕方5時までに着いてほしい、坂出からだと夫婦遍路の場合、無理ではないかと話したそうだ。なぜ夫婦ならと言うのだろうか。二人でしゃべりながら歩くので、時間がかかると思っているのだろうか。5時までに必ず着くと言っても、理解してもらえそうにないので、別の宿に変えることにした。

この日の歩行距離は25キロ近くで五色台の上り下りもある。そこで札所間の距離を歩行速度で割って所要時間を算出し、一日の行程を細かく組み立てた。白峯寺には何時に着いて滞在は何分、出発は何時というふうに。土佐遍路で33番雪蹊寺前の宿から宇佐の「三陽荘」までは30キロ近くあったのだが、そこで「綿密な歩行計画」を作成し、うまく時間配分ができた成功体験に基づくものだ。今回は16時40分に国分寺に着く予定になっている。国分寺の参拝は、到着時間の都合で当日でも翌日でも構わなかった。

朝食は6時10分からと早いので助かる。バイキングでしっかり食べたのでしっかり歩かねばならない。6時50分にホテルを出る。11月も下旬になると早朝はひんやりする。ダウンを着て歩く。坂出の古びた商店街を通行する。開店前の時間なのでシャッターが下りているのは当然だが、すべての店が営業を続けているのだろうかとふと気になる。昨今、地方の商店街では仕《し》舞屋《もたや》が目立つ。アーケードのせいで余計に暗い印象を与えている。そんなことを思いながらまっすぐ商店街を抜けていく。

50分ほど歩いて「ヘンロ小屋第46号　坂出江尻」で休憩。汗ばんできたのでダウンを脱ぐ。10分ほど休み、さらに東に向かって歩く。ほどなく細い道に入り、予讃線の線路を越えてゆるやかな坂を上っていく。八十場《やそば》の水はまだかまだか、地図では踏切を越えてそう遠くないのにと思いながら歩く。

崇徳の無念

八十場の水は、うっそうと茂る木立の間から流れ落ちている。その水はいかにも清冽そうで、水を溜めた小さな池は心洗われる風情であった。保元の乱（1156年）で敗れた崇徳上皇はこの地に配流され、果たせるべくもない都への還幸の望みを抱きつつ、その8年後に亡くなった。崇徳の無念はいかばかりであったろうか。白峯山で荼毘に付すための勅許《ちょっきょ》を得るまでの約20日間、崇徳の亡骸《なきがら》は八十場の霊泉に浸けられていて、真夏にもかかわらず御尊顔は美しく保たれていたという。

向かいにある名物のところてんの店は休業であった。ゆっくり休みたいという気持ちを抑えて再び歩きだした。

ところで、保元の乱について日本史の教科書を見ると、次のように記述されている。

1156（保元元）年、鳥羽法皇が死去するとまもなく、かねて皇位継承をめぐり鳥羽法皇と対立していた崇徳上皇は、摂関家の継承をめざして兄の関白藤原忠通と争っていた左大臣藤原頼長と結んで、源為義・平忠正らの武士を集めた。これに対して、鳥羽法皇の立場を引き継いでいた後白河天皇は、忠通や近臣の藤原通憲（信西）の進言により、平清盛や為義の子源義朝らの武士を動員し、

八十場の水（坂出市）

上皇方を攻撃して破った。その結果、崇徳上皇は讃岐に流され、為義らは処刑された（保元の乱）。（『詳説日本史改訂版』山川出版社・91頁）

ここでは崇徳が先に仕掛けたかのような書きぶりであるが、ことは信西が崇徳・頼長を挑発したものであり、崇徳が白河殿に入ったことで挙兵したものと見なされてしまった。「崇徳は、白河院が定めた直系である自分が唯一人の上皇として白河殿を御所に定めれば、廷臣が拝謁に来て苦境から脱出できるかもしれないと期待した」（下向井龍彦『武士の成長と院政』講談社・269頁）と考えられる。忠通以下公卿・近臣は、かつて天皇として仕えた崇徳を討つなど思いもしないことであったが、後白河は、先制攻撃を主張する信西・義朝の主張を受け入れた。その背景には、皇位・摂関家の継承をめぐる争いとともに、祖父白河に反発し、崇徳を疎んだ鳥羽の存在があり、結果として後白河は崇徳を排斥したのである。崇徳にすれば上皇たる自分が襲撃され、ましてや配流の身になろうとは思いもしなかったであろう。

関白藤原忠通の末子でこの前年に生まれた慈円は、『愚管抄』に次のように書いている。

保元元年七月二日、鳥羽院ウセサセ給テ後、日本国ノ乱逆ト云コトハヲコリテ後、ムサノ世ニナリニケルナリ。

貴族社会内部の争いを武士の力で解決したことの歴史的な意義は大きく、「日本国がこれ以後、『武者の世』になったということの認識は貴族層に共通したものであって、保元の乱の衝撃は大きく、時代は武士の世へと着実に動いてゆくことになった」（五味文彦『シリーズ日本中世史①　中世社会のはじまり』岩波新書・110頁）。

79番天皇寺は行基が建立した薬師如来を本尊とする金山摩尼珠院《かなやままにしゅいん》を、後に大師が八十場で本尊十一面観音・阿弥陀如来・愛染明王の三尊像を刻んで安置し、現在の地で中興したと伝わる。讃岐へ流された崇徳上皇が守護仏として信仰した阿弥陀如来と天照大神御法楽仏は、十一面観音であるとする古からの信仰を縁に、崇徳の霊を鎮める崇徳天皇社が造営され天皇寺と呼ばれるようになったという。明治の廃仏毀釈で境内は寺院と神社に二分されたが、神仏習合を色濃く残している。三つの鳥居が並ぶ三輪鳥居はその存在すら知らなかったが、嵯峨天皇と空海により生み出された両部神道を源とする三輪神道で境内が荘厳されていることを表しているという。向かって右口は胎蔵界を、左口は金剛界を、そして正面口は天照大神を象徴するらしい。

本堂と大師堂の距離は、八十八か寺中で一番近いのではないかと思える。本堂で誰かが読経していれば、大師堂の前にいると声は聞こえずともその存在が気になってしまう。修行が足りない！

西行法師の道

天皇寺・白峰宮をあとにして、坂道を下っていく。その先で左に折れて、80番国分寺ではなく81番白峯寺を目指す。ここまでのところ時間どおりに来ている。田んぼが広がるのどかな風景のなかを歩く。晴れ渡った空がまばゆい。45分ほど歩いて、コンビニでドリンク剤を飲む。元気はつらつとなればよいのだが、人間の体はそんなに簡単にはできていない。なおも直進し、「塩口」と標識のある所から遍路道に入りくねくねと行く。目指していた松浦寺がわからず、高屋神社まで進み、その前で休憩する。県道180号線を下ってきたハイカーの男性が、白峯寺へはこの道を上っていくと教えてくれた。車の通行は少ないものの、歩道のない車道を歩くのはやはり気を遣う。30分ほど上っていくと、県道と離れて石段が続く遍路道があった。両側には和歌を刻んだ石塔がずっと先まで建てられている。あたりの様子をあれこれ眺めていると、先に到着し休憩所で休んでいた女性3人組が歩き出したので、そこで暫しの休憩。彼女らはどこから上って来たのだろうか。車道とは別にここへ至る道があるようだ。

帰ってから坂出市のホームページを見ると、「西行法師が白峯御陵を訪れたときに通ったとされる、青海神社から白峯御陵までのおよそ1・34キロの参道」と説明されている。2003（平成15）年に再整備し、道沿いには西行や崇徳院が詠んだ歌を刻んだ88基の歌碑と、石燈籠93基が設置されたという。そういえば誰かのブログで「西行法師の道」と「崇徳天皇白峯の陵」と刻まれた二本の大きな石柱のある参道の写真を見たことを思い出した。その道は、私たちが上ってきた県道の北側に設けられているようだ。

西行については、「願はくは花の下にて春死なむそのきさらぎの望月のころ」ぐらいしか思い起こせない。もと北面の武士であったが出家して諸国を旅し、歌集『山家集』などを残す。歌を通じて崇徳と親交があった西行は、慰霊のため白峯陵を訪れたが、空海の遺跡巡礼も兼ねていたという。そういえば72番曼荼羅寺の近くを歩いていたとき、「西行庵」への道標を見かけたが、西行はこの地にしばらく滞在したのだろう。

崇徳天皇白峯陵へ続く道（坂出市）

石段の遍路道を上っていく。つまりこれは「西行法師の道」の続きになるのだろう。前を行く3人組に近づきすぎないようにゆっくりと上るが、どうしても距離が縮まってくるので、一気に追い越すことにした。白峰陵はさらに石段を上がったところだ。右への道はおそらく白峯寺に通じているのだろう。まず、御陵にお参りする。

御霊よ鎮まり給え

81番白峯寺の境内へは御陵の脇からの道を行き、山門を通らずに入った。今日は土曜日なので大勢の参拝者で賑わっていた。まずは石段の上にある本堂へ。その後、大師堂がわからなかったので、いったん階段を下りて再び本堂に戻る。やはり誰かが読経していた本堂の隣が大師堂であった。白峯寺ではお堂ごとに干支の守り本尊が祀られている。寅年生まれの私は、その守り本尊虚空蔵菩薩が安置されている行者堂をお参りした。妻は未年の大日如来が祀られている薬師堂へ。その後、勅額門から頓証寺殿へ足を延ばす。崇徳の死後、都では変事が続いたため、後小松天皇は法華堂に崇徳の霊を祀る御廟所として「頓証寺」の勅額を奉納し、尊崇の念を示したという。さらにその奥に白峰陵遥拝所があり、崇徳天皇御製

81番白峯寺　頓証寺殿（坂出市）

の「濱千鳥あとは都にかよへども身は松山に音をのみぞなく」の歌碑が立っていた。浜千鳥の足あとならぬ筆の書き跡は都へ通うが、わが身は松山で千鳥のように泣いてばかりいる、という意味か。松山の地については、高屋神社の近くに松山小学校があるので、この地はそう呼ばれているのだろう。崇徳は、写経した『法華経』『華厳経』など五部大乗経の写本を京の寺に納めてほしいと都に届けるが、朝廷から拒否されたという。呪詛が込められているのではないかと疑われたのだ。崇徳は激しく怒り、いわゆる怨霊伝説につながっていくのである。

西行による鎮魂

また、「西行」と記された説明板には次のとおり書かれていた。

任庵元年神無月の比　西行法師四国修行の砌当山に詣でゝ負を橋の樹にかけ法施奉りけるに御廟　震動して御製あり

松山や浪は流れてこし船の
やがて空しくなりにけるかな

西行涙を流して御返歌に

よしや君昔の玉の床とても

かゝらん後は何にかはせん

御納受もやありけむ度鳴動したりけるとなん

難しい日本語であるが、崇徳の歌は、松山に寄せる波とともに流れてきた舟がそのまま朽ち果てるように、私もまた都を離れたまま空しく朽ち果ててしまったのか、の意で、対する西行は、かつてあなたは立派な玉座におられたとしても、亡くなられた後となってはそれが何になるのでしょうか、と崇徳にいつまでも怨みを持ち続けても浮かばれるものではない、どうか成仏してほしいと祈ったのであろう。

白峯寺には45分間滞在し、12時に出発。往路で通らなかった山門から出た。門の左右に塀を連ねた「七棟門」といわれる門である。これも帰ってからわかったのだが、源頼朝が崇徳の菩提を弔うために建立したという2基の石造十三重塔は、山門に向かって左100mほど先にあるとのことだった。またしてもチェック漏れをしてしまった。

根香寺道　足にやさしい落葉の道

82番根香寺へは、山門を出て左へ行く。「讃岐遍路道　根香寺道」の案内看板があり、丁石は１０９ｍ間隔で50基設置されていて、現在も41基確認できるとある。また、承応２（１６５３）年の澄禅《ちょうぜん》『四国遍路日記』や貞享４（１６８７）年の真念『四国徧禮道指南』に白峯寺から根香寺まで五十町とあるが、現在の丁数と合致しており、江戸時代前期には現在の遍路道が使われていたことがうかがえると説明されている。これぞ遍路道である。ごつごつした大きな石の道を少し上っていく。あとは落ち葉に覆われた足にやさしい道が続く。ハイカーも多く行き交う心地いい山道である。案内もしっかり付けられているので安心して歩ける。途中、リュックを下ろしパンを食べていると、高齢夫婦のハイカーがにこやかに通り過ぎていった。さほどのアップダウンもない山中の遍路道は歩いていて楽しい。十九丁という分岐点に着くと、大きなプラスチックのケースに「臨時接待所」と書いた紙が貼られ、「おへんろさん一人一本ご自由にお取り下さい」とある。中にはペットボトルのお茶や缶コーヒー、ジュースがたくさん収納されている。ゴミ箱も用意されている。車は入れない山中に、どなたが運んでこられたのだろうか。ご好意の厚さに敬服する。私たちも1本ずついただいた。ありがとうございます。

いったん車道に出る。しばらく歩くと「みち草」という食堂があった。地図にあるとおりと合点する。「ヘンロ小屋第51号　五色台子どもおもてなし処」という休憩所があったが、休むことなく先を急いだ。細い遍路道を下っていくと82番根香寺の駐車場に出た。

青峰山は紅葉に染まっていた

駐車場の奥の茂みの中に牛鬼の像が建っている。説明によると、４５０年ほど前、このあたりに人間を食べる恐ろしい怪獣、牛鬼が棲んでいて人々を困らせていたという。村人から牛鬼の退治を頼まれた弓の名手の山田蔵人高清は、根香寺の本尊・千手観音に願をかけ、そのおかげで牛鬼を見つけ出して見事に成敗し、その角を寺に奉納して菩提を弔ったと伝えられているようだ。昼下がりの根香寺は駐車場も満車に近く、多くの参拝者が青字で書かれた「青峰山」の扁額のかかる仁王門を出入りしていた。境内に入ると紅葉した樹木が両側にひろがる長い石段が目に入る。高台の本堂とその下にある大師堂で読経し、納経所でご朱印をいただく。美しい紅葉をゆっくり眺めていたかったが、先を急ぎ来た道を戻っていく。十九丁の分岐まで来て一休みする。無人の臨時接待所で「一人一本」と書かれているのに、再度、ジュースを頂戴した。厚

82番根香寺近くの牛鬼の像（高松市）

かましくてごめんなさい。

進路を南に取って1キロほど行き、車道を横断して再び山道を下っていく。かなりの急坂である。膝痛の妻には大変きつい道だ。ゆっくりとだがしっかりと下っていく。紅葉した木々の隙間から時折望める眼下の風景は、丸い小山がいくつも点在する讃岐平野ならではの眺めである。絶景に見惚れる一方、これだけの高度があるのなら先はまだ遠いと実感する。この山道も遍路ころがしと呼ばれる難所である。やがて舗装された道路に出て、田畑が広がるなかを歩き続ける。国分寺には4時半には着けそうであったが、参拝は明朝にすることにして宿へ直行する。いずれにせよ明日は国分寺の前から83番一宮寺へ向かうので、都合は同じである。

11月28日(日)(5日目・通算55日目) 晴れ 16・6km

朝日に輝く国分寺

朝食をいただいて7時10分に宿を出る。80番国分寺には20分ほどで着く。木漏れ日が仁王門の屋根を美しく照らし清々しく輝いていた。両側に松の木が植わっている参道を進み、本堂で読経。大師堂はどこかと、境内を見物しながら探す。土産物が所狭しと置かれた納経所の建物の北側の奥の高みにおられるお大師様をお参りする。これが大師堂だと思っていたが、後でガイド本を見て、納経所があるのは礼拝殿で、それと連結する北側の大師堂内のご尊像をお参りしていたということのようだ。外から眺める大師堂は、多宝塔形式で相輪が青空を背景にすっと立つ。その姿は心が洗われるほど美しかった。

また、創建から近い時期に鋳造されたという梵鐘には興味深い伝説が残っている。江戸初期の藩主・生駒一正公は、この鐘を高松城に持ち帰ったが、鐘は鳴らず城下では悪病が流行した。鐘は毎夜、一正公の枕元に現れ「もとの国分へいぬ（帰る）、いぬ」と泣いたという。そこで鐘を国分寺へ返すと、悪病は治まり、再び美しい音色を聞かせるようになったという。

山門を出て、史跡の讃岐国分寺跡の方へ向かった。石材で復元された配置模型は十分の一に造られているという。正面左に南大門、その後方には五台山を背景

讃岐国分寺跡に設置された伽藍配置模型（高松市）

にして七重塔がすっと伸び、それが朝日をいっぱい浴びて白く輝いていた。築地塀で囲まれた伽藍の佇まいはまことに見事であった。まるで遠方より鳥瞰しているかのようだ。近くにある資料館にも足を運んだが、9時開館とのことでまだ開いていなかった。

一宮寺へは、国分寺から南下し、JR予讃線の踏切を渡って国道11号線の南側の道を行く。しばらく歩き、いったん国道に出てコンビニに寄る。このところ習慣となったドリンク剤を飲み、手洗いをすませた。遍路道は静かな住宅街の間を東に延びている。県道12号線と合流してからは上りになり、六ッ目山と加藍山《がらんやま》の間の唐戸坂を上って進む。目印にしていた遍照院で休憩。その後、高松自動車道の高架下を抜けてからは、遍路地図の県道12号線ではなく、英語版にあるその一本南の道路を進んだが、遍路マークはしっかり付いていた。香東川にかかる円座《えんざ》橋《ばし》には何か所か歩道を外へ広げ、石のベンチが置かれていた。そこに腰掛けて川面を流れて来る風を受けて、遠く鉄橋をゆっくりと走る琴平電鉄（琴平線）の小さい車両を眺めた。晴れ渡った空は広く、気持ちのよい休憩スポットであった。

またも失態　一宮寺

83番一宮寺は讃岐国一宮・田村神社の別当寺であったが、延宝7（1679）年に高松藩主松平頼重が田村神社と神仏分離させて、明治の神仏分離令よりも200年前に独立寺院となった。そういう事情もあってか、歩いてきた遍路道から北上して田村神社の参道を行き、途中で左に折れて路地のような細い道から一宮寺の仁王門をくぐる。大きく立派な神社に比して、一宮寺はこぢんまりとした佇まいであった。日曜日でもあり、境内は多くの参拝者で賑わっている。このような時、読経も早口になったり、慌てたりしてしまうのだ。大師堂でロウソクに灯火し、線香を出そうとしてあたりにばらまいてしまった。後ろで並んでいる参拝者に「先にどうぞ」と譲ったが、「ゆっくりしてください」とやさしく返事をして待ってくれた。どうもすみません。とんだ線香騒動であった。

一宮寺を出て北に向かって進むと、県道12号に面して「源平うどん」があったので昼食にした。ぶっかけうどんにかき揚げ天ぷら。典子さんは冷たい醤油うどん。香川のうどんは太目で歯ごたえがあり、腹にずっしりとくる。そしてうまい。毎日食べても飽きることはないと思える。その後は、市街に向けて狭い歩道の道路を歩いていく。交通量も多く注意しながら歩を進める。高松市内とは言え、まだ田畑が広がるのどかな風景である。途中、大きなグラウンドのある公園の角にあったベンチで休憩する。寝転がると空は青く澄み渡っていた。本当にいい天気が続いている。歩き遍路には、この上なくありがたいことである。

栗林公園にある「東林庵」という香川県の物産館に寄る。店内を物色して、うどんをみやげにしようとあれこれ見て回る。自分たちへのご褒美を含めて、うどんやお菓子など何点か購入し宅急便で送ってもらうことにした。店を出て、今夜の宿に向けて国道11号線を引き続き北へ進む。どうやら右折するところが早かったようで、宿を探して右往左往した。横文字のホテルを聞くのなら若い人がいいのではと思い、やってきた二人連れに尋ねると、男性がスマホで調べて教えてくれた。これなら自分でも調べられたと後で気づくのはいつものことである。

若者向け？「We Base 高松」

「We Base 高松」は女性お遍路のブログで知った宿である。彼女が四国遍路の記録として、道中、寺、そして宿の写真をいっぱい投稿しているのだが、それを見てこのホテルに決めた。若者向けのようだが、英語版の地図には掲載されていたのでお遍路でもいいだろうと思ったのだ。ここは彼女が言うには「最新のゲストハウスという感じのホテル&ホステル」とのこと。到着が3時半と比較的早かったのでツインの部屋でくつろぐ。

夕食は久しぶりにイタリアンが食べたかったので、ホテルのスタッフにおすすめの店を尋ねた。その女性は少し思案して「私が行った店で」と断りながら2軒教えてくれた。「予約でいっぱいかも」との彼女の予想は的中し、残念なことに両方とも予約が入っていて、早くて8

時と言われた。やむなく2軒目の隣の店に入った。フレンチの店のようだが、空席がいっぱいあったのでどうかと思ったが、前菜も注文したヨーロッパサラダもピザもとても美味だった。ビールにワイン、おまけに果肉入りのジュースまで飲んで、四国の大都会・高松の夜を存分に楽しんだ。ホテルに戻って、サービスのお茶漬けをいただく。満足、満足。

11月29日(月)（6日目・通算56日目）　晴れ　20・4km

地元民の散歩道　屋島寺へのきつい上り

バイキングの朝食をたっぷり食べて、7時45分にホテルを出発。国道11号線を東へ市街地を歩く。通勤、通学する人々が慌ただしく徒歩で、また自転車で走っていく。行き交う車も仕事に向かう人が乗っているのだろうか。都会の朝はいかにも忙しそうだが、時折交わす「おはようございます」のあいさつにほっとしたものを感じる。10年ほど前までは、自分もこのような世界に身を置いていたんだ、と改めて思い起こす。

屋島総合病院を目印に左折し、琴電志度線の潟元《かたもと》駅の手洗いだろうか、用を足して上りに備える。しばらくは住宅街を抜けていくが、道は徐々に上りになっていく。屋島小学校を過ぎて、坂は一段ときつくなってくる。朝の散歩か、多くの人とすれ違い、また追い越されていく。遍照院、御加持水、不喰梨《くわずのなし》など見どころは多いが、休憩だけで余裕がない。さらに上りが続く。汗がべっとりとシャツににじむ。

幼子連れの狸の夫婦

南面山の山号をもつ84番屋島寺は、文字とおり仁王門から北に向かって入る。鎌倉期の建築という本堂は、年代を感じさせ風格ある立派な建物である。その右手にある蓑山大明神は、幾重にも美しく重なり合う赤い鳥居を挟んで、大きな狸の像が並んでいる。どうやら夫婦狸のようで、右の狸は赤ちゃんにおっぱいをふくませている。左の狸の横にはオスの子どもが立っていてほほえましい。昔、道に迷った大師を屋島山上まで案内した蓑笠姿の老人がいて、それがこの太三郎狸であったという。そういえばこの狸の像は肩に蓑笠を背負っている。大切に祀ら

84番屋島寺境内にある蓑山大明神（高松市）

れているようだ。読経をすませ納経所へ行ったが、誰もいない。猫がいたが留守番にはならない。一人の女性が「ほかの方を宝物館に案内されているので、すぐ戻られると思いますよ」と声をかけてくれた。

少し待ってからご朱印をいただいた。その後、写真を撮ってもらおうと先ほどの女性に頼むと、隣の男性に「撮ってあげて」と言ってくれた。どうやら夫婦二組で来ているようだ。その男性は大師堂の前で、あちらこちらからスマホのシャッターを押してくれた。ついでに本堂の前でも写してもらった。お礼を言うとどちらから来られたのかと聞かれ、妻が応対している。その女性は「家を買おうと思って、葛城市に行ったことがある」と。もう一組の方の女性は「奈良に行ったことはあるが、名前は……」。その夫「生駒山かな」女性「香川のいい所も悪い所も見て帰ってくださいね」と声をかけてくれた。

屋島古戦場跡を望む

東大門から出て、東へ進む。ホテル甚五郎の廃屋の近くから対岸の五剣山を眺める。眼下には壇ノ浦が広がる。源平合戦の屋島古戦場跡である。案内板には「義経　弓落としの跡」や、那須与一が扇の的を射ったことで名高い「那須与一　扇の的」などの位置が示されている。

８００年前の激しい合戦のイメージからはほど遠く、のどかな晩秋の風景が明るい日差しに照らされて広がっていた。五剣山の右手には志度湾が見え、さらに小豆島も望める。屋島には古代の山城である屋嶋城のほか、屋島寺の宝物館や水族館もあり、見どころは多い。ゆっくりしたかったが先を急がねばならない。残念であるがやむなく進む。

ここからは急な坂を下る。膝を痛めている妻にはかなりつらいことだろう。ゆっくりゆっくり慎重に下りていく。屋島スカイウェイを横断して、さらに下る。人家が見えてきたあたりで、これから屋島へ上っていく少年らのグループと出会った。特別支援学校の生徒であろうか。屋島東町という地区（壇ノ浦）に下りてきて、源平合戦で平家一門とともに屋島に来た安徳天皇が、２年ほど過ごしたという行宮の跡地付近にある安徳天皇社の前を通る。

屋島より源平古戦場　壇ノ浦と五剣山を望む（高松市）

橋を渡って洲崎寺の横を通って、さらに北東の方向へ進んでいく。道はまた上りになる。「本陣山田屋本店」で昼食にする。香川ではやはりうどんだ。立派な門構えがあって、「手打うどん」と大きく書いた看板が出ている。平日だが、昼時なのでたくさんの客で混雑していた。10分ほど待って大きなテーブルに案内された。二人とも冷たいぶっかけうどんを食べた。11月も終わろうとしているが、連日、小春日和が続いている。歩き遍路には、まだまだ冷たいものがありがたい。

「この寺が一番!」

店を出ると、以前よりも多くの客が並んでいた。あの程度の待ち時間ですんだのはラッキーであった。道はさらに上りが続いて、八栗ケーブルの横の鳥居をくぐって進む。なおもしんどい上りが続く。30分余り要して85番八栗寺に着いた。午後1時半、ここまでは予定どおり来ている。納経を終えてベンチで休憩していると、典子さんは聖天堂の檜皮葺の屋根が美しいと言う。そして五剣山をバックにした堂宇が素晴らしいと言う。確かにいくつもの窪みをもつ五剣山は、澄み渡った青空をバックにして急峻な岩肌を見せて屹立している。それが八栗寺の背景としてピタリと収まっている。本当に美しく、まさに絵になる景色である。いつまで眺めていても飽きることはない。

午後2時、八栗寺を後にする。次の志度寺までは7キロの距離なので4時には着けるだろう。大師堂を過ぎてそのまま進んでいくと、裏参道と呼ばれる車道に通じている。だが、車はめったに通らない。坂道を大きく右に左にと楕円を描くようにして下っていく。この歩き方は歩数が増えるものの膝にやさしい。どんどん下る。やがて前方右に、地図にある高松北中・高校の校舎が見えてきた。さらに下り左に進路をとる。人影も見えず静かな昼下がりである。塩屋駅の近くで琴電志度線の線路を渡り、国道11号線に出てその先で左手の遍路道となっている旧道を進む。讃岐街道のようだ。志度の落ち着いた街並みの間を歩いていく。

まずは志度寺へ

今夜の宿である「以志や旅館」の前を通り過ぎ、86番志度寺へ向かう。通りの先に仁王門が見える。3時

五剣山を背景に建つ85番八栗寺（高松市）

50分到着。仁王の前には真新しい大きな草鞋がかけられている。中に入るとまるで森に踏み込んだ感覚にとらわれる。まずは本堂の前のベンチで休憩する。読経をすませ、ご朱印をいただきに納経所へ。赤や黄に色づいた木々の間に通路が設けられ、本堂と大師堂から五重塔へ、さらに納経所、庭園へと通じている。境内をあちらこちらと回り、海女の墓を探すが見当たらない。藤原房前《ふささき》が母のために建立したと伝わる墓である。夕暮れが迫り、肌寒さを覚える。スマホのバッテリーもなくなってきたので、明朝、写真を撮るために再度訪れることにして宿に向かった。

「以志や旅館」は明治創業の老舗旅館で、建物が登録有形文化財に指定されているという。上品そうな高齢夫婦が出迎えてくれた。玄関を上がり、前室から和風の庭に沿った廊下を奥へと進み、部屋に案内される。広さは十分だが、少し寒い。風呂に入って洗濯機を回し、夕食をいただく。写真を撮れなかったので、どのような献立であったか覚えていないが、魚の唐揚げがとてもおいしかった。何という魚か尋ねると、オコゼだと。名前だけは知っていたが、帰ってから調べてみると、何ともグロテスクな風袋である。だが、おいしければ言うことはない。外見にとらわれてはいけないのは何でも同じだ。

11月30日㈫（7日目・通算57日目）　晴れ　20・2㎞

不比等は志度に来ていたか？

今日は結願の日である。だが、午後3時頃から雨との予報だ。しかも妻は右足首を痛めている。当初、難所といわれる女体山越えのルートを行くつもりであったが、県道3号線をそのまま進むことにした。「以志や」のご夫婦に見送られ、まずは再度志度寺へ。五重塔が朝日に輝き、ことのほか美しかった。四国の田舎町にこのような立派な塔があることを知り、驚きとともにわが仏教文化の粋に感嘆する。そして昨日見つけられなかった海女の墓を探す。仁王門をいったん出て、北側の裏手から墓地に入っていくと、

86番志度寺五重塔（さぬき市）

「古跡　海女の墓」の石碑があった。さぬき市文化財保護協会の説明板の要旨は次のとおり。

藤原不比等は、唐の高宗妃から送られた面向不背の玉が、志度沖で竜神に奪われたため、身分をかくして志度の浦を訪れた。そこで一人の海女と恋仲になり、一子房前が生まれた。不比等から事情を明かされた海女は、海にもぐり竜神とたたかい玉を取り返したが、傷つき真珠島で命を果てた。後年大臣となった房前は僧行基を連れて志度を訪れ、千基の石塔を建てて母の冥福を祈ったという、殉愛悲恋のヒロイン海女の墓である。

「志度寺縁起絵図六巻」によれば、推古天皇33（625）年に海人族の凡園子《おおしそのこ》が霊木を仏師に彫らせ、閻魔が建てたお堂に本尊として安置したのが始まり（八十八か所で最古）。そこに天武天皇10（681）年、藤原不比等が妻のためにお堂を整備し「死度道場」と名付けた。持統天皇7（693）年に房前が行基とともに堂宇を拡張し、志度寺と改め学問の道場として栄えたという。

殉愛悲恋の物語の庭園

志度寺には曲水式庭園があると事前に調べていたので、案内を見ながら書院の裏へ回った。

室町時代に龍安寺の石庭を手掛けた細川勝元の手によって完成された庭は、昭和36年に重森三玲《しげもりみれい》により復元されたという。イギリスのストーンヘンジのように石組がサークル状になっている。広く素敵な空間である。書院の脇からのぞくと枯山水の庭園が目に入った。これが「無染庭《むぜんてい》」である。重森の作品で禅式枯山水庭の定型を採り龍安寺を感じさせる。ネットでいろいろ調べてみると、七つの石と白砂で海女の玉取り伝説を表現しているという。志度寺に伝わる殉愛悲恋の物語が庭園に表されていることに、深い感慨を覚える。

志度寺は海に程近い立地であるが、そのような雰囲気をまったく感じないまま、南に、つまり山側に向かって歩き出した。7時40分、人や車の往来は、登校する子どもたちや仕事に出かける人びとの朝の賑わいである。南に向かって県道3号線をまっすぐ進む。途中から旧道の遍路道に入るが、いずれにせよわかりやすい道である。玉泉寺で少し休憩する。「お大師さんの休み場」という案内板があった。かつてお接待で賑わうミニ札所であったとのこと。そこから30分ほど歩いていくと、小奇麗な休憩所があった。さぬき市内の遍路道と参拝スポットを写真入りで作成した案内板がわかりやすかったので、いつまでも見入っていた。その向かいの鴨部《かべ》川にかかる長尾橋を渡ってさらに南下していくが、この橋は別名遍路橋というようだ。

87番長尾寺には10時に着いた。予定どおりである。読経を終え、納経所で「甘納豆おはぎ」

３個入りを買った。ベンチに腰掛けて本堂を眺めながら二人で食べた。疲れた体に甘いおはぎは一層おいしく感じられた。この寺のトイレは美しく、手洗い場には小石が敷き詰められていた。何ともおしゃれなお手洗いである。

四国八十八ヶ所遍路大使に任命します

長尾の街並みを抜けて、旧道を進む。塚原の交差点を過ぎ、なおも旧道の遍路道を行く。一心庵という小さな庵で妻が写真を撮る。この先からは県道３号線を歩く。トラックの通行が多いが、歩道があるので安心だ。道は徐々に上り坂になってきた。12時ちょうどに「前山おへんろ交流サロン」に着いた。館内に入ってきょろきょろしていると、女性スタッフが近づいてきて書類を差し出し、住所、氏名やいつから歩き出したかなどを記入してくれと言う。しばらくすると「四国八十八ヶ所遍路大使任命書」と「同行二人」と記された赤いバッジ、それに「四国へんろ」と題されたＤＶＤを持ってきてくれた。まだ88番大窪寺の手前なのだが、これから結願するとの前提で交付されるのだろう。ありがたく頂戴し、館内をさっと見学した。中央に四国の大きな模型があり八十八か所霊場が印されている。昔のお遍路の装束や道具、古文書などが数多く展示されている。じっくり見たかったが悲しいかな時間がない。外へ出てサロンの向かいにある「道の駅ながお」に入る。パンと缶コーヒーを買って、外のベンチで食べた。暖かな日差しが降りそそぐお昼時である。

遍路道でない県道を選択

大窪寺へは、大きくは女体山越えと額峠《がく》から国道377号線を通るルートの二つがある。前者には①来栖神社経由、②多和神社経由があり、後者は③花折遍路道である。遍路地図にはこの三つが遍路道になっているが、英語版では花折遍路道の東に④花折山遍路道なるルートが記載されている。どういうことか。ネットで調べてみると、④は花折遍路道沿いに残土処分場が造られて通行止めになったことから、地元の方が整備された道のようだ。現在では女体山越えが主流になっているが、花折林道が本来の遍路道だという。ちなみに87番から88番までの距離は①12・5㎞、②12・6㎞、③15・4㎞となっている。遍路道もそれぞれの地域で、開発など時代の変遷のなかで変わっていくのは当然だが、苔むした石仏や丁石が残る道はこれからも後世に遺しておきたいものと思う。

私たちは、この四つの遍路道のどれでもなく、遍路地図に赤い線が引かれていない、つまり遍路道でない県道3号線をまっすぐ進み額峠に合流することにした。したがって、距離的には③よりも長く16～17キロはあっただろう。だが、妻の足の具合からは山道を避ける当然の選択であった。県道はだらだらと上りが続き、トラックの往来に辟易しながらも足への負担は少なく快調に進めた。途中には立派な休憩所もあって、のんびりと体を休めることができた。峠から下っていって多和の集落で国道377号線と合流し、それを進むことになる。さらに行くと大きな建物に「天体望遠鏡博物館」の垂れ幕がかかっている。ここでも廃校となった校舎を利用しているようだ。休憩所で荷物を下ろし少し休む。

ここからは国道377号線を歩く。上り坂になっていく。リュックが肩に食い込み痛くなってきた。疲れもだんだん溜まってくる。男性遍路が一人追い越していく。空も暗くなってきて下り坂になった頃、雨がパラパラ降り出してきた。3時にはなっていないが、ほぼ予報どおりだ。2時25分に竹屋敷の遍路小屋に着いて、雨具を出した。身に着けるのは11月24日の初日以来である。ここまで本当によい天候に恵まれたものだ。雨は大したことはなさそうだが、念のため上着だけ着用した。休憩後しばらく歩いて、国道から旧道の遍路道に入った。だらだらとした上り道が延々と続く。もうそろそろではと思いつつ坂を上ると、道はまだ続いている。最後の踏ん張りと思っても、しんどいことには変わりはない。

結願　だが感慨もなく

88番大窪寺到着は3時53分。坂道の先に建つ立派な仁王門が出迎えてくれた。「醫」「王」「山」と一文字ずつ三つの扁額に分けて書かれている。大師堂の前を過ぎて本堂へ向かい読経。次に大師堂に戻って読経、そして本堂の手前の納経所へ。ここで多くの人は「結願証明書」を求めるが、八十八か寺のご朱印を押した納経帳があり、「四国八十八ヶ所遍路大使任命書」なる無料で頂戴した「証明書」もある。大枚をはたいて手に入れる必要はあるのか。そう思い「結願証明書」は求めなかった。

そんなことよりも結願したというのに、何の感動もないのが不思議であった。多くの人が感激に浸った、涙が出てきたなどと言ったり書いたりしているが、そんな感慨は抱けなかった。境内をゆっくり回ろうかと思ったが、また小雨が降り出して、ひんやりしてきた

結願の霊場　88番大窪寺の仁王門（さぬき市）

ので宿へ急いだ。

金メダル娘の母が若女将

4時35分に民宿「八十窪」に着く。部屋でくつろぎ風呂に入る。夕食の準備ができたと呼ばれて食堂へ行くと、男性4人が奥のテーブルで食べていた。年配者が二人と40代と30代ぐらいか。私たちは手前のテーブル。女性が一人遅れてやってきた。「道の駅ながお」で見かけた人のようだった。名物の赤飯をいただく。男性らと先代女将さんがいろいろ話している。米寿を超えた先代は、お遍路の経験者のようだ。4年前に骨折して歩きにくいと言っている。今の女将さんも明るくおしゃべりで、やはりお遍路をしたことがあるらしい。娘さんが北京オリンピックで金メダルをとったソフトボールの乾絵美選手であることはネットで知っていたが、TOKYO2020の聖火ランナーを務めたそうで、大きなTシャツと聖火トーチを見せてくれた。トーチはずっしりと重かった。後で妻が教えてくれたのだが、先代は民宿を継いでもらうにあたって3点守ってほしいと注文をつけたそうだ。①年中無休、②食事に半田そうめんをつける、③鯛のさしみを加える。男性の誰かが「年中無休はしんどいなあ」と言う。若女将は「(母が)生きている間はね」。私はあまり聞き取れないので、楽しい会話もわからない。これは本当に困ったことである。

12月1日㈬（8日目・通算58日目） 晴れ　風強く狐の嫁入り　22・7㎞

こだわり！　四国遍路は一筆書きで

88番大窪寺で結願すれば遍路を終えるというのが一般的であろう。誰かが言っていたように、1番に戻る特段の意味はないという意見もうなずける。だが、1番に戻るお遍路が多いようである。88番は山中で帰路の交通手段に難点があるので、鉄道、バス等の便がよい1番まで戻ろうと思う人もいるだろう。しかしそれ以上に、1番に戻ることにこだわる人がいるのも確かである。88番から1番に戻って遍路をループ状に描くことで完結させるという考えである。民俗学者の小嶋博巳は、「巡礼には、ある特定の聖地に参って帰ってくるタイプと、いくつもの聖地を順次経めぐるタイプがある」といい、「往復型の巡礼と回遊型の巡礼」と呼んでいる。熊野詣や日本人も多く訪れるサンティアゴ巡礼は往復型（直線型）であるが、四国遍路はいうまでもなく回遊型（円周型）である。またサンティアゴ巡礼の目的地は聖地サンティアゴ・デ・コンポステーラであるが、「八十八番大窪寺は四国遍路の目的地ではない」（「遍路と巡礼」四国遍路と世界の巡礼研究会『四国遍路と世界の巡礼』法藏館・15－16頁）。八十八か所の霊場すべてが聖地であり目的地なのである。そのような意味からも四国遍路を回遊（円周）の形で完結させるためには、88番から1番霊山寺に戻らなければならない。それは88番で結願することとは意味合いが異なる。四国のおもに海岸部を一巡する四国遍路は、円を描くようにして完結させたい。しかも自らの美学的嗜好からは、一筆書きのように重複する区間がない形にしたい。そのためには最もポピュラーな10番切幡寺に出るルートではなく、瀬戸内側の東かがわ市引田《ひけた》に下りて、大坂峠から3番金泉寺へ出るのでもなく、大坂峠から直接1番へ向かうルートでなければならないと考えるのである。引田を経由するルートでは、引田に出る前に與田寺《よだじ》に寄るコースもある。與田寺は四国八十八か所総奥之院といわれる古刹である。せっかくの機会なので参拝してみたいと思ったが、距離が延びるので断念した。

今日から12月である。夜来の雨も上がって、天気は回復した。6時に朝食をいただき、50分に宿を出る。若女将が玄関で見送ってくれた。国道377号線をぐんぐん下っていく。車はめったに通らない。田舎の朝の光景である。周りの山は紅葉が美しい。今日も晴れ渡ってきたが、風が強い。菅笠が煽られて頭から脱げてしまい、転がっていった。待て待てと追いかけ、捕まえる。これは駄目だと被るのをやめて、リュックに縛りつけた。長野という集落には野菜を売る大きな無人の店舗があった。休憩していると、昨夜同宿であった女性が追いついてきた。遍路地図を胸の前にビニール袋に入れて持っていた。立派なお遍路さんスタイルである。金泉寺の方に出る、と言ってそそくさと立ち去った。女性一人のお遍路は、何かと大変であろうと思う。

気持ちのいい遍路道とは

彼女はその先を右手に向かったが、私たちは遍路道をはずれ国道をそのまま進み、五明《ごみょう》トンネルを抜け境目を経て白鳥温泉を目指した。中尾峠でも遍路道を行かずに車道を歩いた。車道とはいえ、車線のないさほど広くない道路である。車の通行はなかった。ほどなく遍路道に合流したが、森の中を下っていく気持ちのいい道だ。歩きながらこれまでで気持ちよく歩けた遍路道はどこだろうかと考えた。今回の遍路では81番白峯寺からの根香寺道がよかった。これまででは、そえみみず遍路道が印象に残る。しんどい山道であったが松尾峠や柏坂も風情があった。

9時45分に白鳥温泉に到着。施設はまだ営業前であった。手洗いをすませ、自販機でホットコーヒーを買う。10時の営業直前には、数組の入浴客が車でやってきた。温泉好きの日本人がどこでても演じる光景である。15分ほど休憩し、再び歩き出す。道は山間部から平野部に出ていく。やがて国道377号線を進むことになるが、車の通行は少ない。福栄郵便局に寄ってお金をおろした。ATMを利用した客なのだと、窓口のある部屋のベンチにしばし腰かけた。狭かったので外へ出て水分を摂っていると、局員の女性が出てきてチョコレート菓子を差し出した。久しぶりのお接待であった。南無大師遍照金剛。

無口な「おしゃべりママ」

30分ほど歩いて西山の交差点に着いた。この辺に喫茶店があるはずだと、交差点を左に回り込むと店があった。ブログで紹介されていた「おしゃべりママ」だ。ドアを開けるとカウンターに、地元の人と思われる男性が二人座っていたが、「やっておられます？」と尋ねた。店の若い女性がうなずいた。ここで昼食にしようと、しょうが焼きを頼んだ。雑誌や店内の掲示などを見て待っているが、料理はなかなか出てこない。小さな子どもを抱きかかえながら調理するのだから時間がかかるだろう。奥にもう一人子どもがいるようだ。結局30分ほど待つことになった。典子さんは出てきた料理に量が多いと言うが、しっかりと完食した。支払いの際にビニール袋に入れたお菓子をお接待してくれた。彼女に店名のことを尋ねた。店内に小学生のお礼の手紙のような掲示があり、なぜ店の名前が「おしゃべりママ」か教えてくれたと書かれていたからだ。話を聞くと、主人の母が店を始める時、客と楽しくいっぱいおしゃべりしたいとの思いから名づけたという。そして「私は無口な方」と付け加えた。妻が子どもの年を尋ねると「下の子はクリスマスが誕生日で、2歳になる」とのこと。その子に「バイバイ」と言って店を出た。子どもは無表情のままだった。

12時40分。腹もいっぱいになって再び歩き出す。「おしゃべりママ」には結局1時間いたことになる。県道40号線をのんびり進む。単調だが車も少なく天気もよい。1時間半ほど歩いただろうか、高松自動車道の高架が見えてきて、その先の進路がわからなくなった。遍路道をはずれて宿までショートカットしようとしたせいだ。県道から分かれて引田の中心部に向かう道がわからずにうろうろしてしまった。高架のあたりまで行くと、前方から高年の男性が歩いてきた。散歩中だろうか。典子さんが声をかけて尋ねると、「このまままっすぐ行って、次の信号を左に曲がる」と丁寧に教えてくれた。聡明そうな方であった。

民宿「潮風」には3時5分前と案外早く着いた。チャイムを押すが返事がないので妻が電話をする。玄関は開いているので、なかで休んでおいてとのこと。ガラス戸を開けると、玄関に「歓迎　西口様（2名）」と書いた貼り紙がしてあった。オーナーはこの家には住んでいないのだろう。客は私たちだけのようなので、また家一軒を借りることになった。少し休憩してから、民宿の300mほど手前にあったスーパーへ出かけ、ちらし寿司やカップラーメン、コーヒーなどを買い込んだ。宿に帰りホームこたつに入って、二人で分け合って夕食をとった。

12月2日㈭（9日目・通算59日目）　晴れ　20・3㎞

単身で　いざ一番へ

6時35分に民宿を一人で発つ。妻は足を痛めているので、列車で霊山寺に戻ることにした。遍路に来て初めての別行動である。昨日、民宿の亭主に大坂峠越えの道路事情を尋ねると、普通に歩けるとのことだったので、予定どおり大坂峠から直接1番霊山寺を目指すことにする。玄関を出ると外はまだ薄暗いが、冷気が気持ちよい。町なかから国道11号線に出る。正面に引田駅が見える。その先にある東海寺に寄ろうとしたが曲がる角を誤ったのか見つけられず、やむなくまた国道に出て歩き続ける。大坂峠へは国道から右折して遍路道に入るのだが、ＪＲ高徳線の讃岐相生の駅を過ぎたあたりを曲がった。線路に沿ってしばらく進むと人家も途絶えてきた。山あいに入っていくと、「四国のみち」の案内看板があり、その先に「従是　大坂峠二、〇八三米」と刻まれた石柱が立っていた。標識がしっかりつけられ、整備されたとてもよい山道である。どんどん上っていくと右手の上方に展望台があると表示があったので、リュックを置いて行ってみた。そこには「港町引田」の説明板が設置されていた。引田は讃岐でもよく栄えた港町で、酒、醤油、そうめん等を商う店が多かったとのこと。眼下に瀬戸内海が望まれる。

二つの峠を越えて　1番霊山寺へ戻る

さらに山道を行く。遍路マークもつけられているので、これも遍路道といってよいのだろう。周遊遍路道である。「讃岐街道　大坂峠越」さらに「県境　四国のみち」といろんな標識がつけられている。それにしても単に「四国のみち」とだけ表示した大きな標識が目につくが、せめて現在地か、どこどこまで何キロとかの情報も欲しい。9時半に金泉寺へ行く道との分岐に着く。平成遍路石に、「卯辰経由　従是　霊山寺　一〇、八粁」「右下り道　従是　金泉寺　六、五粁」とある。ここからは車道を進む。この山中の道路がなぜか県道1号線という。20分ほど県道を下ってくると、「1号わ

大坂峠越の道標（東かがわ市）

かれ」からベタノ谷に沿った道を進む。地図にはご丁寧に「非舗装道」と記されている。車が通れる広い道だが、滅多に通行する車はないと思える。ゴミの不法投棄を禁じる看板は、逆に不法投棄が絶えないことを物語っている。後方からそれをパトロールする役所の車が入ってきた。およそ40分で通過し、県道41号線に出る。ここからは峠越えの車道を進む。卯辰越えである。だらだらとした上り、そして長々と下っていく。思ったより順調に歩いてこられたので、昼には着きそうだ。12月というのに日差しはいっぱいで暖かい。12時20分、大麻比古神社に着く。阿波国一宮で1番霊山寺は神宮寺であるとされる。遍路を始めるに先だって、下見に霊山寺を訪れた際にお参りしたが、今回は無事に結願できたことの報告、お礼の参拝である。

神社からは前に歩いた参道だ。12時45分、霊山寺に到着。山門から境内に入ると妻がベンチでごそごそと荷物の整理をしていた。さっそく二人で本堂、大師堂とお参りし、売店になっている納経所でご朱印をいただいた。妻は売店で自分の金剛杖と新品の商品を比較し、そのすり減りようにびっくりしている。ざっと15センチ以上も減っている。お大師様がまさに身を粉にしてお助けくださったのである。感謝、感謝。南無大師遍照金剛。

霊山寺の売店で新品の金剛杖と比べると……（鳴門市）

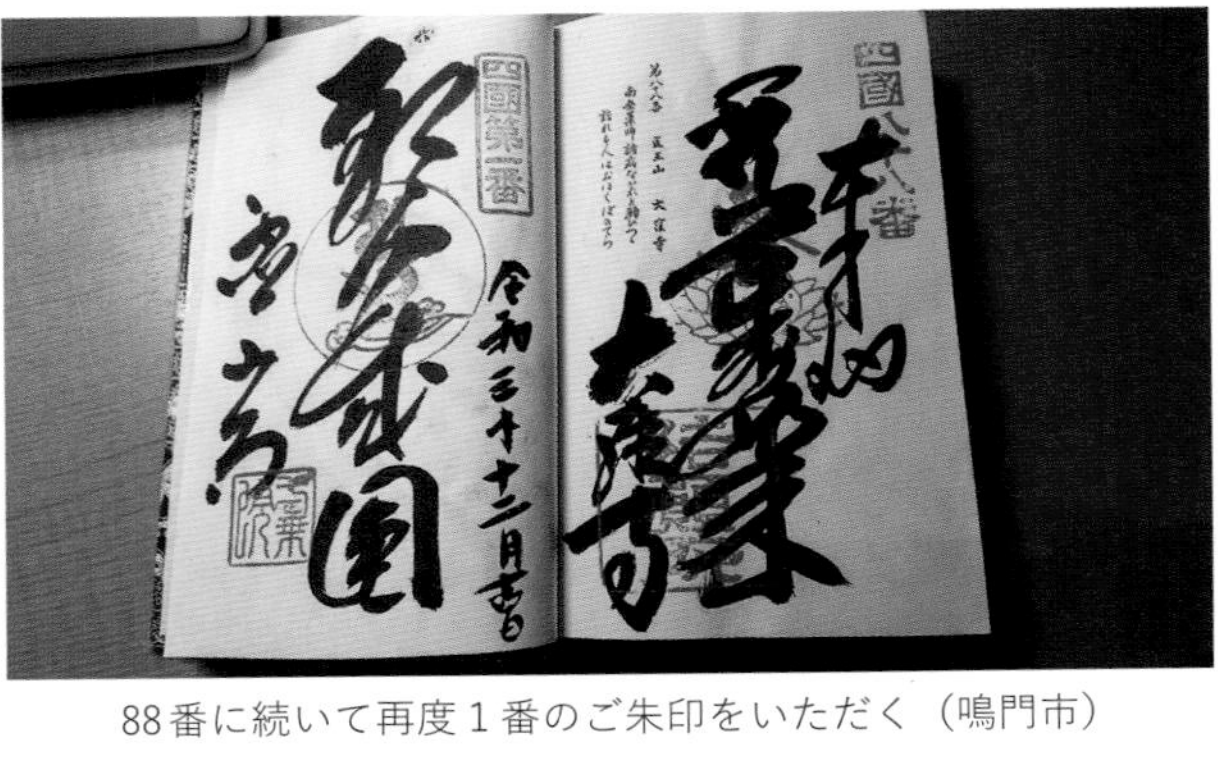

88番に続いて再度１番のご朱印をいただく（鳴門市）

今日はまだ帰りません

3月2日に1番霊山寺を出発し、5回のつなぎ遍路を経て12月2日に再び霊山寺に戻ってきた。ついに四国八十八か所を一筆書きで輪を描くように周遊したのである。したがって、これで帰途についてもよかった。時間もまだ早い。だが、さらにこだわりがあった。それは霊山寺に参拝する前に、1番奥之院の東林院と1番前札の十輪寺にお参りするという当初の計画を果たすことである。3月2日に大阪からバスで鳴門入りする予定が、強風で大鳴門橋が通行止めとなり、岡山、高松経由で直接1番に行ったため、まだお参りできていなかった。明日はこの二つの寺を回るため、もう一泊するのである。

昼食はコンビニでおにぎり、パンとバナナを買って、店外の駐車場の脇で食べた。60代ぐらいだろうか、男の人が声をかけてきて妻としゃべっている。「もう結願したのか」「すごいなあ、なかなかできることやない」「わしは仕事で何回か回ったことがあるけど」。板東タクシーの運転手のようであった。

その後、典子さんに道案内してもらいJR坂東駅へ向かった。先ほど通ってきたばかりなので、任せてというふうであった。板東から池谷で乗り換えて鳴門に着いた。宿はビジネスホテルである。

12月3日㈮（10日目・通算60日目）　晴れ　6・0㎞

1番奥の院と1番前札

7時過ぎにホテルを出て、ＪＲ鳴門線で阿波大谷駅へ。通学の時間帯なので、車内には高校生が次々と乗り込んでくる。駅から少し歩き、県道に出たところで信号待ちをしていた男子中学生に、妻が東林院への道を尋ねる。その中学生は「？」といった表情を見せる。言い換えて、種蒔大師の「た」と言ったところで、彼は前方を指さしてくれた。地元では子どもにも種蒔大師の名で知られているようだ。

東林院は思っていた以上に大きな寺であった。納経所でご朱印をいただく際、新《さら》の納経帳だったので、住職はどのページを使おうかと迷ったのか、「ここでいいですか」と尋ねた。さらに表紙に「御納経帳」と墨書してくれた。歩き遍路で結願したことや東林寺への参拝がなぜ今日になったかを話すと、住職は「これをあげましょう」と言って、黄色い紙に印刷された「サンスクリット語　般若心経」を丁寧に新聞紙にくるんで手渡してくれた。ふっくらとしたやさしい笑顔の住職であった。

十輪寺までJR線に沿って進む。県道12号線から旧道に入り、田畑と民家が程よく配置されたのどかな田園風景が広がるなかを歩く。12月の太陽としては、まばゆいほどの光線を降りそそいでいる。歩いていると汗ばんでくる。十輪寺に近づいた頃、地震があったようだ。市の有線放送であろうか、しきりに避難を呼びかけているようだ。歩いていたので揺れに気づかなかった。スマホを見ると、和歌山県北部が震源とのこと。少なくともこのあたりでは被害は確認できない。大事に至らねばよいのだが。十輪寺は納経所がなく、代金と引き換えに自分でお札を1枚いただく。さっと写真を撮って寺を後にした。

猿に見送られて

鳴門西パーキングエリアから高速バスで帰るつもりだが、金剛杖をプチプチで梱包するためにJR板東駅に寄った。それなりの広い場所が必要なのだ。一人の男性が「どこから来たのか」「もう結願したのか」と話しかけてきた。典子さんが高速バスで大阪まで帰ると言うと、バス乗り場までの道順を教えてくれた。またまた、霊山寺の門前に着く。下見を含めて4度目となる。参拝はせずに写真だけ撮って、隣の洋食店でランチにした。大阪へのバスは12時34分発である。食事をすませ鳴門西パーキングエリアへ向かう。地図ではまっすぐな道になっているが、高松自動車道に沿って進み、階段を上ると山道になっていた。途中で不安になってくる。

そこへ猿が出てきてびっくりする。板東駅で道を教えてくれた男性が「猿が出る」と言っていたらしいが、そのとおりであった。バスは時刻にやや遅れてやってきた。

遍路小屋の片隅で　V

鎮魂　早世した友へ

小学3年生の時、土曜の午後に同じ村の同級生PとQの3人で学校へ遊びに行った。特に親しかったわけではない彼らとなぜ一緒だったのか、自分でも不思議である。学校で3年生の教室に入って、二人の友は教卓に積んであった児童のノートに落書きを始めた。ほかにどんな悪戯をしたか覚えていないが、私は彼らを止めることなくただ見ていた。どちらかが教室の片隅でうんこまでした。月曜日の朝、われわれ3人は職員室に引っ張っていかれた。「自分は何もしていない」と言った私は解放されたが、再び職員室に呼び戻された。二人の同級生は「〇という字はどう書くのかと聞くと、机の上のノートに西口は書いた」と証言したのである。私はすっかり忘れていたのだが、女性教師から「嘘をつくのが一番悪い」、と頭に拳骨を食らわされたのである。都合の悪いことは覚えないという処世術は、この時すでに身につけていたのか！　この二人とは以後も遊ぶことはなかった。中学何年であったか、Qが無免許でバイクを運転して、電車にはねられ死んでしまった。その数年後、高校を卒業した頃であろうか、Pが交通事故で亡くなったと聞いた。私は一緒に悪さをした二人が、ともに死んでしまったことに強い衝撃を受けた。10年ほど前にあった小学校の同窓会でこの話を持ち出して、二人の分も長生きしなければと思っていると話した。10代で亡くなった彼らに対して、私だけが古稀を超えるまで生き永らえた。もう十分彼らの分も生きてきたのではないか、と自問する日々である。

長い長い遍路道をとぼとぼ歩いていると、時折、早く世を去った友のことが頭をかすめる。高校の時の友人Xは、わが家にもよく遊びに来て、父とも親しく話をしていた。地方の大学に進んだので、彼を訪ねて数日間滞在することがあった。年の瀬に訪れ、正月に下宿から温泉旅行をしようと約束をしていたが、自活していた彼はアルバイトに忙殺され、やむなく一人で山陰を旅することになった。Xは卒業後、東京で就職した。行き来は途絶えたが、年賀状は数年間来ていた。だがその後、音信はぴたりと止まった。彼の消息は友人の誰も知らない。もう一人共通の友であったYは、50代の頃、家業が行き詰まり自ら命を絶ったと仄聞した。悲しくて切ない限りである。

大学時代の友人Zとの出会いは、自分の怠惰な性格のなせる業であった。1年のドイツ語の講義で、教師はテキスト、確かトーマス・マンの『トニオ・クレーゲル』であったと思うが、その最初の1ページを和訳せよと私を指名した。全く予習をしていなかったので一行とて訳せるわけがなかった。教師は隣の学生に教えてもらって、とにかく1ページを訳せと言って放免してくれなかった。隣に座っていたのがZであった。彼は完璧に予習をしていて、一語一語教えてくれた。これではZが和訳したのも同然であった。そんな出会いから親しくなり、2年の夏休みは、彼ともう一人の友人とで北海道へ2週間旅行した。Zは自宅が大学と同じ京都であったので、家へもよく遊びに行った。大みそかにごちそうになり、泊めてもらったこともある。優等生のZは卒業後、日本を代表するメーカーに就職した。彼はさっそく車を買って、ゴールデンウィークに信州へ旅行しようと誘ってくれた。お互いの結婚式では祝辞を述べあった。彼を含む15人ほどでグループを作り、卒業後も年に一度は集まっていた。だがその後、仕事や家庭の関係で皆が忙しくなり、集まる機会を失していた。40代後半の頃に、また会を持つようになったが、Zは米国赴任中で出席できずにいた。１９９９年の秋、グループが奈良で集まっていた時、彼から宿に電話が入った。「会いたいなあ、会いたいなあ」受話器から流れてきた声は、今も耳の奥で響いている。Zは癌に侵され、帰国していたのだ。翌年3月、帰らぬ人となった。49歳であった。

これは私の願望であるが、リタイア後はまた一緒に旅行ができたのにと思う。学生時代の思い出話や仕事で苦労したことなど、お互いの人生をともに語り合うことができたのに、と悔やまれてならない。２０２３年3月、長らく訪ねていなかった彼の自宅へ出向いた。死後、23年の歳月が流れていた。応対してくれた奥方は、大学の准教授になった長女が、自著でとある賞を受けたと教えてくれた。その彼女が生まれた時、Zは年賀状で「父親似で美人です」と書いていた。今、彼と会ったなら、「おい、娘がこんな立派な本を出して賞をとったぞ」と自慢たらたら破顔一笑したに違いないと思うのだ。人と人の出会いの不思議さに驚き、その別離の非情さに胸が塞ぐ。苦しい、しんどいと文句たらたら歩いていては、早世した彼らに申し訳ないのではないか。そんなことにあれこれ思いを馳せながら、今日も一歩、一歩と前へ進んでいくのである。

結　章

仲冬　高野山へ

― 年の瀬のお礼参り ―

2021. 12. 15～12. 16

高野山奥之院　御廟橋から燈籠堂を望む（和歌山県高野町）

お礼参り

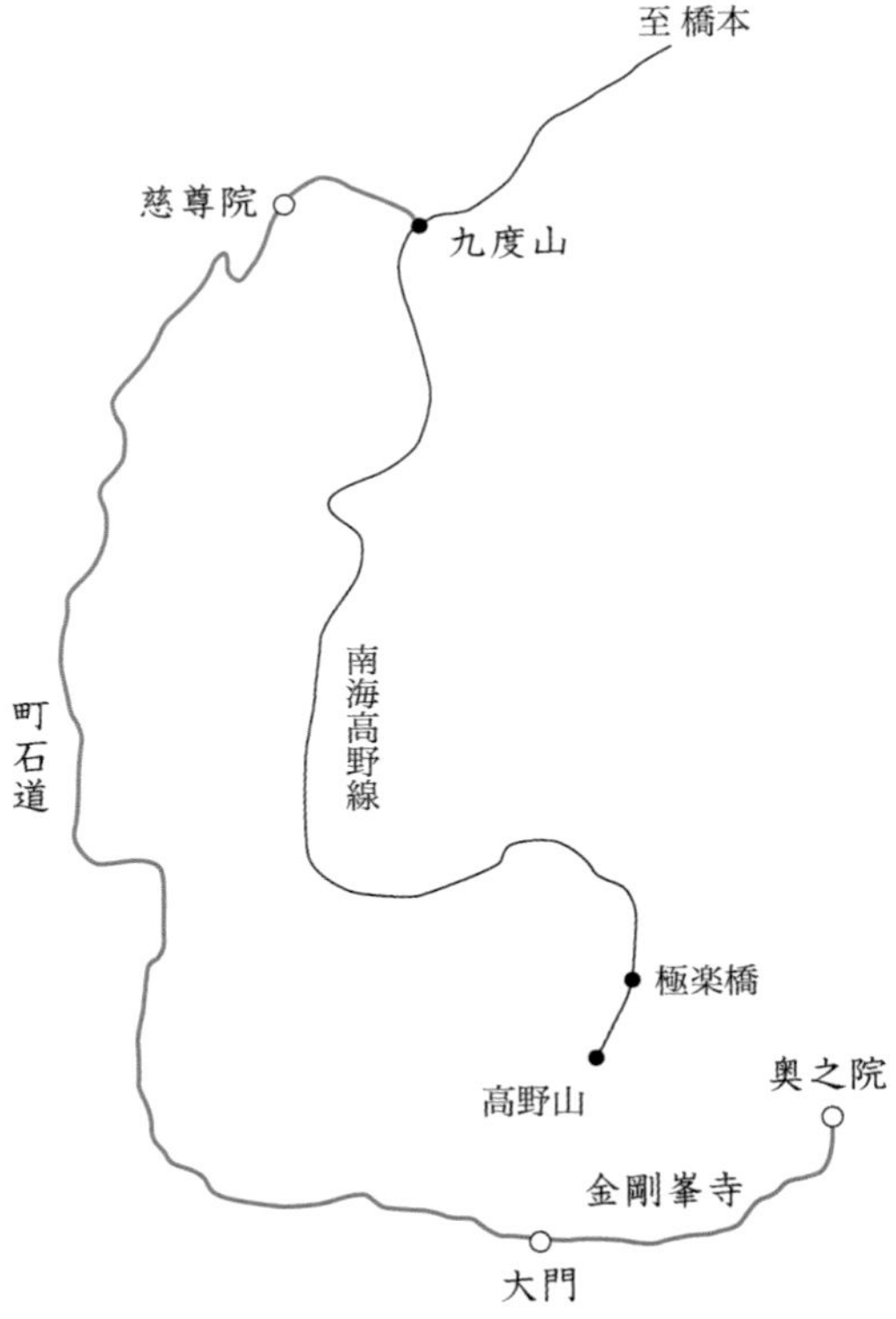

高野山《こうやさん》　奥之院《おくのいん》

２０２1年11月30日に第88番大窪寺を参拝し、同年3月2日から始めた四国遍路を5回のつなぎで結願した。また、12月2日には1番霊山寺まで戻り、回遊型の四国遍路を一筆書きでつないだ。計画どおりに1年で完結することができたのは、お大師さまとわが妻典子さん、そして遍路で知り合った人など多くの方々のサポートのおかげである。改めて感謝申しあげたい。

次は、この遍路の締めとして高野山奥之院へお礼参りをするのだが、電車とケーブルで高野山に入るのではなく、九度山から町石道を歩いて行こうと考え、当初、12月17日で予定した。その日は、フランスの文学・思想を専門とし、近年は空海の研究に取り組んでいる竹内信夫東京大学名誉教授が主宰する「町石道を歩こう会」が実施される日であるからだ。竹内によると「空海自身が『高野』の地に入ったのは……弘仁九年（八一八）十一月十六日であった。西暦に置き換えれば十二月十七日にあたる」（『空海の思想』ちくま新書・15頁）ので、同会は毎年この日に町石道から高野山へ歩くそうである。その催しに便乗させてもらおうと考えたのだが、当日は雨模様との予報なので日程を少し早めて12月15日にした。軟弱なことである。

実は、自宅のある奈良県葛城市から九度山までは2回に分けて歩いていたのである。遍路の足慣らしを兼ねて、4月8日に自宅から高野街道を経てＪＲ五条駅まで、11月15日には五条駅から橋本を経由して九度山まで歩いた。いずれも半日の行程であったが、とにかく歩くことにこだわった。

12月15日㈬　晴れ

午前5時半に家を出て、コンビニでパンと飲み物を買ってＪＲ御所駅へ。6時16分発の列車に乗り、五条駅で乗り換えて橋本駅へ。ここからは南海電車で九度山まで行く。7時33分に到着。朝はまだ早い。冷やっとした空気のなかを歩きだす。まずは慈尊院へ。大師が高野山開創に際し、玄関として伽藍を草創したものである。人の気配のない境内を少しうろついたがお参りをせず、石段を上ってまず１８０町石を確認する。そして石段の上にある丹生官省符《にうかんしょうぶ》神社に出てお参りし、今日の歩きの無事を祈った。今朝、南海橋本駅の改札でもらった「高野山町石道」のマップには、壇上伽藍の手前に1町石のマークが印されている。１丁は約１０９ｍなので、１８０町石のある慈尊院から壇上伽藍までは、ざっと20キロの距離である。

8時15分、町石を目印に歩き出す。整備された歩きやすい遍路道である。30分ほど歩いて、展望台で休憩。紀ノ川流域が見渡せる。ハイカー3人が先行していった。六本杉、古峠で休憩。二ッ鳥居をさっと見て歩き続ける。上ったり下ったりの道である。笠木峠からは下って矢立に出て国道を横断する。昼時なので茶店でやきもちを2個買った。店の女性が「八十八か所を回ってこられたんですか」と尋ねたようだが、よく聞き取れず何回も聞き直してしまった。申し訳ないことです。やきもちは店の軒先のベンチに腰かけて食べた。疲れたときは甘いものに限る。
12時40分歩きだす。ここからは上りが続き、徐々に足が重くなってくる。再び国道を横切るが、この先遍路シールが付けられている。まるで四国を歩いているような気分だ。ほどなく展望台があったので休憩し、横になった。相変わらず首が重く痛い。その後、国道を左に見て、その下を歩く形になる。国道が高い所を走るようになると、あそこまで上っていかなければならないのか、と悲しくなってくる。国道の下をいく町石道は延々と続くように思われた。12町石あたりから急な上りとなってきて、疲れた体に容赦ない。最後の踏ん張りとわかっているが、体は言うことを聞いてくれない。休み休み歩を重ねて、大門にたどり着く。午後2時50分、3時までには着くことができた。

休むことなくさらに歩いて妻の待つ壇上伽藍へ。

慈尊院から丹生官省符神社へ　鳥居の手前右に180町石
（和歌山県九度山町）

彼女は膝を痛めているので電車やバスなど交通機関を利用してやってきたのだ。大伽藍の中門の前まで来ると、男性数名のグループの人から話しかけられた。「今日はどこから歩いてきたのか」「四国を歩いたのか」「何日で歩いたのか」と矢継ぎ早の質問攻勢に適当に答え、「先を急ぐので」と言って別れた。やれやれ。

3時10分、根本大塔の前で待っていた妻と合流した。二人で千手院橋バス停の近くまで歩き、喫茶店に入ってぜんざいを食べた。冷えた体が温まりほっこりした。その後、この日の宿である宿坊赤松院へ向かう。宿坊で受け付けた男性は、「早いですな」と言って迎えてくれた。着くのは5時頃と伝えていたからだろう。

12月16日㈭　晴れ

赤松院はいかにも古い感じの宿坊である。部屋は座敷と寝室が別になっていたのでゆったりできた。寒いお寺ではこたつがありがたい。手洗いや洗面は部屋を出てすぐだが、やはり冷たいのでこたつに入って温まる。朝のお勤めの時間までこたつで過ごす。勤行は7時30分からとかなり遅めだ。宿泊者は私たち以外に、女性が一人であった。典子さんの話では、東京の方でご主人は真言宗の信者とのことである。およそ20分間、心穏やかにお参りする。

朝食後、宿坊を出てゆっくりと奥之院へ。御廟橋では36枚の橋板を1枚ずつ踏んで進む。この先は霊域である。厳かな空気が支配するなか、燈籠堂の裏手へ回り、大師の御廟を前に最後の読経。続いて御供所《ごくしょ》へ戻ってご朱印をいただく。そこで大師に昼の食事を運ぶ「生身供《しょうじんく》」の様子を見学しようと待っていたが、午前10時半であるのを10時と勘違いしていたため、待ちきれなくなって奥之院を後にした。

この日、私たち夫婦二人の歩き遍路は、すべての行程を完結することができた。88番大窪寺で結願した際は、何ら感激の念を覚えることはなかったのだが、今は、沸々とこみあげてくる充足感に包まれている。しかも、来る日も来る日も見知らぬ土地を、地図を片手にまた遍路マークを目印に歩き続けるというのは、得難い体験であろう。それができたのは無上の喜びといわねばならない。感謝、感謝である。南無大師遍照金剛。

（付）四国遍路　計画表（結果表）

四国遍路　（第１回・阿波）

2021.3.2(火) ～ 3.10(水)

①	3/2 火	忍海 0522 0527 尺土 0529 準 0612 阿部野橋 天王寺 0626 0633 難波 ~~湊町BT 0655 (阿波エクスプレス)0852 高速鳴門~~ 新大阪 0804（さくら547）0853 岡山 0905（マリンライナー15・うずしお9）1108 板野 TAXI 1 霊山寺 1.5 2 極楽寺 3.0 3 金泉寺 藍染庵 5.0 4 大日寺 2.0 5 地蔵寺 5.3	安楽寺宿坊 16.8km
②	3/3 水	安楽寺宿坊 6 安楽寺 真念しるべ石 1.4 7 十楽寺 御所小 4.2 8 熊谷寺 2.4 9 法輪寺 3.9 10 切幡寺 うどん亭八幡 9.6 11 藤井寺 0.8	旅館 吉野 22.3km
③	3/4 木	旅館吉野 長戸庵 柳水庵 浄蓮庵(左右内一本杉) 12.4 12 焼山寺 杖杉庵 3.1	ゲストハウス すだち庵 15.5km
④	3/5 金	GH すだち庵 玉ヶ峠 広野小 (県道21号) 18.9 13 大日寺 一の宮橋 2.5 14 常楽寺 1.0 15 国分寺 2.5	鱗　楼 24.9km
⑤	3/6 土	鱗　楼 0.5 16 観音寺 2.9 17 井戸寺 はなまるうどん徳島沖浜店 18.7 18 恩山寺 お京塚 4.2 19 立江寺 ローソン勝浦町沼江店 10.1	金子や 36.4km
⑥	3/7 日	金子や 水呑大師 3.5 20 鶴林寺 水井橋 太龍寺道 6.1 21 太龍寺 龍雅荘 阿瀬比 大根峠 10.3	山茶花 19.9km
⑦	3/8 月	山茶花 0.1 22 平等寺 月夜御水庵 ヘンロ小屋④鉦打 由岐郵便局 田井ノ浜 山座峠 20.4	ホテル 白い燈台 20.5km
⑧	3/9	ホテル白い燈台 2.0 23 薬王寺 日和佐トンネル 打越寺 小松大師(岡崎商店・休憩所) ローソン牟岐町中村店 19.7 鯖大師 鯖瀬 1529 JR牟岐線 1536 阿波海南 1545 バス 1602 宍喰	ホテル リビエラししくい 21.7km
⑨	3/10 火	ホテル リビエラ ししくい 0.7 宍喰 0928 0945 阿波海南 徳島 1330 (阿波エクスプレス) 1555 湊町BT	0.7km

総距離 178.7km

四国遍路　（第２回・土佐①）

2021.4.16(金) ～ 4.28(水)

①	4/16 金	忍海 0522 0527 尺土 0529 準 0612 阿部野橋 天王寺 0626 0633 難波 湊町BT 0655 (阿波エクスプレス)0924 徳島 徳島 0930 ④ 1130 ③ JR牟岐 1130 1330 鯖瀬 ｜ **鯖大師** ｜ 浅川 海部 宍喰温泉 15.1	宍喰 〈えびす〉 **15.1km**
②	4/17 土	〈えびす〉 甲浦 生見 明徳寺(東洋大師) 野根 佛海庵 佐喜浜 尾崎 26.0	〈徳 増〉 **26.0km**
③	4/18 日	〈徳 増〉 椎名 三津 青年大師像 御蔵洞 室戸岬灯台 15.6 ｜ **24 最御崎寺** ｜ 6.7 ｜ **25 津照寺** ｜ 2.6	〈民宿うらしま〉 ~~〈太田旅館〉~~ 24.9km
④	4/19 月	〈うらしま〉 1.2 ｜ **26 金剛頂寺** ｜ 不動岩 道の駅キラメッセ室戸 吉良川 羽根岬公園 奈半利 24.6	〈民宿唐の浜〉 25.8km ~~28.4km~~
⑤	4/20 火	〈民宿唐の浜〉 (空身で27番の往復) 3.9 ｜ **27 神峯寺** ｜ 〈道の駅大山〉 2.0 安芸伊尾木郵便局 13.0	〈ホテルタマイ〉 18.9km ~~16.9km~~
⑥	4/21 水	〈ホテルタマイ〉 八流山極楽寺 琴ヶ浜 道の駅やす 香南市 24.5 ｜ **28 大日寺** ｜ 0.5	〈小さなお宿 遊庵〉 **25.0km**
⑦	4/22 木	〈遊庵〉 松本大師堂 8.9 ｜ **29 国分寺** ｜ ヘンロ小屋⑤ 6.9 ｜ **30 善楽寺** ｜ 3.1	〈サンピア セリーズ〉 **18.9km**
⑧	4/23 金	〈セリーズ〉 牧野植物園 4.4 ｜ **31 竹林寺** 庭園・宝物館 ｜ 武市半平太旧宅 6.1 ｜ **32 禅師峰寺** ｜ 種崎渡船 8.1 ｜ **33 雪蹊寺**	〈高知屋〉 **18.6km**
⑨	4/24 土	〈高知屋〉 6.3 ｜ **34 種間寺** ｜ 笹岡ハイヤ荷預？ 9.8 ｜ **35 清瀧寺** ｜ 塚地坂トンネル 宇佐大橋 12.9	〈三陽荘〉 **29.0km**
⑩	4/25 日	〈三陽荘〉 1.0 ｜ **36 青龍寺** ｜ 宇佐大橋から横浪三里 浦ノ内トンネル ヘンロ小屋⑰ 23.4	ビジネスホテル鳥越 須崎 ~~〈—福旅館〉~~ **24.4km**
⑪	4/26 月	〈BH鳥越〉 大善寺 道の駅かわうその里すさき 〈喫茶安和〉 焼坂トンネル 13.9	土佐久礼〈大谷旅館〉 **13.9km**
⑫	4/27 火	〈大谷旅館〉 そえみみず遍路道 七子峠 雪椿休憩所 仁井田郵便局 道の駅あぐり 22.3 ｜ 37 岩本寺 ｜ 0.2	〈美馬旅館〉 **22.5km**
⑬	4/28 水	〈美馬旅館〉 0.5 ｜ 窪川 1004 (特急あしずり6) 1106 高知 1113 (特急南風12) 1340 岡山 1437 (さくら552)1528 新大阪	0.5km

総距離　263.5km

四国遍路　（第３回・土佐②〜伊予①）

2021.5.24(月) ~ 6.5(土)

①	5/24 月	忍海 0522 尺土 0529 準 0612 阿部野橋 天王寺 0624 0644 大阪 0650 0654 新大阪 0735（ひかり531） 0824 岡山 0852（南風３）1130 高知 1140（あしずり3）1247 窪川　（うな吉）　37 岩本寺　市野瀬遍路道 10.3	〈佐賀温泉 こぶしのさと〉 0880－55－7011	10.3km
②	5/25 火	〈こぶしのさと〉　伊与喜　井の岬トンネル　ビオスおおがた　24.7	〈ネスト・ウエストガーデン土佐〉 0880－43－0101	24.7km
③	5/26 水	〈ネスト・ウエストガーデン〉　田野浦　四万十大橋　〈田子作〉　伊豆田トンネル　真念庵　下ノ加江　27.0	〈民宿くもも〉 0880－84－1664	27.0km
④	5/27 木	〈くもも〉　大岐　以布利　窪津　津呂　19.6　38 金剛福寺　足摺岬　（西岸へ）　5.4	〈民宿 青 岬〉 0880－88－1955	25.0km
⑤	5/28 金	〈青 岬〉　（西岸）　中浜　清水　以布利　（打戻り）　大岐　〈くもも〉　22.3	安 宿 〈~~ロッジ カメリア~~〉 ~~0880－84－1377~~ 0880－84－0567	22.3km
⑥	5/29 土	安 宿 〈~~カメリア~~〉　五味橋 河内神社 民宿くろうさぎ 天満宮 みはらのじまんや ~~下ノ加江　市野瀬　真念庵　上長谷　宮ノ川トンネル~~　梅ノ木トンネル　平田　28.8	〈鶴の家旅館〉 0880－66－0007	28.8km
⑦	5/30 日	〈鶴の家〉　2.4　39 延光寺　宿毛　松尾峠　一本松　蓮乗寺トンネル　27.0	〈山代屋旅館〉 0895－72－0001	29.4km
⑧	5/31 月	〈山代屋〉　0.2　40 観自在寺　八百坂峠　菊川　室手　ローソン愛南町柏店　柳水大師　清水大師　畑地　津島　24.9	〈大畑旅館〉 0895－32－2121	25.1km
⑨	6/1 火	〈大 畑〉　津島郵便局　ヘンロ小屋㉖わん屋　宇和島警察　（宇和島城）　16.0	〈宇和島ターミナルホテル〉 0895－22－2280	16.0km
⑩	6/2 水	〔ターミナルホテル〕　ヘンロ小屋㉑　10.8　41 龍光寺　成妙小学校　2.9　42 佛木寺　歯長トンネル　10.8　43 明石寺　1.0	〈松屋旅館〉＊ 〈第１ビジネスホテル松屋〉	25.5km
⑪	6/3 木	〈松 屋〉　開明学校　ヘンロ小屋㊱ひじ川源流の里　鳥坂隧道　北只郵便局　まちの駅あさもや　20.8	〈ホテルウエストリバー にし川〉 0893－24－4046 ＊0894－62－0013 0894－62－3232	20.8km
⑫	6/4 金	〈ウエストリバー〉　十夜ヶ橋　休憩所 神南堂　内子運動公園　（内子散策）　13.2	〈ホテルAZ内子〉 0893－44－3371	13.2km
⑬	6/5 土	〈ホテル AZ〉　――――　内子 0943 (宇和海8) 1010 松山 1021 (しおかぜ14) 1310 岡山 岡山 1437 (さくら552)1528 新大阪		0.7km

総距離　268.8km

四国遍路（第４回・伊予②～讃岐①）

2021.10.1(金) ～ 10.15(金)

No.	日付	出発	行程	宿泊・距離
①	10/1 金		忍海 0522 尺土 0529 準 0612 阿部野橋 天王寺 0624 0644 大阪 0650 0654 新大阪 0735（ひかり531）0824 岡山 0832（しおかぜ３）1115 松山 1127（宇和海11）1153 内子駅 （下芳我邸） 道の駅内子 和田トンネル 10.0	大瀬の館 080-2982-2052 10.0km
②	10/2 土	大瀬の館	突合（鴇田峠遍路道） 落合トンネル 三嶋神社 下坂場峠 葛城神社 鴇田峠 久万高原 25.2	ガーデンタイム 0892-21-0005 25.2km
③	10/3 日	ガーデンタイム	1.6 / 44 大寶寺 / 宿・八丁坂 古岩屋トンネル ~~八丁坂~~ ~~2.9~~ 荷物預け ~~5.5~~ 9.3 / 45 岩屋寺 / 八丁坂(誤って林道に入る) ~~古岩屋トンネル~~ 6.8	いやしの宿 八丁坂 0892-41-0678 17.7km
④	10/4 月	いやしの宿 八丁坂	峠御堂トンネル ~~千本峠~~ 三坂峠 一ノ王子社跡 坂本屋 網掛石 19.0 / 46 浄瑠璃寺 / 0.1	長珍屋 089-963-0280 19.1km
⑤	10/5 火	長珍屋	1.0 / 47 八坂寺 / 札始大師堂 4.4 / 48 西林寺 / 松山リハビリ病院 3.3 / 49 浄土寺 / そらともり 1.8 / 50 繁多寺 / 東野 2.7 / 51 石手寺 / 道後温泉 1.6	ビジネスホテル さくら 089-932-4438 14.8km
⑥	10/6 水	ビジネスH さくら	一草庵 志津川池 大将軍神社 9.2 / 52 太山寺 / 和気小 2.7 / 53 圓明寺 / ファミマ堀江町店 〈カフェトレイン〉 鹿峰 12.1	シーパMAKOTO 089-993-0101 24.0km
⑦	10/7 木	シーパー MAKOTO	鎌大師 浅海郵便局 遍照院 青木地蔵 星の浦海浜公園 23.5 / 54 延命寺 / 大谷墓園 3.7 / 55 南光坊 / 0.5	Hクラウンヒルズ 今治駅前 0898-23-0005 27.7km
⑧	10/8 金	Hクラウン ヒルズ 今治	今治西高 2.6 / 56 泰山寺 / 蒼社川 3.1 / 57 栄福寺 / ヘンロ小屋23号 2.5 / 58 仙遊寺 / (パンハウスしらいし) 6.2 / 59 国分寺 / 道の駅 湯ノ浦温泉 4.9	ホテルアジュール 汐の丸 0898-47-0707 19.3km
⑨	10/9 土	Hアジュール 汐の丸	世田薬師 そごうマート 東予西中 レディ薬局丹原店 ミニストップ 石鎚橋 ファミマ大頭店 15.7	湯の里小町温泉 しこくや 0898-76-3388 15.7km
⑩	10/10 日	しこくや	湯浪休憩所 10.2 / 60 横峰寺 / 白滝奥之院 9.7 / 61 香園寺 / 1.4 / 62 宝寿寺 / 1.5 / 63 吉祥寺 / ローソン西条氷見新御堂店 4.1	湯之谷温泉 0897-55-2135 26.9km
⑪	10/11 月	湯之谷温泉	0.7 / 64 前神寺 / 武丈公園 西条飯岡郵便局 ローソン西条インター店 ファミマ萩生店 ~~16.1~~ 16.8	ビジネスホテル MISORA 0897-41-7822 17.5km
⑫	10/12 火	ビジネスH MISORA	国領大橋 道面地蔵堂 熊谷地蔵尊 関川公民館 延命寺 つたの家 みかんや ヘンロ小屋43号 22.5	Hリブマックス ~~旅館つるや~~ 22.5km
⑬	10/13 水	Hリブマックス ~~旅館つるや~~	ファミマ三島中央店 戸川公園 6.7 / 65 三角寺 / ゆらぎ休憩所 常福寺(椿堂) ヘンロ小屋㊲しんきん庵・法皇 境目トンネル 13.1	民宿岡田 0883-74-1001 19.8km
⑭	10/14 木	民宿岡田	(佐野道) 5.0 / 66 雲辺寺 / (小松尾寺道) 民宿青空屋 9.8 / 67 大興寺 / 豊田小 マルヨシセンター 7.1	観音寺 グランドホテル 0875-25-5151 21.9km
⑮	10/15 金	観音寺 グランドH	0.4 観音寺 0953(しおかぜ10)1058 岡山 1137(さくら544)1228 新大阪 ~~1206（しおかぜ14）1310 岡山 1437（さくら552）1528 新大阪 1539 1543~~ ~~大阪 1548（内回り）1607 天王寺 大阪阿部野橋 1620 1649 尺土 1655 1701 忍海~~	0.4km

211030

総距離 282.5km

四国遍路　（第５回・讃岐② ～ 阿波② ）

2021.11.24(水) ～ 12.3(金)

①	11/24 水	忍海 0522 尺土 0529 準 0612 阿部野橋 天王寺 0624 0644 大阪 0650 0654 新大阪 / 新大阪 0735（ひかり531）0824 岡山 0832（しおかぜ３）0938 観音寺駅 — 三架橋 1.7 — **70 本山寺**（省略順）/ **68 神恵院** **69 観音寺** — かなくま餅 流岡町 4.6 — **70 本山寺** — 将八うどん 高瀬駅 6.2	千歳旅館 0875-72-5072 **12.5km**
②	11/25 木	千歳旅館 — 大見小学校 5.3 — **71 弥谷寺** — 3.6 — **72 曼荼羅寺** — 0.6 — **73 出釈迦寺** 捨身ヶ嶽 — 弘階池 2.7 1.4×2 — **74 甲山寺** —〈宮川うどん〉1.8 — **75 善通寺** 宝物館・勤行	善通寺(宿坊) いろは会館 0877-62-0111 **16.8km**
③	11/26 金	善通寺宿坊 — 3.8 — **76 金倉寺** — 豊原小 4.1 — **77 道隆寺** — ヘンロ小屋⑱丸亀城乾 7.4 — **78 郷照寺** — うたんぐら 3.0	坂出 プラザホテル 0877-45-6565 **18.3km**
④	11/27 土	坂出プラザH — 八十場の水 5.0 — **79 天皇寺** — 高屋神社 白峰陵 7.5 — **81 白峯寺** — 十九丁〈みち草〉 5.0 — **82 根香寺** — 十九丁 一本松 7.0	民宿 あずさ 087－874－0273 **24.5km**
⑤	11/28 日	民宿あずさ — 0.8 — **80 国分寺** — ローソン 高松国分寺町店 唐戸坂 遍照院 円座橋 9.1 — **83 一宮寺** — 〈源平うどん〉 高松鷺田郵便局 6.7	We Base 高松 087-813-4411 **16.6km**
⑥	11/29 月	We Base 高松 — 下千代橋 屋島小 7.5 — **84 屋島寺** — 〈うどん山田屋〉 5.5 — **85 八栗寺** — (県道145号) 琴電塩屋駅 7.0 — **86 志度寺** — 0.4	以志や旅館 087-894-0021 **20.4km**
⑦	11/30 火	以志や旅館 — ファミマ 志度寺 志度店 玉泉寺 長尾橋 7.5 — **87 長尾寺** — (県道3号) 天体望遠鏡博 竹屋敷 前山おへんろ交流サロン ~~来栖神社（女体山遍路道）~~ 12.5 — **88 大窪寺** — 0.2	八十窪 0879-56-2031 **20.2km**
⑧	12/1 水	八十窪 — 五名トンネル 境目 白鳥温泉 福栄郵便局〈おしゃべりママ〉(県道40号)（国道11号） 22.7	民宿 潮風 0879-33-5567 **22.7km**
⑨	12/2 木	民宿潮風 — 引田駅 大坂峠(三叉路) 卯辰越(県道41号) 大麻比古神社 20.3 — **1 霊山寺** — 坂東 1449 池谷 1552 / 1539 鳴門	ビジネスホテル 鳴門 088-686-2555 **20.3km**
⑩	12/3 金	ビジネスホテル鳴門 — 鳴門 0732 0747 阿波大谷 — 0.7 — **東林院** — 2.5 — **十輪寺** — 1.3 — **霊山寺** — 1.5 / —— 高速鳴門西 1234 1441 湊町バスターミナル	**6.0km**

211120　　**総距離 178.3km**

あとがき

四国八十八か所を巡拝する四国遍路は、発心の道場といわれる阿波（徳島県）から始め、修行の道場・土佐（高知県）、菩提の道場・伊予（愛媛県）、涅槃の道場・讃岐（香川県）の順に回るのが一般的である。川崎一洋によると「『発心』とは、悟りを求める意欲を起こすこと、『修行』とは、文字通り悟りに向かって修行すること、『菩提』とは、自己への執着を離れ、他者を思いやる慈悲の心をもつこと、『涅槃』とは、苦しみのない穏やかな悟りの世界に入ることを意味する」とのことである（前掲書70頁）。

苦しい思いを引きずって歩いた四国遍路は、修行と呼んでよいものであったであろう。だが、巡拝を終え結願した私の身には、これといった変化は訪れていない。自己への執着に縛られ、慈悲ある優しい心をもつには到底至っていない。人を思いやるどころか、相も変わらず罵詈雑言を浴びせてばかりである。まったく修行が足りず、謙虚さのかけらも獲得できずにいる。阿波で首を痛め、今になっても治癒しないのは、そんな私へのお大師の懲らしめであるのかもしれない。ともあれ四国の辺地を歩き通せたのは、お大師の思し召しと叱咤激励して、時には先導してくれた妻・典子さんのおかげである。いくら感謝してもしきれない。「同行三人がんばれますよ」とＬＩＮＥを送ってくれた三原さんにも力をいただいた。心よりお礼申しあげます。

遍路中は宿で、その日の記録をメモ書きにしていた。それをもとに、つなぎ遍路の合間の期間を利用し、遍路日記の形にまとめようとしたのであるが、日ごろの怠け癖から一向にはかどらなかった。筆ならぬキータッチがあまりに遅いと指摘されそうである。怠け癖は、直そうにももうこの年では手遅れであろう。そんな言い訳をしながらも、昨年は温泉や山登りなどあちらこちらへ旅行に出かけていた。さらに今年は春、秋2回に分けて約800キロに及ぶサンティアゴ巡礼路を歩いた。これではまとまるものもまとまらないのは当然である。

こんなことで私たちの夫婦遍路が終わって、ほぼ2年近い月日が流れた。都合60日間に及んだ遍路の道中での出来事や思いを、その前後の時期を含めて日記形式で綴ったのだが、暗中模索しながら試行錯誤を繰り返し、何度も何度も手を入れて、『同行三人 ― 夫婦でたどる四国霊場 ―』としてようやく整えることができた。田舎芝居の役者があれだ、これだと衣装を取り換えて着飾り、不釣り合いな厚化粧を施して、これでどうだと言わんばかりの体になっていないか心もとない（田舎芝居の役者さん、ごめんなさい！）。ただ、推敲を重ねたとは言えないにしても、自分ながら心して書きあげたつもりであるが、ここでも典子さんには、書き直すたびに校正の手間を煩わせ、意見をもらうなど何かと世話になった。改めて感謝申しあげる。その出来栄えはともかく、今は四国遍路を歩いたことに匹敵する静かな達成感に包まれている。

この雑文の見直しが終盤に入った頃、大江健三郎さんが亡くなられた（3月3日）。来るべき日がついにきたかと無念さを禁じえなかったが、大瀬の館で、大江さんの多くの著書が肖像写真とともに並べられた書棚を前に、しばし静かな時間を過ごしたことが懐かしく思い出された。高校生の時、教師の勧めで『万延元年のフットボール』をよく理解できないまま読んで以来、大江さんの著作を愛読してきた。初期の作品など読みやすい小説もあったが、独特な文体に戸惑いつつ、途中で投げ出した本も多い。熱心な読者であるとはいえないが、これからも大江さんを読み続けていきたい、との思いを強くしている。安らかにお眠りください。合掌。

遍路中は、同宿などで知り合ったお遍路さんを始め、お接待をしてくださった方や道を教えてくださった方、さらには声援を送ってくださった沿道の方など実に多くの皆さんからお力添えをいただいた。また遍路宿の皆さんには大変お世話になった。ここに厚くお礼申しあげます。

なお、文中では、著者等の敬称は省略したことをお断りしておきます。

本書の刊行にあたり東京図書出版の皆さんに何かとお世話になりました。深く感謝申しあげます。

西口一男

2023年10月31日

参考図書等

○地図・ガイド本等

宮崎建樹『四国遍路ひとり歩き同行二人（地図編）』一般社団法人へんろみち保存協力会　1990年

へんろみち保存協力会　宮崎建樹『Shikoku Japan 88 Route Guide』ぶよお堂　2007年

『四国八十八ヶ所霊場　ガイドブック』徳島・高知版　NPO四国路おへんろ倶楽部　2021年

『四国八十八ヶ所霊場　ガイドブック』愛媛版　NPO四国路おへんろ倶楽部　2020年

『四国八十八ヶ所霊場　ガイドブック』香川・高野山　NPO四国路おへんろ倶楽部　2019年

昭文社編集部『四国八十八か所めぐり』昭文社　2020年

ブルーガイド編集部『一日一札所　えんぴつで四国八十八ヵ所巡拝』実業之日本社　2006年

○一般書

家田荘子『四国八十八ヵ所つなぎ遍路』KKベストセラーズ　2014年

石川文洋『カラー版　四国八十八カ所―わたしの遍路旅―』岩波新書　2008年

愛媛大学四国遍路・世界の巡礼研究センター編『四国遍路の世界』ちくま新書　2020年

川崎一洋『弘法大師空海と出会う』岩波新書　２０１６年
車谷長吉『四国八十八ヶ所感情巡礼』文藝春秋　２００８年
五味文彦『シリーズ日本中世史①　中世社会のはじまり』岩波新書　２０１６年
笹山晴生ほか『詳説日本史　改訂版　日本史Ｂ』山川出版社　２０２０年
四国遍路と世界の巡礼研究会編『四国遍路と世界の巡礼』法藏館　２００７年
下向井龍彦『日本の歴史07　武士の成長と院政』講談社　２００１年
眞念　稲田道彦訳注『四国徧禮道指南　全訳注』講談社学術文庫　２０１５年
瀬戸内寂聴『痛快！　寂聴仏教塾』集英社インターナショナル　２０００年
銭谷武平『役行者ものがたり』人文書院　１９９１年
竹内信夫『空海の思想』ちくま新書　２０１４年
辰濃和男『四国遍路』岩波新書　２００１年
辰濃和男『歩き遍路』海竜社　２００６年
辻本正直『卆寿遍路〜夫婦「歩き遍路」〜』文芸社　２０２１年
林屋辰三郎『京都』岩波新書　１９６２年
春名宏昭『人物叢書新装版　平城天皇』吉川弘文館　２００９年
平林章仁『謎の古代豪族　葛城氏』祥伝社新書　２０１３年
黛まどか『奇跡の四国遍路』中公新書ラクレ　２０１８年

諸井澄子『私の遍路日記―四国八十八か所を歩く―』そうぶん社　２００３年
脇田修・脇田晴子『物語　京都の歴史』中公新書　２００８年

ウェブサイト　主なもの

（一社）四国八十八ヶ所霊場会（88shikokuhenro.jp）
聖地巡礼　四国遍路――回遊型巡礼路と独自の巡礼文化（seichijunrei-shikokuhenro.jp）
へんろみち保存協力会（iyohenro.jp）
新時代における遍路受入態勢のあり方（yonkeiren.jp/pdf/henrochosa_20190618.pdf）
aiina「あ、いいな」に出逢う歩き旅（takachi-ho.com）
ねこさんの夫婦でチャレンジ　歩き遍路（kirakame.sakura.ne.jp/henro2019/）
歩き遍路資料山下のひとり言！（tsuriryo.com/img/210201henro.pdf）

西口　一男（にしぐち　かずお）

1950年８月、奈良県南葛城郡大正村（現・御所市）で生まれる。1980年より同県北葛城郡新庄町（現・葛城市）に居住し、現在に至る。1974年４月、大阪市に奉職し、2011年３月に定年退職した。同時に、関係団体に再就職したが１年３か月で辞職、以後、「常歩無限」を旨として、自由奔放に過ごしている。四国遍路の後、熊野古道に続き、スペインのサンティアゴ巡礼路（フランス人の道）を完全踏破した。

同行三人《どうぎょうさんにん》

— 夫婦でたどる四国霊場 —

2024年５月21日　初版第１刷発行

著　　者　西口一男
発 行 者　中田典昭
発 行 所　東京図書出版
発行発売　株式会社 リフレ出版
〒112-0001　東京都文京区白山 5-4-1-2F
電話（03）6772-7906　FAX 0120-41-8080
印　　刷　株式会社 ブレイン

ISBN978-4-86641-736-3 C0095

Printed in Japan 2024